आलोचना के नये परिप्रेक्ष्य

आलोचना के नये परिप्रेक्ष्य

मनोज पाण्डेय
हिन्दी विभाग
राष्ट्रसन्त तुकाड़ोजी महाराज नागपुर विश्वविद्यालय

लोकभारती प्रकाशन

लोकभारती प्रकाशन
पहली मंजिल, दरबारी बिल्डिंग, महात्मा गाँधी मार्ग
प्रयागराज-211 001
वेबसाइट : www.lokbhartiprakashan.com
ईमेल : info@lokbhartiprakashan.com
शाखाएँ : 1-बी, नेताजी सुभाष मार्ग, दरियागंज
नयी दिल्ली-110 002
अशोक राजपथ, साइंस कॉलेज के सामने
पटना-800 006
36-ए, शेक्सपियर सरणी, कोलकाता-700 017

प्रथम संस्करण : 2019

मूल्य : ₹ 300

लेजर टाइपसेटिंग
प्रखर कम्प्यूटर, झलवा प्रयागराज

आस्था पेपर कन्वर्टर
इलाहाबाद द्वारा मुद्रित

Alochna Ke Naye Pariprekshya
By Manoj Pandey

ISBN : 978-93-88211-72-7

दो शब्द

विगत कुछ दशकों में हिन्दी आलोचना की सैद्धान्तिकी को लेकर व्यापक विचार-विमर्श हुआ है। बदलते सामाजिक परिप्रेक्ष्य के तहत जो दबाव और प्रभाव साहित्य में दर्ज हुए हैं, उनकी रचनात्मक माँग के अनुरूप आलोचना के मानदण्ड बदले हैं, बदलने की प्रक्रिया में हैं। रचना, आलोचना की आधारभूमि होती है। जाहिर है जब रचना के धरातल पर सृजन-मूल्यों, विषयों में परिवर्तन आता है तब आलोचना में भी परिवर्तन की माँग उठने लगती है। साहित्येतिहास इस बात का साक्षी है कि, चूँकि समाज या सामाजिक दशाएँ कभी स्थिर और एकरूप नहीं रहीं इसलिए साहित्यालोचना के मानक और मूल्य भी कभी नियत नहीं रहे। जैसे-जैसे रचना का विषय और परिपाटी बदलती गयी, वैसे-वैसे ही आलोचना में भी बदलाव आता गया। तात्पर्य यह कि रचना के अनुरूप ही आलोचना के भी 'कैनान' सदैव परिवर्तित होते रहे हैं। समाजशास्त्री परिवर्तन को विकास का लक्षण मानते हैं। इस आधार पर यह कहना होगा कि सामाजिक परिवर्तनों का सोद्देश्य और सकारात्मक प्रभाव साहित्य पर पड़ा है। साहित्येतिहास में इस तथ्य के प्रमाण मिलते हैं कि सर्जना-विवेचना के मूल्य और मानदण्ड नवीन उद्भूत साहित्यिक प्रवृत्तियों के अनुसार बदलते गये हैं।

मौजूदा दौर में अनेकानेक कारणों से समाज में कई परिवर्तन दर्ज किये गये। साहित्य-पटल पर भी उनका प्रभाव पड़ा। साहित्य सर्जना ही नहीं, साहित्य-चिन्तन की दृष्टि भी इससे प्रभावित हुई। नवोद्भूत दलित, आदिवासी और स्त्री विमर्श ऐसी ही चर्चित चिन्तन सरणियाँ हैं जिन्होंने साहित्य पटल पर, रचना और आलोचना दोनों ही दृष्टि से परम्परा के पुनर्पाठ पर बल दिया। जाहिर है जब पारम्परिक मूल्य और मान्यताएँ-सामाजिक रीति से बदल गयीं या बदलने लगीं तो रचना-आलोचना की सैद्धान्तिकी में बदलाव आना ही था। मसलन, दलित आत्मकथाओं ने रचना के स्तर पर ऐसा मॉडल प्रस्तुत किया जिसके मूल्यांकन में न सिर्फ पुरानी आत्मकथात्मक विवेचन-दृष्टि नाकाफी लगने लगी, बल्कि साहित्य चिन्तन और सृजन दोनों को एक नया आयाम भी मिला। अभिव्यक्ति का ऐसा भी रूप हो सकता है जो सिर्फ और

सिर्फ दुःख-पीड़ा और विद्रोह-संघर्ष से उपजा हो, साहित्य जगत् को इसका एहसास पहली बार हुआ। कहने का आशय यह है कि दलित, आदिवासी, स्त्री के अनुभवकोश, संघर्ष, विद्रोह और वेदना का चित्रण जब साहित्य पटल पर आया तो पुराने तयशुदा फार्मूले और मानदण्ड कहीं-न-कहीं उनके विवेचन-विश्लेषण में असमर्थ लगने लगे। जाहिर है, इसीलिए इनके सर्जकों ने स्वयं अपनी आलोचना-विवेचना के मानदण्ड प्रस्तावित करने शुरू कर दिये। सृजनकारों द्वारा ऐसी प्रस्तावना भी पहली बार नहीं आयी। साहित्येतिहास में कई ऐसे दृष्टान्त मिलते हैं जब सृजनकारों ने आलोचना को राह दिखायी है। मगर, इस बार चूँकि अभिव्यक्ति का विषय ही पूरी तरह से भिन्न है इसीलिए इसकी अपनी सैद्धान्तिकी भी भिन्न है।

यहाँ हिन्दी आलोचना की वैचारिकी में आये ऐसे सोद्देश्य परिवर्तनों का विश्लेषणात्मक अध्ययन करना ही ध्येय रहा है। चूँकि इनके सिद्धान्त निर्माण की प्रक्रिया अभी जारी है, कुछेक ही मार्गदर्शक पुस्तकें अभी तक आ पायी हैं, ज्यादातर चिन्तन पत्र-पत्रिकाओं में बिखरा पड़ा है और निरन्तर बहस का विषय बना हुआ है; इसलिए अभी तक प्रस्तावित किसी भी सौन्दर्य-मूल्य को स्थायी मानना जल्दबाजी होगी। वैसे भी वैचारिकी का निर्माण दशकों ही नहीं, कई बार सदियों के अनुभव के उपरान्त ही हो पाता है। अतः यहाँ अभिप्रेत मात्र इतना ही रहा कि इन पर समसामयिक चिन्तन का विश्लेषण करते हुए कुछ 'कॉमन' बिन्दुओं पर फोकस किया जाये, हो-न-हो आगे चलकर इन पर कोई मुकम्मिल राय सामने आये!

- मनोज पाण्डेय

भूमिका

साहित्य समतामूलक होता है। उसकी पहली और आखिरी प्रतिज्ञा भी यही होती है और कसौटी भी, कि समाज में समता-समानता का भाव रोपित हो सके और वह ऐसे भावों को पुष्पित-पल्लवित कर सके। शायद इसी नाते साहित्य को विशिष्ट कृति कहा गया है।

समाज, साहित्य की सृष्टि का हेतु भी है और उपादान भी। दरअसल सामाजिक सरोकार ही लेखकीय सरोकार होते हैं, होने चाहिए। जो रचना अपने समय-सत्य को तरजीह नहीं देती, वह क्षणिक आनन्द की पूर्ति में भले सफल हो जाये, सामाजिक दृष्टि से उसकी मूल्यवत्ता कहीं नहीं ठहरती। अर्थात् कृति की श्रेष्ठता उसकी सामाजिक प्रतिबद्धता में ही होती है। कहते हैं, साहित्य अपने समय-समाज का सहचर ही नहीं होता बल्कि उसका प्रेरक और उद्‌बोधक भी होता है, तभी उसे प्रबोधनकर्त्ता कहते हैं। उसकी चिन्ता समाज के उस अन्तिम-जन तक की होती है जो परिधि पर रहता है। इसीलिए साहित्य के मूल्य और मानदण्ड उस अन्तिम-जन तक को लक्ष्य कर निर्मित होने चाहिए।

विगत दशकों में दलित-स्त्री-आदिवासी चेतना के स्वर साहित्य की समतामूलक प्रतिज्ञा और कसौटी पर नये सिरे से जिरह की माँग कर रहे हैं। यह माँग एकदेशीय नहीं, बहुदेशीय है। पूरी दुनिया में आज हाशिये का जन केन्द्र में है। उसकी चेतना, उसकी वैचारिकी तथाकथित मान-मूल्य, व्यवस्था को पुनर्परिभाषित करने की 'डिमाण्ड' कर रही है। साहित्य के इन नये विमर्शों पर मनोज पाण्डेय ने अपना सुचिन्तित मत रखा है। इन विमर्शों पर केन्द्रित साहित्यिक पाठ के मान-मूल्य क्या हैं याकि क्या होने चाहिए, इस पर इधर बहुत बहसें हुई हैं। डॉ. पाण्डेय ने पूरी सर्तकता से उन बिन्दुओं को उठाया है और पूरी ईमानदारी से इन पर विचार-विमर्श के सिलसिले को आगे बढ़ाया है।

साहित्य के नये विमर्श आज जिस समता-स्वतन्त्रता-बन्धुता की स्थापना की वकालत कर रहे हैं, उनका बहुसंख्यक समाज से सीधा सरोकार है। इन विमर्शों ने समाज में एक नयी चेतना लाने में उल्लेखनीय भूमिका निभायी है। बहिष्कृत-वंचित भारत के सपने को इन विमर्शों ने स्वर और सम्बल प्रदान किया है। मनुष्यता को केन्द्र में रखते हुए मानवीय अस्मिता की रक्षा इनकी मूल प्रतिज्ञा है।

मेरी मान्यता है कि हाशिये की वैचारिकी को समझे बिना इस साहित्य के मर्म को नहीं समझा जा सकता। यह पुस्तक इस दिशा में एक उल्लेखनीय पहल है।

शरण कुमार लिम्बाले
मराठी के प्रख्यात साहित्यकार

विषय-सूची

सैद्धान्तिकी के नये क्षेत्र

जिस प्रकार साहित्य मानव जीवन से सम्बद्ध है उसी प्रकार आलोचना भी। बाबू श्यामसुन्दर दास का तो यहाँ तक मानना है कि, "यदि हम साहित्य को मानव जीवन की व्याख्या मानें तो आलोचना को उस व्याख्या की व्याख्या मानना पड़ेगा।" इसकी वजह यह है कि आलोचना साहित्य की व्याख्या-विवेचना के बहाने दरअसल जीवन की ही व्याख्या-विवेचना प्रस्तुत करती है। फर्क सिर्फ इतना होता है कि रचना में जो व्याख्या सीधी-सपाट, अनुभवजन्य और यथार्थपरक होती है, उसका कोई अपना तयशुदा फार्मूला नहीं होता, रचनाकार का अनुभवबोध जितना व्यापक और संश्लिष्ट होता है उतनी ही गहराई तक वह जीवन को रचना में रूपायित करने में समर्थ होता है, जबकि आलोचना में इससे आगे बढ़कर रचनाकार के अनुभव को आत्मसात् करते हुए जीवन और जगत् की सामाजिक-पारिस्थितिक स्थिति के अनुरूप रचना की व्याख्या-विवेचना करनी होती है। कोई रचना जीवन अनुभव के किस अंश को कितनी गहराई से पकड़ सकी है और उसका प्रभाव कितना गहरा है– इस आधार पर रचना की परख-पड़ताल होती है। इस आकलन के अपने कुछ नियत सिद्धान्त होते हैं जो निश्चित रूप से जीवनानुभवों से ही निःसृत होते हैं।

कहने का तात्पर्य यह है कि आलोचना की अपनी एक निश्चित सैद्धान्तिकी होती है उसके अपने कुछ मूल्य और मानदण्ड होते हैं। रचना का आकलन-मूल्यांकन वह उन्हीं मूल्यों और मानदण्डों के आधार पर करती है। कहने की गरज नहीं कि मूल्य और मानदण्ड गहरे अनुभवबोध से उपजता है और उसका व्यापक सामाजिक आधार होता है। कोई भी मानक या मानदण्ड-मानविकी के अध्ययन में सरल और सपाट नहीं होता। उसकी बड़ी जटिल प्रक्रिया होती है। आलोचना की सैद्धान्तिकी के निर्माण में युगों के अनुभवों और प्रभावों का समावेश होता है। व्यापक सामाजिक सरोकार को दृष्टिगत रखते हुए ही कोई मान-मूल्य तय हो पाता है। यह भी विचारणीय है कि आलोचना के मानदण्ड स्थिर नहीं, अपितु गतिशील होते हैं। समय के प्रवाह में जैसे-जैसे जीवन में, जीवनशैली में बदलाव आता-जाता है वैसे-वैसे ही

साहित्य और आलोचना के भी मान-मूल्य बदलते जाते हैं। इस बदलाव को समझने के लिए सामाजिक-आर्थिक-राजनीतिक-सांस्कृतिक परिस्थितियों में होते बदलावों और तद्जनित प्रभावों, दबावों का अध्ययन करना आवश्यक होता है। आलोचना तभी सार्थक और सफल हो पाती है, अपने लक्ष्य तक पहुँच पाती है जबकि उसमें वक्ती बदलावों और प्रभावों-दबावों को परखने की क्षमता होती है।

दरअसल, आलोचना गुण-दोष दर्शन से भी आगे बढ़कर जीवन-मूल्यों की विवेचना करती है इसलिए यह सतही नहीं, वैचारिक होती है, गहन होती है, संश्लिष्ट होती है। आलोचना को इसीलिए लेखक और पाठक के बीच की कड़ी माना जाता है। आलोचना की सैद्धान्तिकी प्रमुखतः इस तथ्य पर टिकी होती है कि कृति विशेष में प्रयुक्त विचार, बोध, भावना, मूल्य का सामाजिक सरोकार कितना व्यापक है, वह अपने प्रयोजन को सिद्ध करने में कितनी कारगर है। जाहिर है आलोचना की कसौटी पर वही रचना श्रेष्ठ और प्रासंगिक ठहरती है जिसमें जीवन-मूल्यों का अंकन ही नहीं होता, बल्कि मूल्यों के संवर्द्धन की क्षमता भी होती है।

हिन्दी आलोचना की सैद्धान्तिकी की काफी प्रौढ़ और पुष्ट परम्परा रही है जो कि संस्कृत काव्यशास्त्रीय चिन्तन पर आधारित है। संस्कृताचार्यों ने आलोचना के केन्द्र में जीवन को ही रखा— बात चाहे रस आनन्द की हो, अलंकार-चमत्कार की हो, या रीति-औचित्य की— सर्वत्र लक्ष्य मानव जीवन ही है। हिन्दी आलोचना संस्कृत काव्यशास्त्र से ही दिशा-दृष्टि ग्रहण करती रही है। पाश्चात्य चिन्तन के सम्पर्क में आने पर निश्चय ही वहाँ के वस्तुवादी दृष्टिकोण का असर भी हिन्दी आलोचना पर पड़ा है। विभिन्न प्रवृत्तियाँ और वाद प्रभावस्वरूप हिन्दी आलोचना की सैद्धान्तिकी में दाखिल हुए हैं। समय के प्रवाह में जीवन में होते परिवर्तनों के अनुसार आलोचना का स्वरूप भी बदलता-बढ़ता रहा है। कहने का तात्पर्य यह है कि जीवन में होते बदलावों के अनुरूप ही रचना-आलोचना के मान-मूल्य निर्गत होते रहे हैं। आधुनिक हिन्दी आलोचना का इतिहास इस बात का गवाह है कि किस प्रकार साहित्यिक मान-मूल्यों में परिवर्तन होते रहे हैं। हिन्दी आलोचना के सौ वर्षों के इतिहास में सैद्धान्तिक स्तर पर जो मतवाद, दृष्टियाँ तथा प्रवृत्तियाँ देखने को मिलती हैं वह इस बात का प्रमाण है कि जीवन के साथ-साथ साहित्य प्रवहमान् बना रहा है। जैसे-जैसे जीवन के ढर्रे में तब्दीली आयी है वैसे-वैसे ही रचना का 'टेस्ट' बदलता गया है, आलोचना का भी।

आजादी के बाद और विशेषकर पिछले दो-तीन दशकों से सामाजिक-राजनीतिक-आर्थिक-सांस्कृतिक परिस्थितियाँ तेजी से बदली हैं। इस बदलाव की आहट साहित्य में बखूबी सुनायी पड़ती है। इनके फलस्वरूप जीवन में आये संरचनागत बदलाव से

आज कोई भी अछूता नहीं है। उत्तर आधुनिक समाज में जिस प्रकार तथाकथित 'सुपरस्ट्रक्चर' विखण्डित हुआ है, उससे सामाजिक-आर्थिक-राजनीतिक-सांस्कृतिक सोच ही बदल गयी है। जाहिर है इस नवोद्भूत सोच को साहित्य में आना ही था। इससे न सिर्फ रचना की विषयवस्तु और भाषिकी में परिवर्तन आया है, बल्कि आलोचना के 'कैनान' भी बदले हैं। और यह बदलाव महज 'वक्ती' नहीं है बल्कि यह अपने आपको 'जस्टीफाई' भी कर रहा है।

विवेच्य विषय के अन्तर्गत यह देखा गया है कि हिन्दी आलोचना की सैद्धान्तिकी नये परिप्रेक्ष्य में न सिर्फ समृद्ध हुई है बल्कि अपनी गतिशीलता को भी उद्घाटित करती रही है। उत्तर आधुनिक परिप्रेक्ष्य में जीवन दृष्टि में बहुआयामी परिवर्तन हुए हैं। जो चीजें, लोग, तबका, विचार सदियों से हाशिये पर रहने के लिए बाध्य रहे हैं, कमोबेश बहिष्कृत और निर्वासित जीवन जीने को मजबूर रहे हैं, संवैधानिक अधिकारों के बावजूद दोयम दर्जे की नागरिकता जिन्हें अरसे से दी जाती रही है- आज वे न सिर्फ आवाज उठा रहे हैं बल्कि अपने ऊपर हुए अमानुषिक कृत्यों का जवाब भी माँग रहे हैं। वे न सिर्फ सामाजिक-आर्थिक-राजनीतिक-सांस्कृतिक ढाँचे में 'करेक्शन' की माँग कर रहे हैं बल्कि उन रूढ़ियों-परम्पराओं, मूल्यों-आदर्शों को खारिज भी कर रहे हैं जिन पर समाज अब तक गर्व करता रहा है। यह माँग जायज है। समाज की आधी आबादी और कुछ अर्थों में तो आधे से भी अधिक आबादी की आवाज का दबे रह जाना किसी भी समाज की प्रगति पर उँगली उठाने के लिए पर्याप्त है। दलित, आदिवासी, स्त्री समाज के दर्द का इधर दो-तीन दशकों से जैसा मार्मिक और विशद वर्णन सामने आया है उसको देखते हुए यह कहा ही नहीं जा सकता कि हम सामाजिक-राजनीतिक रूप से एक लोकतान्त्रिक देश के वासी हैं। जाति, वर्ग, लिंग भेद के आधार पर समाज में व्याप्त अन्याय और अत्याचार प्रगत समाज की निशानी नहीं है।

जाहिर है साहित्य में इन नये परिप्रेक्ष्यों- दलित, स्त्री, आदिवासी विमर्श— के जुड़ने के साथ ही साहित्यालोचना में भी इनके मान-मूल्यों को लेकर सुगबुगाहट शुरू हो गयी है। दलित चिन्तकों ने तो बाकायदा दलित साहित्य के अलग सौन्दर्यशास्त्र की प्रस्तावना रखी है। स्त्री विमर्शकार भी काव्यशास्त्रीय तयशुदा 'फार्मूले' में अपने आपको 'अनफिट' पा रही हैं, इसीलिए उनके यहाँ भी साहित्यशास्त्र के पुनर्लेखन पर बल दिया जा रहा है। ऐसी कसौटी इन नये विमर्शों को मान्य नहीं है जिसमें दुःख-दर्द, अस्मिता-अस्तित्व, समानता-सम्प्रभुता, बन्धुता-स्वतन्त्रता का भाव-विचार समाहित न हो। इसीलिए आत्मवादी और वस्तुवादी दोनों आलोचना धाराओं, प्रवृत्तियों के मानदण्डों, मूल्य-मापकों को एकांगी मानते हुए ये नये विमर्श अपनी व्याख्या-विवेचना के लिए नये मानदण्ड पेश कर रहे हैं।

दलित विमर्शकारों की यह दलील है कि, "दलित शब्द दबाये गये, शोषित, पीड़ित, प्रताड़ित के अर्थों के साथ जब साहित्य से जुड़ता है तो विरोध और नकार की ओर संकेत करता है, वह नकार या विरोध चाहे व्यवस्था का हो, सामाजिक विसंगतियों का, धार्मिक रूढ़ियों, आर्थिक विषमताओं का हो, या साहित्यिक परम्पराओं और मानदण्डों या सौन्दर्यशास्त्र का। जो संघर्ष से उपजा है, जिसमें स्वतन्त्रता और बन्धुता का भाव है और वर्ण व्यवस्था से उपजे जातिवाद का विरोध है, वास्तव में वही दलित साहित्य है।" दलित साहित्य की ऐसी स्थापनाओं में ही उसके मान-मूल्यों का भी स्पष्ट संकेत है। दलित साहित्य की कसौटी की परख उपरोक्त भावों-विचारों को केन्द्र में रखते हुए ही हो सकती है। और प्रायः सभी दलित विमर्शकार इस बात पर सहमत हैं कि दलित साहित्य जनसाहित्य है, यह कोरे आनन्द का साहित्य नहीं है बल्कि 'literature of action' है। इसमें व्यक्त आक्रोश, विद्रोह, संघर्ष, अस्तित्वमूलक है। अपने अस्तित्व और अस्मिता का भान इस साहित्य की सबसे बड़ी उपलब्धि है। सदियों से दबे या दबाये जाते रहे, बेजुबान बनाकर रखे गये वर्ग की पीड़ा इसका केन्द्रीय भाव है। यह परिवर्तनवादी साहित्य है। और यह परिवर्तन महज व्यवस्थागत नहीं है बल्कि वैचारिक है। जाहिर है इसलिए इस साहित्य के मूल्य-मापक भिन्न हैं, इसका उद्देश्य भिन्न है, इसका प्रयोज्य भिन्न है, इसकी भाषा-शैली भिन्न है। यह साहित्य वास्तव में समता-स्वतन्त्रता-बन्धुता का साहित्य है। इस साहित्य की मुख्य अपील ऐसे समाज के निर्माण की है जिसमें सब समान हों, सब परस्पर स्वतन्त्र हों और सबमें स्नेहपूर्ण मैत्रीभाव हो। डॉ. बाबासाहब आम्बेडकर का वैचारिक चिन्तन इस साहित्य की आधारशिला है।

साहित्य यदि वाकई जीवनानुभूतियों का चित्रण है, कोरा, काल्पनिक वागविलाश नहीं है तो यह मानना होगा कि पारम्परिक सौन्दर्यशास्त्रीय कल्पना स्वीकार करके दलित साहित्य का सृजन एवं दलित साहित्य में विद्रोह और नकार का अन्वेषण करना सम्भव नहीं है। दलित साहित्य के सौन्दर्य मूल्यों को समझने के लिए निम्नांकित बिन्दु विचारणीय हैं—

— दलित साहित्य अस्मितावादी साहित्य है, अतः दलित अस्मिता की पहचान ही इसका मूल स्वर होना चाहिए।

— दलित साहित्य उत्कट पीड़ा की उपज है और यह पीड़ा भी परपीड़ा नहीं है बल्कि उस समाज की अपनी व्यथा-वेदना से जुड़ी है। जाहिर है, इसीलिए दलित साहित्य में आक्रोश, नकार और विरोध-विद्रोह का स्वर प्रबल है।

— दलित साहित्य जीवन-संघर्ष की अभिव्यंजना है। इसका सौन्दर्यमूल्य विषयीगत नहीं, विषयगत है।

— प्रतिबद्धता दलित साहित्य का एक केन्द्रीय भाव है। यह साहित्य अपने समाज-जीवन के उत्थान के प्रति प्रतिबद्ध साहित्य है, इसीलिए इसका आशय उल्लास और आनन्द के बजाय परिवर्तन की चेतना का विकास-विस्तार करना है।

— चूँकि दलित और गैर-दलित दोनों की सामाजिक-सांस्कृतिक स्थितियाँ काफी भिन्न हैं, इसीलिए उनकी अभिव्यंजना, उनकी शैली तथा भाषा आदि सभी गैरदलित लेखन से भिन्न हैं। इसलिए साहित्य के अब तक प्रचलित 'बटखरे' से इसका मूल्यांकन नहीं किया जा सकता।

— दलित साहित्य 'मिशनरी स्प्रिट' से रचा गया साहित्य है। उसका मिशन मूलतः दलितोत्थान है। साहित्य-लेखनी उनके लिए माध्यम मात्र है, इसलिए यह कहना होगा कि उनके लिए साहित्य सृजन का आशय और भूमिका भिन्न है। जाहिर है इसीलिए इसके मानक और मूल्य भी भिन्न होंगे।

— यह भी कि, चूँकि सौन्दर्यमूल्यों का सम्बन्ध सामाजिक जीवन स्थितियों से जुड़ा होता है अतः सामाजिक जीवन स्तर और उसकी अपनी जरूरतें ही मूल्यों और मानकों की नियन्ता होनी चाहिए। यही दलित साहित्य के सौन्दर्यशास्त्र की माँग भी है।

जहाँ तक स्त्री विमर्श का सवाल है यह कहना होगा कि समाज की आधी आबादी की गूँज साहित्यिक पटल पर सदियों तक सुनी ही नहीं गयी, सुनी भी गयी तो यदा-कदा और उसे भी या तो नजरअन्दाज कर दिया गया या दबा दिया गया। जबकि स्त्री की समाज में अपनी जरूरी भूमिका शुरू से ही रही है। पुरुषसत्तात्मक समाज व्यवस्था में स्त्री को दोयम दर्जे की नागरिकता दी गयी, उसे पुरुष के अधीन ही रहना सिखाया गया, उसकी जरूरतों, तकलीफों, भावनाओं को समझना पुरुषसत्ता ने कभी जरूरी ही नहीं समझा। शोषण और दमन की शिकार स्त्री को समझने, उसे आवाज देने की बजाय उसे उसकी नियति बताया जाता रहा है। आज स्त्री विमर्श इसके विरुद्ध आवाज उठा रहा है। स्त्री लेखन में यह भाव प्रखरता से उभर रहा है कि उनकी अपनी सामाजिक अस्मिता क्या है? और वे परजीवी नहीं स्वजीवी, स्वचेतन, स्वतन्त्र प्राणी हैं ठीक वैसे ही जैसे कि उनका समकक्षी पुरुष नामक प्राणी। स्त्री लेखन के बारे में श्री सुधीश पचौरी ठीक कहते हैं, "अब तक साहित्य का चला आता केन्द्रवाद, सार्वभौमवाद और 'सर्वेभवन्तुसुखिनः' वाला आदर्श मूलतः पुल्लिगवादी विमर्श है जिसमें स्त्री केन्द्र को हमेशा ही खामोश रहना है। स्त्री के अनन्या पाठ में इस केन्द्रवादी सार्वभौमिकता का कोई स्थान नहीं है क्योंकि उसके पाठ से मूल्यों की सार्वदेशिकता, सार्वकालिकता और प्रतिनिधिकता आदि भरभराकर गिर पड़ते हैं।"

स्त्री विमर्शकारों का मानना है कि पुरुषसत्तात्मक समाज ने सदियों से जितनी ज्यादतियाँ की हैं, जिस कदर स्त्री के साथ अमानुषिक बर्ताव होता रहा है, उनकी भूमिका को नजरअन्दाज किया जाता रहा हैं- कुछेक अपवादों को छोड़कर– उस पर पूरी संजीदगी और गहराई से विचार किया जाना चाहिए। 'मैं नीर भरी दुःख की बदली' अथवा 'अबला जीवन हाय तुम्हारी यही कहानी, आँचल में है दूध और आँखों में पानी' वाला मुहावरा पुरुषसत्ता द्वारा दिया गया था, अब न सिर्फ इस पर पुनर्विचार की जरूरत है बल्कि इसके पीछे छिपे कारकों को पहचानना भी जरूरी है। स्त्री विमर्श ऐसी उपमाओं और उपलब्धियों को चर्चा के केन्द्र में ला रहा है।

विगत सदी में जो परिवर्तन आया है, वोट के अधिकार से लेकर सम्पत्ति और 'लिव इन रिलेशनशिप' तक का जो अधिकार हासिल हुआ है, हो रहा है वह स्त्री विमर्श की सबसे बड़ी उपलब्धि है। न तो ये अधिकार खैरात में दिए गए हैं और न ही एकाएक। इनके लिए स्त्री को सदियों-विशेषकर पिछली सदी से गहन संघर्ष करना पड़ा है। जाहिर है इससे स्त्री जीवन में, उनकी सोच और दायरे में उल्लेखनीय परिवर्तन आया है। अनामिका की इस बात से मैं पूरी तरह सहमत हूँ कि, "पहले की स्त्रियाँ परेशानियाँ लाँघ जानेवाली ट्रांस पर्सनालिटीज थी क्योंकि डिग्नीफाईड सफरिंग था उनका आदर्श। अब स्थिति यह है कि, "मैं नीर भरी दुःख की बदली' वाली भावना का सजग स्थानापन्न हो गयी है एक हँसमुख उत्सवधर्मिता जो मुख पर उँगली रखकर बैठी हुई अच्छी बच्ची-प्यारी बच्ची नहीं बनी रहना चाहती और सन्तप्त स्त्रियों के अलावा सन्तप्त पुरुषों-वंचितों, बेरोजगारों, दलितों, पेटेण्ट बीजों के बोझ से दबे किसानों, फुटलून लेबरों, वृद्धों-विकलांगों-अश्वेतों का बन्धु-परिवार गठित करके साम्प्रदायिकता, शिक्षा, पर्यावरण, आतंक और वैश्वीकरण आदि वृहत्तर प्रश्नों पर एक अलग सम्यक् नजरिया रखना चाहती हैं।" कहना न होगा इस व्यापक दृष्टिकोण के कारण ही स्त्रियाँ समस्त प्रजातान्त्रिक मूल्यों के नये सिरे से मूल्यांकन की पहल कर रही हैं। समता, स्वतन्त्रता और बन्धुता उनके लेखन का केन्द्रीय भाव बन रहा है। वे कोरा अथवा काल्पनिक अनुभव नहीं बयां कर रही हैं बल्कि ठोस दृष्टि रख रही हैं। अपने व्यक्तित्व और प्रकृति प्रदत्त नैसर्गिक गुणों को नये नजरिये से विस्तार दे रही हैं।

जाहिर है इसीलिए हिन्दी आलोचना की अब तक प्रचलित सैद्धान्तिकी उन्हें नाकाफी लग रही है। पूँजीवादी सोच की उपज होने के कारण और वर्गीय-लिंगीय रूप से अलोकतान्त्रिक- कदाचित् संकीर्ण होने के कारण आलोचना की सीमित परिधि को यह नया विमर्श पुनर्मूल्यांकित किये जाने की जरूरत पर बल दे रहा है। यही नहीं, आलोचना के तयशुदा फार्मूलों को नकारते हुए यह विमर्श अपनी सैद्धान्तिकी

के सूत्र भी प्रस्तुत कर रहा है। स्त्री विचारकों ने स्त्री लेखन के तेवर और कलेवर को दृष्टिगत रखते हुए इसके विधायक तत्वों पर ध्यानाकर्षित किया है। इस दृष्टि से निम्नांकित पक्षों पर विचार की जरूरत है—

— जैसे-जैसे दुनिया की आधी आबादी में स्वत्व बोध पनपा और बढ़ा है, वैसे-वैसे ही उसमें अपनी पहचान को लेकर, अस्मिता को लेकर जागरूकता बढ़ती गयी है। स्त्री अस्मिता को हमारे पुरुषवादी समाज में सदियों से मिटाया जाता रहा। 'सभी मनुष्य एक हैं और सभी को बराबर अधिकार प्राप्त है।' इस सार्वभौमिक सच को झुठलाकर स्त्री को सदैव कैद रखने के उपाय किए जाते रहे। उसकी स्वतन्त्र सत्ता को कभी स्वीकारा ही नहीं गया। स्त्री विमर्श का आज यही केन्द्रीय एजेण्डा है।

— पुरुषसत्तात्मक नजरिये का ही यह प्रभाव है कि स्त्री में स्वातन्त्र्य बोध कभी पनप नहीं सका। स्त्री लेखन ने स्वतन्त्रता को एक चरम मूल्य के रूप में स्थापित किया है जो कि संवैधानिक रूप से भी न्यायोचित है। हाँ, यह जरूर है कि स्वतन्त्रता, स्वायत्तता के चक्कर में वे बहकावे की शिकार भी हुई हैं। मीडिया द्वारा गढ़ी गयी उनकी स्वातन्त्र्य सापेक्ष छवि न तो स्त्री के हक में है और न समाज के। स्त्री स्वातन्त्र्य को एक मानवीय मूल्य के बतौर देखा जाना चाहिए और स्त्रियों को भी न सिर्फ उसकी संरक्षा-सुरक्षा करनी चाहिए बल्कि उसकी गरिमा का भी ध्यान रखना चाहिए।

— साहित्य जीवनानुभूतियों का चित्रण है। जीवन की ही विभिन्न सुख-दुःखात्मक स्थितियाँ साहित्य चित्रण का विषय बनती हैं। इसीलिए साहित्य को जीवन का अंकन ही नहीं बल्कि जीवन की आलोचना भी कहा गया है। जीवन को गति और दिशा देने का दायित्व भी साहित्य पर रहा है। स्त्री विमर्श स्त्री जीवन की वास्तविकता का यथार्थ अंकन है। यह फोटोग्राफिक चित्रण नहीं है बल्कि जीवन का यथार्थ अंकन है। जीवन की कड़वी सच्चाइयों, पीड़ाओं, तकलीफों का वर्णन स्त्री लेखन में व्यापक मानवीय सरोकारों के साथ हो रहा है।

— पितृसत्तामक संस्कृति ने जिस प्रकार स्त्री को अपना उपनिवेश बनाये रखा उस पर स्त्री विमर्श आलोचनात्मक दृष्टि से विचार करता है। और यह सिद्ध करता है कि पितृसत्तामक संस्कृति की अवधारणाएँ, मूल्य, मानदण्ड, वर्जनाएँ भेदभावपूर्ण हैं। स्त्री पुरुष की अनुचरी नहीं बल्कि सहयोगी है, सहगामिनी है।

— स्त्री देह को लेकर जो मानस पुरुष व्यवस्था ने बना रखा था और कमनीय, नाजुक, गोपनीय के आवरण में स्त्री को छिपा रखा था, स्त्री विमर्श उस षडयन्त्र का पर्दाफाश करता है। स्त्री लेखन में देह के प्रति नजरिये में दिखायी देनेवाला

बदलाव इस बात का सूचक है कि स्त्री मुक्ति के लक्ष्य को तब तक नहीं पाया जा सकता जब तक कि स्त्री देह की मुक्ति को नहीं समझा जाता। एक स्त्री का अपनी देह पर अधिकार उसका नैसर्गिक अधिकार है। यह जरूर है कि इस अधिकार को हासिल करने के फेर में स्त्री इसे हथियार के रूप में भी इस्तेमाल करने लगी है, परन्तु यदि हथियार के रूप में भी सामाजिक हितों को दृष्टिगत रखते हुए प्रयोग किया जाये तो कोई हर्ज नहीं।

— स्त्री भाषा का व्याकरण पुरुष से भिन्न है। जाहिर है स्त्री विमर्श इसीलिए भाषिक धरातल पर भी सोचने का आमन्त्रण दे रहा है। स्त्री भाषा के शब्द, विन्यास, मुहावरे, प्रतीक, मिथक पुन्ससत्ता की शिश्न केन्द्रित भाषा के 'मेयार' को बदल रहे हैं।

कुल मिलाकर स्त्री विमर्श की सैद्धान्तिकी को इन्हीं विधायक तत्त्वों के आधार पर देखना होगा। ऐसे कतिपय और भी बिन्दु हो सकते हैं। स्त्री लेखन का मूल्यांकन इनके बगैर करना असंगत ही नहीं, असंभव भी होगा।

आदिवासी विमर्श भी समाज के वंचितों, उपेक्षितों की अस्मिता, संघर्ष और अस्तित्व का विमर्श है। दलित विमर्श की तरह यह भी हाशिये पर ढकेल दिये गये समाज की बुनियादी पहचान का विमर्श है। इस विमर्श ने आदिवासी लेखन को केन्द्र में रखते हुए यह दलील पेश की है कि आदिवासी भी मनुष्य हैं और मनुष्य होने के नाते उनकी अपनी भी एक पहचान है, मानवीय धरातल पर उनकी अभिव्यक्तियों को सुना जाना चाहिए। यह लेखन उस सच्चाई को सामने लाता है जिस पर सदियों से पर्दा पड़ा रहा है, जिसे मानव-सुलभ जीवन जीने का अधिकार तक नहीं प्राप्त रहा है। या यूँ कहें कि जिसे उसके अधिकारों से सदैव वंचित रखा गया। उस पर अन्याय, अत्याचार किये जाते रहे, शोषण और विस्थापन जिसकी नियति बन गयी है। धरा के मूल निवासी होने के बावजूद तथाकथित सभ्य समाज की बर्बरता से यह समुदाय जंगलों, कन्दराओं की ओट में रहने के लिए विवश किया जाता रहा। जल, जंगल और जमीन उनका आश्रय स्थल रहा, लेकिन सभ्यता और विकास के नाम पर उन्हें वहाँ से भी खदेड़ा जाता रहा। जाहिर है अपनी उपेक्षा और अन्याय के विरोध में आदिवासी समुदाय प्रतिरोध करता रहा। देश के अनेक हिस्सों में आदिवासी विद्रोह की लम्बी परम्पराएँ रही हैं। 'मिशन विद्रोह' जैसे आन्दोलन से आदिवासी समाज की तड़प, बेचैनी और संघर्ष का अन्दाजा लगाया जा सकता है।

— आदिवासी साहित्य जीवनवादी साहित्य है। उसमें समाज की जीवनेच्छा का भाव प्रबल है। इस साहित्य में अपने अस्तित्व और अस्मिता के लिए संघर्ष का भाव विद्यमान है।

- आदिवासी लेखन में आनेवाले विचार, बोध, मूल्य, मान्यताएँ और संघर्ष आदि ही उसके आकलन, मूल्यांकन के 'टूल्स' भी बने हैं। इस साहित्य का मूल्यांकन न तो पारम्परिक सौन्दर्यशास्त्र से हो सकता है और न ही दलित सौन्दर्यशास्त्र से। कारण यह कि दलितों और आदिवासियों के जीवन की बुनियादी सतह ही भिन्न है।
- दलित तो समाज की परिधि पर मूक बना बैठा रहा लेकिन आदिवासी को तो सदैव जंगलों और गुफाओं में खदेड़ा जाता रहा अर्थात् उसे समाज के हाशिये से भी वंचित किया जाता रहा। जीवन की मूलभूत पहचान से ही उसे अनभिज्ञ रखा जाता रहा। जंगली कहकर उसे पशु सुलभ जीवन जीने के लिए विवश किया जाता रहा। इसीलिए दलित और आदिवासी दोनों के लेखन का तेवर और ताप भी भिन्न है।

इसलिए आदिवासी समाज के लिए अस्तित्व का संकट, अस्मिता बोध और जीवन संघर्ष तथा चुनौतियाँ बिल्कुल भिन्न हैं। उनकी सैद्धान्तिकी के ये विधायक तत्त्व भी भिन्न हैं।

अन्त में यह कहना है कि हिन्दी आलोचना की सैद्धान्तिकी के निर्माण में नये विमर्शों का महत्त्वपूर्ण योगदान है। इन उत्तर आधुनिक विमर्शों– दलित, स्त्री, आदिवासी ने आलोचना को समृद्ध भी किया है और उसका विस्तार भी। हिन्दी आलोचना के प्रचलित मानदण्डों के साथ ही इन नये विमर्शों की सृजनात्मक चेतना को इस परिप्रेक्ष्य में शामिल किया जाना चाहिए। रचना से ही आलोचना के मूल्य, मानदण्ड निर्गत होते हैं। अतः लेखन के इन नये आयामों को भी आलोचना की सैद्धान्तिकी के अन्तर्गत देखा जाना चाहिए। यह इसलिए भी कि इनके रचनागत तत्त्वों को दृष्टिगत रखते हुए ही इनकी सैद्धान्तिकी पर बात हो सकती है, सैद्धान्तिकी की रूपरेखा बन सकती है।

•

दलित विमर्श की सैद्धान्तिकी

मोटे तौर पर समाज सदियों से दो वर्गों में बँटा रहा है एक उच्च वर्ग और दूसरा निम्न वर्ग। भारतीय पारम्परिक व्यवस्था जिस चतुर्वर्ग को स्थापित करती है उसमें चार प्रकार की जातियों का उल्लेख मिलता है– ब्राह्मण, क्षत्रिय, वैश्य और शूद्र। इन जातियों की निर्मिति और इनसे बनी सामाजिक व्यवस्था में कालान्तर में सिर्फ दो ही वर्ग प्रधान रह गये एक वह जो समाज में जातीय बराबरी हासिल न होने के बावजूद सामाजिक लोकाचार में बराबर का हिस्सेदार था, जातीय चौहद्दी के बावजूद वह किसी भी प्रकार अछूत न था, और दूसरा वह वर्ग जो सभी प्रकार से उन अधिकारों से वंचित था, उच्चवर्गीय समाज के लिए अस्पृश्य था। अस्पृश्यता का भाव इतना तगड़ा था कि गाँव-समाज में उसे रहने की आजादी तक न थी। प्रायः वह गाँव के बाहर किसी टीले, पोखरे तथा झाड़ी के पास वास करता था। यहाँ तक कि उसका उस मार्ग पर चलना तक वर्जित था जिस पर तथाकथित सछूत जातियाँ चलती थीं। जानवरों का स्पर्श क्षम्य था, अछूत का नहीं। यही नहीं, उसकी परछाईं तक से नफरत की जाती थी। उसे हिकारत की नजरों से देखा जाता था। ग्रामीण समाज व्यवस्था में किसी प्रकार की आजादी उसे प्राप्त नहीं थी। उसकी जिन्दगी बेगार की जिन्दगी थी, दूसरों की मेहरबानी पर गुजर-बसर करनेवाली। 'जूठन' पर जीनेवाली। उसे सहज प्राप्त था तो सिर्फ अन्याय और अत्याचार।

शूद्र कही जानेवाली ऐसी ही जातियों को दलित के नाम से जाना जाता है। इसका शाब्दिक अर्थ है जिसका दलन और दमन हुआ है, दबाया गया है, शोषित, उत्पीड़ित, उपेक्षित, घृणित और वंचित आदि। 'दलित' शब्द को विचारकों ने अपने-अपने नजरिये से व्याख्यायित किया है। डॉ. श्यौराज सिंह बेचैन का मानना है- "दलित वह है जिसे भारतीय संविधान में अनुसूचित जाति का दर्जा दिया गया है।"[1] जबकि दलित विमर्शकार कँवल भारती का कहना है– "दलित वह है जिस पर अस्पृश्यता का नियम लागू किया गया है। जिसे कठोर और गन्दे कार्य करने

के लिए बाध्य किया गया है। जिसे शिक्षा ग्राह्य करने और स्वतन्त्र व्यवसाय करने से मना किया गया है और जिस पर सछूतों ने सामाजिक निर्योग्ताओं की संहिता लागू की, वही और वही दलित है। और इसके अन्तर्गत वही जातियाँ आती हैं जिन्हें अनुसूचित जातियाँ कहा जाता है।''[2]

अवधारणा

सवैधानिक दृष्टि से वे समस्त जातियाँ जिन्हें जाति आधारित व्यवस्था में अनुसूचित जाति के अन्तर्गत रखा गया है वे दलित हैं। इस शब्द के व्यापकत्व को देखते हुए स्वयं दलित विचारकों ने इसकी परिधि का विस्तार और निर्धारण किया है। मराठी दलित साहित्य के अग्रगण्य विचारक शरण कुमार लिम्बाले के मतानुसार, ''दलित केवल हरिजन और नवबौद्ध नहीं। गाँव की सीमा के बाहर रहनेवाली सभी अछूत जातियाँ, आदिवासी, भूमिहीन, खेत-मजदूर, श्रमिक, कष्टकारी जनता और यायावर जातियाँ सभी-की-सभी 'दलित' शब्द की परिभाषा में आती हैं।''[3]

हिन्दी दलित साहित्य के विचारक ओमप्रकाश वाल्मीकि के अनुसार– ''दलित शब्द व्यापक अर्थबोध की अभिव्यंजना देता है। भारतीय समाज में जिसे अस्पृश्य माना गया वह व्यक्ति ही दलित है। दुर्गम वनों, पहाड़ों के बीच जीवनयापन करने के लिए बाध्य जनजातियाँ और आदिवासी, जरायमपेशा घोषित जातियाँ सभी इस दायरे में आती हैं। सभी वर्गों की स्त्रियाँ दलित हैं। बहुत कम श्रम मूल्य पर काम करनेवाली श्रमिक, बँधुआ मजदूर दलित की श्रेणी में आते हैं।''[4]

जबकि दलित विमर्शकार मोहनदास नैमिशराय का मानना है कि, ''दलित शब्द मार्क्स प्रणीत सर्वहारा शब्द के लिए समानार्थी लगता है। लेकिन इन दोनों शब्दों में पर्याप्त भेद भी है। दलित की व्याप्ति अधिक है तो सर्वहारा की सीमित। दलित के अन्तर्गत सामाजिक, धार्मिक, आर्थिक, राजनीतिक शोषण का अन्तर्भाव होता है, तो सर्वहारा केवल शोषण तक ही सीमित है। प्रत्येक दलित व्यक्ति सर्वहारा के अन्तर्गत आ सकता है, लेकिन प्रत्येक सर्वहारा को दलित कहने के लिए बाध्य नहीं हो सकते।... अर्थात् सर्वहारा की सीमाओं में आर्थिक विषमता का शिकार वर्ग आता है जबकि दलित विशेष तौर पर सामाजिक विषमता का शिकार होता है।''[5]

इस प्रकार यह कहा जा सकता है कि यद्यपि 'दलित' शब्द संवैधानिक रूप से अनुसूचित जाति के लिए प्रयुक्त होता है तथापि विचारकों के अनुसार सामाजिक जाति दंश को झेलनेवाली तमाम अस्पृश्य, खानाबदोश जातियाँ भी इसके अन्तर्गत लायी जा सकती हैं। व्यापक अर्थों में सामाजिक बहिष्कृति का शिकार वह समूचा तबका इसके अन्तर्गत आता है जो शोषित-पीड़ित-उपेक्षित रहा है। यही नहीं, इसकी परिधि में उन तमाम वर्गों को भी शामिल करना होगा जो सामाजिक रूप से अभिशप्त

रहे हैं भले ही वे अछूत उस दृष्टि और दर्जे के न रहे हों। इसीलिए शरण कुमार लिम्बाले कहते हैं, "दलित शब्द की परिभाषा में केवल अछूत जाति का उल्लेख करने से काम नहीं चलेगा। इसमें आर्थिक दृष्टि से पिछड़े हुए लोगों का भी समावेश करना होगा। उन मजदूरों-श्रमिकों को भी इसके दायरे में देखना होगा जो आर्थिक-सामाजिक गुलामी और शोषण के शिकार रहे हैं।"

दलित शब्द साहित्य के साथ जुड़कर एक ऐसे साहित्य वर्ग या धारा का परिचायक बनता है जो कि अभिजात्य साहित्य से पूरी तरह अलग है, पूरी तरह यथार्थवादी है, मानवीय सरोकारों और हितों से जुड़ा हुआ है। जिसमें दर्द है। पीड़ा है। टीस है। विद्रोह है। आक्रोश है। जिजीविषा है। और जो परिवर्तनवादी है। रोमाण्टिक और काल्पनिक सत्य से दूर जिसकी आधारशिला खाटी यथार्थ पर टिकी हुई है। जो मनोरंजन नहीं है तथा जिसकी चेतना कल्याणकारी है, वह स्वान्तः सुखाय नहीं लिखता। शरण कुमार लिम्बाले के अनुसार "दलितों का दुःख, परेशानी, गुलामी, अधःपतन और उपहास के साथ ही दरिद्रता का कलात्मक शैली से चित्रण करनेवाला साहित्य ही दलित साहित्य है। आह का उदात्त स्वरूप अर्थात् दलित साहित्य।"[6] वास्तव में दलित साहित्य आह से उपजा आख्यान ही है– कमोबेश वैसी ही आह जैसी आदि कवि वाल्मिकी के व्यथित हृदय से निकली थी और वह काव्य बन गया था।

कँवल भारती दलित साहित्य को परिभाषित करते हुए लिखते हैं, "दलित साहित्य से अभिप्राय उस साहित्य से है जिसमें दलितों ने स्वयं अपनी पीड़ा को रूपायित किया है और अपने जीवन संघर्ष में दलितों ने जिस यथार्थ को भोगा है, दलित साहित्य उनकी उसी अभिव्यक्ति का साहित्य है। यह कला के लिए कला नहीं, बल्कि जीवन और जीवन की जिजीविषा का साहित्य है। इसीलिए कहना न होगा कि वास्तव में दलितों द्वारा लिखा गया साहित्य ही दलित साहित्य की कोटि में आता है।"[7]

वरिष्ठ दलित साहित्यकार ओमप्रकाश वाल्मीकि का मानना है कि, "दलित शब्द दबाये गये, शोषित, पीड़ित, प्रताड़ित के अर्थों के साथ जब साहित्य में जुड़ता है तो विरोध और नकार की ओर संकेत करता है, वह नकार या विरोध चाहे व्यवस्था का हो, सामाजिक विसंगतियों या धार्मिक रूढ़ियों, आर्थिक विषमताओं का हो, या साहित्यिक परम्पराओं और मानदण्डों या सौन्दर्यशास्त्र का हो। जो संघर्ष से उपजा है, जिसमें समता, स्वतन्त्रता और बन्धुता का भाव है और वर्ग व्यवस्था से उपजे जातिवाद का विरोध है, वास्तव में वही दलित साहित्य है।"[8] वाल्मीकि इसे जन साहित्य मानते हैं। यह साहित्य मानवीय मूल्यों का पक्षधर है और सामन्ती मानसिकता का विरोधी है– "दलित साहित्य जन साहित्य है यानि मास लिटरेचर

(Mass Literature)। सिर्फ इतना ही नहीं, लिटरेचर ऑफ एक्शन (Literature of action) है। इसी संघर्ष और विद्रोह से उपजा है दलित साहित्य।"

डॉ. सी.बी. भारती के विचार से यह, "नवयुग का एक व्यापक वैज्ञानिक व यथार्थपरक संवेदनशील साहित्यिक हस्तक्षेप है, जो कुछ भी तर्कसंगत, वैज्ञानिक परम्पराओं का पूर्वाग्रहों से मुक्त साहित्य सृजन है हम उसे दलित साहित्य के नाम से संज्ञायित करते हैं।"[9] डॉ. श्यौराज सिंह बेचैन दलित साहित्य को अछूत जाति विशेष का साहित्य मानने के पक्ष में हैं। वे इसे सभी दलित, दमित, शोषित, पीड़ित वर्ग की अभिव्यक्ति नहीं मानते। उनका स्पष्ट कथन है, "दलित साहित्य उन अछूतों का साहित्य है जिन्हें सामाजिक स्तर पर सम्मान नहीं मिला। सामाजिक स्तर पर जातिभेद के जो लोग शिकार हुए हैं उनकी छटपटाहट ही शब्दबद्ध होकर दलित साहित्य बन रही है।"[10] मराठी साहित्यकार बाबूराव बागुल का मानना है "मनुष्य की मुक्ति को स्वीकार करनेवाला, मनुष्य को महान् माननेवाला, वंश, वर्ण और जाति श्रेष्ठत्व का प्रबल विरोध करनेवाला साहित्य ही दलित साहित्य है।"[11]

मोहनदास नैमिशराय मानते हैं कि, "दलित साहित्य भारतीय समाज के बहुजन का साहित्य है, जो असमानता के विरोध का स्वर है। ...दलित साहित्य मुक्ति का साहित्य है।"[12] वे मानते हैं कि इस मुक्ति के लिए दलित समाज डॉ. आम्बेडकर का ऋणी है क्योंकि उन्हीं की प्रेरणा से इसका विस्तार और विस्फोट हुआ।

कुछ लोग दलित साहित्य की कोई एक परिभाषा स्वीकार नहीं करते। उनकी दृष्टि में दलित साहित्य की कोई एक परिभाषा नहीं बन सकती। ज्यादा-से-ज्यादा वे इसे एक साहित्यिक आन्दोलन भर मानते हैं। परन्तु दलित विचारकों के मंतव्य और इस साहित्य की प्रकृति को देखते हुए यह कहना होगा कि दलित साहित्य का अपना एक तेवर और आधार है, इसकी अपनी विशिष्ट अभिव्यंजना है। इसकी प्रेरणा और प्रभाव का अपना विशेष स्रोत और दायरा है। यह एक वर्ग और जाति के अस्मिता और आक्रोश की अभिव्यक्ति है। जाति व्यवस्था के विरुद्ध विद्रोह की भावना और सामाजिक परिवर्तन का दृढ़ संकल्प इसका लक्ष्य है। जाति व्यवस्था का विरोध इसका आर्थिक प्रबल स्वर है। जाति व्यवस्था के कारण सदियों से सामाजिक, धार्मिक, राजनीतिक रूप से दबे-कुचले-बेजुबान लोगों की जुबान है—दलित साहित्य। स्वतन्त्रता, समता और बन्धुता का पक्षधर है, प्रेरक है—दलित साहित्य। इस साहित्य के केन्द्र में मनुष्य है। मनुष्य के दुःख और उन दुःखों से निजात दिलाने की प्रेरणा है—दलित साहित्य। इसीलिए यह स्वान्तःसुखाय नहीं है बल्कि लक्ष्यभेदी है, क्रान्तिदर्शी है। निष्कर्षतः यह कहा जा सकता है कि दलित साहित्य उस नकार या विद्रोह का साहित्य है जो शोषित, पीड़ित, प्रताड़ित समाज के हित में अभिव्यक्त हुआ है। यह नकार या विरोध ही दलित साहित्य का मूल है।

बेशक दलित साहित्य के प्रेरणा पुरुष हैं डॉ. बाबासाहेब भीमराव आम्बेडकर। उन्हीं के विचारों की प्रेरणा से दलित साहित्य आन्दोलन खड़ा हुआ है। यह एक विचारधारात्मक आन्दोलन है जो व्यवस्था में परिवर्तन का पक्षधर है। इस आन्दोलन की मुख्य माँग है जातिभेद का खात्मा और समता, समानता एवं बन्धुता की स्थापना। दलित साहित्य इस आन्दोलन की कलम है, हथियार है। डॉ. लिम्बाले इस साहित्य के तीन मूल सूत्र मानते हैं– पहला– 'वेदना', दूसरा– 'नकार' और तीसरा– 'विद्रोह'। हजारों वर्षों से दलित जन जो जीवन जीते आये हैं, जो अन्याय-अत्याचार-उत्पीड़न सहते आये हैं, उससे उनमें जो पीड़ाबोध है, गहरी वेदना है, उसी का परिणाम है कि वे उससे मुक्त होना चाहते हैं। वैसा अमानुषिक जीवन उन्हें स्वीकार नहीं है। नकार का यह बोध समूचे दलित साहित्य में है और महज यह अहसास ही नहीं है बल्कि इस स्थिति से निवृत्त होने की तीव्र ललक भी है जो उन्हें विद्रोही बनाती है। क्रान्ति ही अन्तिम मार्ग है– इसका उन्हें अहसास है। दलित साहित्य की अवधारणा के सम्बन्ध में अपने एक साक्षात्कार में शरण कुमार लिम्बाले कहते हैं– "गाँव और शहर में दलित बस्ती और सवर्ण बस्ती की सीमारेखा स्पष्ट दिखायी देती है। ऐसे ही समाज में जो भेद हैं वह साहित्य में भी दिखायी देता है। जैसे दलित समाज अलग है वैसे ही दलित साहित्य अलग है। दलित लेखकों की प्रतिबद्धता की भावना, उनकी दलित चेतना, उनकी भाषा और यथार्थ चित्रण ही दलित साहित्य को सवर्ण साहित्य से अलग कर देता है। हमारी तो भाषा तक का शोषण हुआ है। दूसरा, हमारा लेखक कार्यकर्त्ता है। वह आन्दोलन से जुड़ा है और अपने लेखन को हथियार मानकर चलता है। ये सब बातें ही दलित साहित्य की अवधारणा को पृथक् करती हैं।"

वेदना ही दलित साहित्य की जन्मदात्री है और इसके प्रेरणापुंज हैं डॉ. आम्बेडकर के विचार। गौरतलब है कि दलितों की यह वेदना एक दिन की नहीं है और न ही किसी एक की है, बल्कि यह सदियों की है और समग्र बहुजन समाज की है। इसलिए यह समूह रूप से व्यक्त होती है। पूरे बहिष्कृत समाज की वेदना होने के कारण इस वेदना का स्वरूप कमोबेश एक जैसा है। जाति का दंश इसकी मूल वजह है। दलित रचनाकार ने इस दंश को झेला है, वह इसका भोक्ता है। उसके मानस में यह वेदना इतनी घनीभूत हो चुकी है कि वह इसके प्रति तीव्र नकार और तिरस्कार का भाव रखता है, तथा इनसे निजात पाने के लिए वह प्रतिबद्ध है। डॉ. पुरुषोत्तम सत्यप्रेमी दलित साहित्य के व्यापक फलक को चित्रित करते हुए कहते हैं– "दलित साहित्य में 'दलित' शब्द का आशय संविधान या शासन द्वारा घोषित अनुसूचित जाति, जनजाति एवं पिछड़ा वर्ग की जातियों के लोग ही नहीं हैं, अपितु 'दलित' शब्द एक संवेदन है, विचार है जिसका तात्पर्य 'दबाया गया' से है 'दबे हुए' से नहीं।

सामाजिक, आर्थिक, राजनीतिक एवं सांस्कृतिक दृष्टि से शास्त्र एवं शस्त्र के बल पर दबाया गया मनुष्य किसी भी जाति, वर्ण, धर्म, मत, पन्थ एवं भौगोलिक क्षेत्र का हो सकता है।''[13]

कहना न होगा दलित साहित्य की अवधारणा काफी व्यापक अर्थ-सन्दर्भ लिये हुए है। इसके अन्तर्गत आज वह समग्र समाज और उस समाज की व्यथा-कथा उभर कर आ रही है जो सदियों से गुलामों से भी बदतर जिन्दगी जीने के लिए अभिशप्त रहा है। दलित साहित्य इस अर्थ में उन बेजुबानों की अभिव्यक्ति है जिन्हें सदियों तक बोलने का, सोचने-समझने का अधिकार ही नहीं दिया गया था। इसीलिए आज इस साहित्य को 'हथियार' कहा जा रहा है, क्रान्ति की 'मशाल' कहा जा रहा है। डॉ. कालीचरण स्नेही के शब्दों में, "दलित साहित्य मानव मुक्ति का साहित्य तो है ही, साथ ही शास्त्रों से मुक्ति की चेतना का साहित्य भी है।" इस साहित्य में दलितोत्थान की मूल चेतना के साथ-साथ आम आदमी के दुःख-दर्द, उसके सामाजिक सरोकार आदि को नये सिरे से अभिव्यक्त करने का आग्रह है। उल्लेखनीय है कि यह आग्रह महज शब्द-चमत्कार नहीं है या कपोल-कल्पित नहीं है, इसके पीछे पीड़ा की अनुभूति का एक पूरा इतिहास है। साहित्येतिहास के फ्रेमवर्क में देखें तो कहना होगा कि आदिकाल से ही इस चेतना के सूत्र मिलते हैं। सिद्धों, सन्तों और भक्तों ने भले ही इस रूप में विद्रोही तेवर न अपनाया हो पर यह मंशा जरूर व्यक्त की है कि, "मानस की जाति सबै एकै पहिचानिबो।" मनुष्य-मनुष्य में भेद की दीवार तोड़ने की आकांक्षा में उन्होंने जो विचार रखे हैं, वे मानवता को एकसूत्र में बाँधने की परिकल्पना में अनुस्यूत हुए हैं। कबीर और रैदास आदि के माध्यम से होते हुए वे ही विचार हीरा डोम तथा अछूतानन्द आदि तक पहुँचे हैं। और इसकी आधुनिक परिणति डॉ. आम्बेडकर के समता-स्वतन्त्रता-बन्धुता के तत्त्व-दर्शन में हुई है।

विचार दर्शन

दलित साहित्य का अपना एक मुकम्मल वैचारिक पक्ष है। उसका अपना वर्तमान ही नहीं, बल्कि सम्पुष्ट इतिहास भी है। यह दीगर बात है कि इतिहास में चाहे वह साहित्य का हो या राजनीति-अर्थनीति का, उसमें उसे वह स्थान नहीं दिया गया है। दलित साहित्य की वैचारिकी का सम्बन्ध यूँ तो सिद्धों और सन्तों से माना जाता है जो कालान्तर में सामन्तवाद की चपेट में पड़ा रहा। इतिहास का मध्ययुग जिस चेतना की, पुनर्जाग्रति की बात करता है वहाँ दलितों का स्वर यद्यपि धीमा है, पर सुनायी पड़ता है। सन्त साहित्य का उत्कर्ष इसी तथ्य में निहित है कि उसमें समता, स्वतन्त्रता और बन्धुता का भाव विद्यमान ही नहीं है बल्कि उसकी पुरजोर वकालत की गयी है। निर्गुणियाँ सन्तों की चेतना में जो जातीय अहंकार के विलय की माँग है, उसका लक्ष्य सर्वधर्म समभाव की स्थापना ही है।

आधुनिक काल में फुले-आम्बेडकर के रूप में समाज के निम्न कहे जानेवाले दलित वर्ग को मार्गदर्शक मिला। डॉ. विमल कीर्ति के शब्दों में, "दलित साहित्य का एक निश्चित उद्‌देश्य है एक निश्चित लक्ष्य है। उसी प्रकार उसकी अपनी एक निश्चित विचारधारा है और वह है आम्बेडकर और फुले की विचारधारा। दलित साहित्य आम्बेडकर और फुलेवाद की नींव पर ही भारत के इतिहास के साथ अपने रिश्ते भी स्थापित करना चाहता है। इसमें कोई सन्देह नहीं कि दलित साहित्य आधुनिक युग की देन है और डॉ. आम्बेडकर द्वारा नेतृत्व प्रदान किये गये दलित मुक्ति आन्दोलन से ही यह साहित्यिक आन्दोलन शुरू हुआ, आम्बेडकर के दलित मुक्ति आन्दोलन से पहले दलित साहित्य का कोई आन्दोलन या उसके बाबजूद भी दलित आन्दोलन का जैसे भारतीय इतिहास से कुछ निश्चित सम्बन्ध है। जिनसे वर्तमान दलित मुक्ति को प्रेरणा, शक्ति, दर्शन और ऊर्जा प्राप्त होती है, दलित साहित्य आम्बेडकर-फुले के बुनियादी सिद्धान्तों के आधार पर ही भारत के प्राचीन इतिहास से अपने सम्बन्ध स्थापित करता है।"[14]

कहना न होगा आम्बेडकरवादी दर्शन ही दलित चेतना का मूल चिन्तन, दर्शन है। फुले और शाहू महाराज के विचारों का ही अगला पड़ाव है आम्बेडकर दर्शन। फुले व शाहू महाराज के क्रान्तिकारी विचारों के कारण ही आधुनिक भारत में चेतना आयी- विशेषकर समाज के उस बहुसंख्यक वर्ग में जिसे सदियों से दासता की जिन्दगी गुजारनी पड़ रही थी। इनके विचारों की प्रेरणा से ही यह समाज अपने अधिकारों के प्रति जागृत होकर प्रस्थापित व्यवस्था के विरोध के प्रति कटिबद्ध होता गया। डॉ. आम्बेडकर ने हिन्दू धर्म की कठोर-पारम्परिक रूढ़ियों का विरोध करते हुए यह स्थापित करने का प्रयास किया कि हिन्दू धर्म में जो जाति व्यवस्था है वह आधारहीन है, वह केवल एक वर्ग विशेष का हित साधन करनेवाली है। उस व्यवस्था के तहत समाज के बहुसंख्यक वर्ग को सदियों तक गुलाम बनाये रखने का षड्यन्त्र रचा गया। कहना न होगा कि यद्यपि डॉ. आम्बेडकर पढ़े-लिखे थे, परन्तु उन्हें अपने समाज की व्यवस्था का कटु अनुभव था, उन्होंने स्वयं भोगा था, सहते हुए अपने पास-परिवेश को देखा था, इसीलिए उनमें इसके प्रति तीव्र नकार का भाव तो था ही अपने समाज को इससे निजात दिलाने की आकांक्षा भी थी। उन्होंने स्वयं धर्म परिवर्तन इसीलिए किया और दलित समाज को भी इसीलिए प्रेरित किया, क्योंकि ऐसा धर्म जिसमें सभी के प्रति समान दृष्टिकोण न हो, वह मानवीय हो ही नहीं सकता। अपने एक भाषण में उन्होंने दलित समाज का आह्वान करते हुए कहा था, "जिस धर्म में व्यक्ति को प्रधानता नहीं दी जाती, वह धर्म मुझे स्वीकार नहीं और हिन्दू धर्म में व्यक्ति को प्रधानता न होने से वह धर्म मुझे स्वीकार्य नहीं है। उसी

प्रकार जिस धर्म में एक विद्या दान करे, दूसरा वर्ग रक्षा, तीसरा व्यापार करे और चौथा केवल सेवा करे, ऐसा विधान हो, वह धर्म मुझे स्वीकार नहीं है। विद्या हर किसी को प्राप्त हो, शास्त्र की भी सभी को जरूरत हो। अर्थ सभी को चाहिए। जो धर्म यह तथ्य भूलता है और जो एक को संज्ञान करने के लिए दूसरे को अज्ञान में रखता है वह धर्म न होकर लोगों को बौद्धिक दासता में रखने का षड्यन्त्र है। ...जो धर्म कुछ लोगों को धन सम्पादन करने की राह खुल कर औरों को अपनी आजीविका के लिए दूसरों पर निर्भर रहने की आज्ञा देता है वह धर्म स्वार्थपरायण है। हिन्दू धर्म की चातुर्वर्ण्य व्यवस्था ऐसी ही है।"[15] इसीलिए उन्होंने इस धर्म-व्यवस्था को नकारते हुए दलित समाज को अपनी राह खुद चुनने की सलाह दी।

बाबा साहेब का दर्शन हिन्दू-दर्शन के विरोध में था परन्तु भारतीय परम्परा को नकारने का उन्होंने प्रयास नहीं किया। भारतीय परम्परा के ही बौद्ध धर्म को जिसमें समता, स्वतन्त्रता और बन्धुता का भाव प्रधान है– स्वीकारा और इसे अपनाने पर बल दिया। उनके शब्द हैं, "नकारात्मक रूप से मैं उस हिन्दू समाज-दर्शन का निषेध करता हूँ जिसे भगवत्गीता ने स्थापित किया है, जो सांख्य दर्शन के त्रिगुण सिद्धान्त पर आधारित है। यह मेरे निर्णयानुसार कपिल के दर्शन का एक क्रूर विकृत रूप है जिसने जाति व्यवस्था और स्तरीय असमानता को हिन्दू सामाजिक जीवन का कानून बना दिया है।' और 'सकारात्मक दृष्टि से मेरा समाज-दर्शन तीन शब्दों में निहित कहा जा सकता है- स्वतन्त्रता, समानता और बन्धुता। लेकिन किसी को ऐसा नहीं कहना चाहिए कि मैंने अपने दर्शन को फ्रान्स की क्रान्ति से ग्रहण किया है। मैंने ऐसा नहीं किया। मेरे दर्शन की जड़ें धर्म में हैं, न कि राजनीति विज्ञान में। मैंने अपने महान् गुरु बुद्ध की शिक्षाओं में इनका अनुकरण किया है।"[16]

गौरतलब है कि जिस देश में अछूत इतनी बड़ी सामाजिक बीमारी हो कि उसका स्पर्श तो दूर उसकी छाया तक से नफरत की जाती हो, प्रकृति प्रदत्त नैसर्गिक संसाधनों तक से उसे वंचित किया जाता हो, भला उस देश में जातीय विरोध कितने दिन टल सकता था। आम्बेडकर अपने भोगे और नंगे आँखों देखे हुए सच की तिलमिलाहट से पैदा हुए आक्रोश के बल पर ही यह कह सकें हैं कि, "यह व्यवस्था हमें स्वीकार नहीं है। जिस व्यवस्था में हम तालाब का पानी नहीं ले सकते, मन्दिर में दर्शन नहीं कर सकते, गाँव में मिलजुल कर रह नहीं सकते क्योंकि हम जाति से शूद्र हैं, उस व्यवस्था में हमारा विश्वास नहीं।' डॉ. आम्बेडकर ने समाज की इन बर्बर परम्पराओं के प्रति विरोध जताया और दलित समुदाय को उन्हें नकारने की प्रेरणा दी। डॉ. आम्बेडकर की विचारधारा पारम्परिक धर्मशास्त्रीय मान्यताओं के विरुद्ध मनुष्य की जिजीविषा और उसकी स्वतन्त्रता का उद्घोष करनेवाली विचारधारा

है। समाजशास्त्री एम. एस. गोरे ने इसे परिभाषित करते हुए कहा है, "वर्तमान असमान सामाजिक व्यवस्था का विरोध एवं उसमें पूर्ण परिवर्तन हेतु आन्दोलनात्मक विचारधारा ही आम्बेडकरवाद है। यह विचारधारा सामाजिक व्यवस्था में दलितों की अपमानजनक स्थिति तथा उनको भौतिक संसाधनों से वंचित रखने की प्रक्रिया को रेखांकित एवं चिह्नित करती है। साथ ही उनकी सामाजिक, आर्थिक, राजनीतिक एवं धार्मिक मुक्ति के उपाय भी बताती है।"[17]

कहना न होगा, आम्बेडकरवाद वस्तुतः एक ऐसा परिवर्तनवादी आन्दोलन है जो समाज की रूढ़ परम्पराओं पर प्रहार करता है और एक नया सन्देश देता है मानवता के निर्माण का। उसका सूत्र वाक्य है– समता, स्वतन्त्रता और बन्धुता की स्थापना। समाज में जब तक यह भाव पैदा नहीं होता, वह उन्नत नहीं कहा जा सकता क्योंकि विषमता किसी भी उन्नत समाज के माथे पर कलंक होती है। इसलिए व्यापक सन्दर्भों में राष्ट्र निर्माण हेतु यह सामाजिक परिवर्तन आवश्यक है। आम्बेडकरवाद इसी परिवर्तनवादी विचारधारा की परिणति है जिसमें समता, स्वतन्त्रता और सामाजिक न्याय जैसे मूल्यों की स्थापना की गयी है। और इन मूल्यों की स्थापना एवं प्राप्ति के लिए ही उन्होंने धर्म परिवर्तन को एक अस्त्र की तरह अपनाया और दलित समाज को अपनाने पर बल दिया। उनके लिए जिस प्रकार भारत के लिए स्वराज अनिवार्य है, उसी प्रकार अछूतों के लिए अब धर्म-परिवर्तन भी अनिवार्य है। दोनों के पीछे एक ही उद्‌देश्य है मुक्ति की कामना। जाहिर है इसी मुक्ति की कामना में बाबासाहब ने उस धर्म को त्याज्य बताया जिसमें समानता और स्वतन्त्रता का निषेध है। दलित विचारक डॉ. सी. बी. भारती का भी यही कथन है "दलित साहित्य लेखन दलित अस्मिता की तलाश है। ...यह सामाजिक परीक्षण व उनके छिन्न-भिन्न कर देने की एक अनबूझी प्यास है। वर्ण व्यवस्था से उपजी अमानवीय त्रासदी से मुक्ति की छटपटाहट ही दलित साहित्य का मूल स्वर है। जातिविहीन, वर्णविहीन समाज की संरचना ही इसका मूल प्रतिपाद्य है।"[18]

बाबा साहेब के इस विचार को केन्द्र में रखकर कि, "मेरे तत्त्वज्ञान में स्वतन्त्रता और समता को स्थान है परन्तु असीम स्वतन्त्रता से समता का नाश होता है और पूरी समानता, स्वतन्त्रता की गुंजाईश नहीं रखती। मेरे तत्वज्ञान में बन्धुता का बहुत ऊँचा स्थान है। स्वतन्त्रता और समता की रक्षा बन्धुभाव के कारण होगी। बन्धुत्व यानि कि मानवता और मानवता ही धर्म का दूसरा नाम है।" इस पर डॉ. शरण कुमार लिम्बाले ने यह निष्कर्ष प्रतिपादित किया है– "आम्बेडकर प्रेरित दलित साहित्य ने मनुष्य को केन्द्र माना है। मनुष्य की स्वतन्त्रता की घोषणा की है। मानव की मुक्ति को प्रोत्साहित करनेवाला, मनुष्य को महान् माननेवाला वंश, वर्ण और जाति

श्रेष्ठत्व का कठोर विरोध करनेवाला साहित्य ही दलित साहित्य होता है। मनुष्यता दलित साहित्य का धर्म है। ...जो संस्कृति और समाज या साहित्य मनुष्य को लघु बनाये, उसके विरुद्ध दलित साहित्य विद्रोह करता है। यह विद्रोह आम्बेडकर विचारप्रणाली का अविभाज्य अंग है।"[19]

संक्षेपतः यह कहना होगा कि दलित साहित्य की वैचारिकी डॉ. बाबा साहब आम्बेडकर की वैचारिक मान्यताओं पर केन्द्रित है। वही इसका आधार है और प्रेरणास्रोत भी। तथा आम्बेडकरवाद और दलित साहित्य की मूल मन्तव्य है मनुष्य की स्वतन्त्रता, समानता और बन्धुत्व भाव की स्थापना।

सौन्दर्य-मूल्य

साहित्य निर्माण के घटकों पर गौर करें तो दिखता है कि साहित्य समाज की सुख-दुखात्मक वृत्तियों का चित्रण है। कहने का आशय यह है कि जैसे सामाजिक बोध होते हैं वैसी ही साहित्य सर्जना भी। जाहिर है जब निर्माण की दृष्टि से समाज साहित्य का केन्द्र है तो आस्वादन या भावना की दृष्टि से भी समाज ही उसका केन्द्र होगा क्योंकि प्रथमतः और अन्ततः साहित्य समाज के लिए ही होता है। साहित्य समाज का होता है, समाज के लिये होता है और समाज के द्वारा होता है। समाज को केन्द्रस्थ मानने के कारण ही साहित्य निर्माण के घटक और लक्ष्य दोनों समाज द्वारा ही निर्धारित-नियन्त्रित किये जाते हैं, किये जाने चाहिए। अर्थात साहित्य सृजन और अनुशासन दोनों के मानक और मापदण्ड सामाजिक जीवन से ही सम्बद्ध होते हैं। जाहिर है जब जैसी जनरुचि होती है, सामाजिक आवश्यकता होती है तब वैसे ही साहित्य और मूल्य निर्मित होते हैं। मूल्य निर्माण हो या मूल्य-मीमांसा सामाजिक जीवन स्थितियों को ही लक्ष्य कर मानक या मापदण्ड तय होते हैं। दूसरे शब्दों में यह कह सकते हैं कि सौन्दर्य-मूल्य बदलते रहते हैं। यह भी कि सौन्दर्य-मूल्यों का सम्बन्ध अनिवार्यतः सामाजिक जीवन की स्थितियों पर केन्द्रित होता है।

हिन्दी साहित्यशास्त्र की निर्मिति और मूल्य-मीमांसा को देखें तो स्पष्ट ध्वनित होता है कि इसके निर्माण की एक लम्बी परम्परा रही है। संस्कृत काव्यशास्त्र और पश्चिमी सौन्दर्यशास्त्र का इस पर व्यापक प्रभाव पड़ा है। एक मायने में हिन्दी साहित्य शास्त्र संस्कृत काव्यशास्त्र का ही किंचित् संशोधित पर मूलतः वही संस्करण है। अर्थात संस्कृत काल में समाज को केन्द्र में रखते हुए साहित्य चिन्तन-सृजन अनुभावन के जो मार्ग स्थिर किये गये उन्हीं का, यत्किंचित् वैसा ही प्रयोग हिन्दी साहित्य शास्त्र में होता है। ठीक उसी प्रकार वेदों सदृश नाट्यशास्त्र को पंचमवेद मानने की परम्परा हिन्दी में भी रही है। और सृजन के जो भी मानक बनाये गये

हैं अनुभावन के भी प्रायः वहीं हैं अर्थात आदर्श धीरोदात्त की कल्पना। हिन्दी में यद्यपि आधुनिक दौर में सामान्य जन भी नायकत्व का अधिकारी बना और मूल्यांकन के, सौन्दर्य के 'मेयार' बदले, परन्तु उस बदले हुए 'मेयार' का दायरा सीमित ही रहा। अपने समय की साहित्य सर्जना, विवेचना को ही दृष्टिगत रखते हुए प्रेमचन्द ने कहा था, 'हमें सुन्दरता की कसौटी बदलनी होगी और हमें निश्चय ही विलासिता के मीनार से उतरकर उस बच्चोंवाली काली रूपवती का चित्र खींचना होगा जो बच्चे को खेत की मेड़ पर सुलाकर पसीना बहा रही है।"

भारतीय साहित्यशास्त्र विषयक स्थापनाओं का सीमांकन करते हुए मार्क्सवादी विचारक प्रो. शिवकुमार मिश्र ने भी कहा है– "जिस काव्यशास्त्र या साहित्यशास्त्र के द्वारा निर्धारित प्रतिमानों से प्राण रस लेकर सदियों-सहस्त्राब्दियों से भारतीय रचनाशीलता विकसित और पल्लवित होती रही है, महान् रचनाकारों की विश्वविख्यात रचनाएँ जिसकी कीर्तिपताका फहरा रही हैं, वह काव्यशास्त्र या साहित्यशास्त्र भी अन्ततः उसी कुलीन मानसिकता की देन है जो हमारे सामाजिक विधान की भी सृष्टा है। इस काव्यशास्त्र में अभिजनोचित रुचियों, रूझानों, संस्कारों और सौन्दर्यबोध का ही तो वर्चस्व है। उच्च कुलोत्पन्न, धीरोदात्त व्यक्ति ही इनमें नायकत्व का अधिकारी कहा गया है। सौन्दर्य के प्रतिमानों और भावों का गाम्भीर्य और उज्ज्वलता भी यहाँ अभिजनोचित रुचियों के आधार पर तय की गयी है और देखी गयी है।"[20]

यही नहीं, 'सत्यं-शिवं-सुन्दरं' की परिकल्पना भी जिस आधार पर की गयी है या मानी गयी है उसकी स्थापनाएँ भी आज एक सीमित दायरे से आगे नहीं बढ़ पाती, बावजूद इसके इन्हें शाश्वत मूल्य मानने की दलीलें दी जाती रही हैं। कहना न होगा– सत्य, शिव और सुन्दर है, मगर उसका आधार जो बताया गया है वह कम-से-कम आधुनिक साहित्य और समाज के सन्दर्भ में संकुचित है, और मानवीयता यह कहती है कि हमें सोच का दायरा बढ़ाना होगा। मनुष्य मात्र के कल्याण और हित का सरोकार जिसमें निहित हो मात्र और मात्र वही आधार आज की तारीख में मान्य हो सकता है। कहने का तात्पर्य यह है कि साहित्य चर्चा को औदात्य शब्दावली में न उलझाकर उसको समाजशास्त्रीय एप्रोच से देखना होगा। साहित्य समाज के लिए है, समाज के द्वारा है और समाज की ही अभिव्यंजना है– इस हकीकत को दरकिनार कर यदि साहित्य को नहीं देखा जा सकता तो इस सच को भी नकारा नहीं जा सकता कि साहित्य को व्यापक सन्दर्भ में समाजशास्त्रीय दृष्टि से देखना होगा– सृजन और मूल्यांकन दोनों ही पद्धति में।

बगैर समाजशास्त्रीय एप्रोच के दलित साहित्य के सौन्दर्य विधान को समझना सम्भव ही नहीं है। दलित चिन्तक ओमप्रकाश वाल्मीकि की यह माँग जायज है कि,

''दलित साहित्य के मूल्यांकन से पूर्व परम्परावादी समीक्षकों को भारतीय समाज व्यवस्था, वर्ण व्यवस्था, जातिभेद, जाति-संघर्ष, विषमताओं, भेदभावों, सामन्ती सोच, ब्राह्मणवादी दृष्टिकोण, अन्तर्विरोधों, आर्थिक-सामाजिक भारतीय मनःस्थितियों, सांस्कृतिक पृष्ठभूमियों का विश्लेषण करना होगा, भारतीय राजनीति को समझकर साहित्य का समाजशास्त्रीय अध्ययन करना होगा।''[21] यह अकारण नहीं है कि दलित साहित्य की चर्चा जब से शुरू हुई है तबसे यह माँग प्रबल होती गयी है कि साहित्य के मापदण्ड बदलने होंगे। अब साहित्य तयशुदा काव्यशास्त्रीय फार्मूलों के आधार पर विवेचित-मूल्यांकित नहीं किया जा सकता।

कहना न होगा, साहित्य यदि सौन्दर्य मीमांसा का विषय है तो सामाजिक यथार्थ उसका एक विशिष्ट घटक है। जाहिर है इस घटक को शामिल किये बिना साहित्य के मान-मूल्य और महत्त्व को ईमानदारी से उद्घाटित नहीं किया जा सकता। प्रो. मैनेजर पाण्डेय का कथन इस सन्दर्भ में द्रष्टव्य है, "जो लोग कहते हैं कि सौन्दर्यशास्त्र का जाति, वर्ग और विचारधारा से क्या लेना-देना, वे या तो बेवकूफ हैं या बदमाश। सौन्दर्यशास्त्र कला की अलौकिक अनुभूति नहीं है। वह कलात्मक सौन्दर्य के बोध और मूल्यों का शास्त्र है और बोध की प्रक्रिया तथा मूल्यों के निर्माण में जाति, वर्ग और लिंग से जुड़ी विचारधाराओं की महत्त्वपूर्ण भूमिका होती है।" यहीं नहीं, इसीलिए वे जोर देकर कहते हैं कि, ''दलित सौन्दर्यशास्त्र का विकास दलित समाज, उसकी चेतना, संस्कृति, विचारधारा और दलित साहित्य के विकास पर निर्भर है।''[22] सामाजिक सच्चाई यह है कि दलित समाज सदियों से बदतर जीवन जीने के लिए बाध्य रहा है। आजादी के बाद पिछले कुछ दशकों से इस समाज में चेतना का संचार हुआ है और जागृति आयी है। आज दलित जन अपनी अभिव्यंजना के द्वारा इस दबे-कुचले-पिछड़े समाज में एक नयी चेतना लाने का प्रयास कर रहे हैं। उन्होंने कलम को हथियार की तरह इस्तेमाल करने का प्रण किया है। जाहिर है कलम जिनके लिए चेतना का हथियार है मनोरंजन का हेतु नहीं, उनके साहित्य को आनन्द-रसवादी दृष्टि से नहीं देखा जा सकता। बकौल शरण कुमार लिम्बाले ''दलित चेतना क्रान्तिकारी मानसिकता है। यह चेतना आनन्द पर निर्भर न होकर समता, स्वतन्त्रता, न्याय और बन्धुभाव पर आधारित है। इसके सौन्दर्य की कल्पना इसलिए बदलना जरूरी है, कि पारम्परिक सौन्दर्यशास्त्रीय कल्पना स्वीकार करके दलित साहित्य का सृजन एवं दलित साहित्य में विद्रोह और नकार का अन्वेषण करना संभव नहीं है।''[23]

दलित साहित्य का सौन्दर्यशास्त्र पारम्परिक सौन्दर्यशास्त्र से भिन्न है क्योंकि इसकी निर्मिति, तत्व, परिभाषा, बोध सामग्री सभी कुछ उससे भिन्न है, आशा और

औचित्य भिन्न है, मूल्य और चेतना भिन्न है– इसलिए इस साहित्य के सौन्दर्यशास्त्रीय मानक भी भिन्न होंगे। दलित साहित्य सुख और आनन्द का भोगी साहित्य नहीं है दुख और वेदना का भोगी है। जाहिर है दुख-वेदना और संघर्षमूलक होने के कारण इस साहित्य की सौन्दर्य मीमांसा भी इन्हीं जीवन मूल्यों को लक्ष्य कर की जा सकती है। ओमप्रकाश वाल्मीकि अर्थ-गाम्भीर्य को दलित साहित्य का स्वीकृत जीवन-मूल्य घोषित करते हैं। और इसे जीवन अनुभवों की प्रामाणिकता पर अधिष्ठित मानते हैं। उनके अनुसार दलित साहित्य का सौन्दर्यशास्त्र इसी पर टिका है। दलित जीवन मूल्यों को रेखांकित करते हुए वाल्मीकि ने निम्नलिखित विचार बिन्दु रखे हैं-

1. समता, स्वतन्त्रता, बन्धुता, न्याय के जीवन अनुभव, अनुभवजन्य आशय तथा उस आशय की अर्थपूर्ण अभिव्यक्ति।
2. संस्कृति और धर्म के नाम पर वास्तविकता को छिपाकर रखे गये ढोंग को नकारना।
3. कल्पनाजन्य प्रतिमानों का निषेध। जैसे अमृत मधुर पेय की कल्पना लेकिन उसका आस्वाद किसी ने नहीं जाना।
4. नित्य परिवर्तनशीलता के आधार पर जीवन मूल्यों का मूल्यांकन।
5. बन्धनमुक्त अभिव्यक्ति और अनुभवों का सच्चापन, जैसा देखा, भोगा उसका वैसा चित्रण। शब्द केवल माध्यम है।

गौरतलब है कि इस साहित्य का सौन्दर्यशास्त्र इसलिए भी अलग होगा क्योंकि यह जिस समाज के दग्ध अनुभवों की वाणी है उसने सदियों तक अलगाववाद का दंश झेला है, दासता का सन्ताप भुगता है, शोषण और अन्याय का शिकार रहा है। इसीलिए दलित साहित्य किसी भी प्रकार के सामाजिक भेदभाव का चाहे वर्णगत हो या वर्गगत-विरोधी है; इनके विरुद्ध वह सम्पूर्ण सामाजिक परिवर्तन की माँग करता है। अपने जीवन-संघर्ष में दलितों ने जिस यथार्थ को भोगा है दलित साहित्य वस्तुतः उसी पीड़ा की अभिव्यंजना है। और जो अभिव्यंजना आह से उपजी है, जाहिर है उसकी मीमांसा वैसी ही संवेदना की अपेक्षा रखती है जो पारम्परिक काव्यशास्त्रीय प्रतिमानों में प्रायः नहीं है। ध्वनिवादी कह सकते हैं कि यह भी 'स्फोट' ही तो है लेकिन महज 'स्फोट' के नाते इसकी मीमांसा करना उचित नहीं होगा, जब तक कि उसके पीछे निहित संवेदना को, संघर्ष को, मर्म को नहीं पहचाना जाता।

दलित साहित्य का सौन्दर्यबोध स्थापित मान्यताओं को ठोस तर्कों के आधार पर नकारता है और सौन्दर्य के नये सोपानों की तरफ इशारा करता है। इस सन्दर्भ में उदाहरणस्वरूप एक कविता की पंक्तियाँ द्रष्टव्य हैं-

"मुझे नहीं दिखायी देती सूर्य की लालिमा पूरब में
मेरे स्वजनों के जलते हुए झोंपड़ों की लालिमा
मेरी आँखों को चकाचौध करती रहती है।
मुझे नहीं सुनाई देती चिड़ियों की चहचहाहट भोर में
मेरे स्वजनों के रोते-बिलखते स्वर मेरे कानों में
कोलाहल पैदा करते हैं।
मुझे नहीं महसूस होती खिले हुए फूलों की रंगत बगीचे में
मुर्झाये सूखे, झुर्रियों से भरे मेरे स्वजनों के चेहरे
मुझसे व्यवस्था पर प्रश्न करते हैं।
मैं सोचता हूँ कि जब भी मैं कविता करूँगा
अपनी इन उपमाओं से आपको भ्रमित करूँगा
क्योंकि ये ही मेरा सौन्दर्यबोध है।
जो आपकी उपमाओं का विरोध है।"[24]

दलित साहित्य संस्कारजन्य सौन्दर्य की अवधारणा को नकारता है। उसकी मान्यता है कि संस्कारगत जो सौन्दर्यबोध है वह साहित्य को भाव-जगत् का मनोमय कोश जैसा मानता है, जबकि साहित्य का उत्स जीवन-संघर्ष की अभिव्यंजना है। जीव-जगत् का परिवेश ही सौन्दर्यमूल्य का नियामक है। यह सौन्दर्य विषयीगत नहीं, विषयगत है। दलित साहित्य के सौन्दर्यमूल्य को सामाजिक मूल्य माननेवाले शरण कुमार लिम्बाले के मतानुसार–

– मनुष्य सर्वप्रथम मनुष्य है, यही सत्य है।
– मनुष्य की स्वतन्त्रता ही शिव है।
– मनुष्य की मनुष्यता ही सौन्दर्य है।

मनुष्य को केन्द्र में रखकर ही सौन्दर्यमूल्य निर्गत होते हैं, किये जा सकते हैं और किया जाना चाहिए–दलित साहित्य की माँग यही है। वह ऐसे ही सौन्दर्यशास्त्र की वकालत करता है जिसमें मनुष्य की परिवेशगत स्थिति को ही मूल्य-मापन का आधार बनाया जाना चाहिए।

अनुभवबोध

अनुभूति की प्रामाणिकता' और 'प्रामाणिक अनुभूति' की किसी समय हिन्दी साहित्य में एक प्रतिमान के रूप में बड़ी चर्चा रही है। वहाँ अनुभूति की वह प्रामाणिकता कितनी काल्पनिक और कितनी यथार्थ केन्द्रित थी–आज यह बताने की गरज नहीं है। यहाँ इस प्रसंग का उल्लेख मात्र इसलिए किया जा रहा है कि 'अनुभूति' को साहित्य में प्रामाणिक प्रतिमान के रूप में देखने की पेशकश पहले

भी की जाती रही है। जहाँ तक दलित साहित्य का प्रश्न है यह बताने की जरूरत नहीं कि दलित साहित्य में अनुभव या अनुभूति खाटी यथार्थ केन्द्रित है। और इस यथार्थ का अर्थ यथार्थवादियों की तरह कुण्ठित व्यवच्छेदन-प्रदर्शन नहीं है बल्कि अपनी संवेदना का प्रकटीकरण है। दलित अनुभव का यथार्थ कल्पित या रोमांचकारी नहीं है, बल्कि जीवनाश्रित है। अपने परिवेश की यथातथ्य अभिव्यक्ति दलित साहित्यिकों ने की है। आलोचक मैनेजर पाण्डेय का कथन उल्लेख्य है– "भारतीय समाज, संस्कृति और इतिहास जिस रूप में चलता रहा है, उसमें जब दलितों को पढ़ने-लिखने की ही सुविधा नहीं थी, तो वे अपने बारे में साहित्य कहाँ से रचते? इसलिए दलित साहित्य के रूप में अधिकांश वही साहित्य मिलता है जो दलितों के बारे में गैर-दलितों ने लिखा है। इस साहित्य में बहुत कुछ ऐसा भी है जो काफी हद तक दलित जीवन की वास्तविकताओं और अनुभवों को गहरी सहानुभूति के साथ व्यक्त करता है। उदाहरण के लिए प्रेमचन्द और निराला की दलित जीवन से जुड़ी रचनाओं को देखा जा सकता है। लेकिन सारी सहानुभूति, करुणा, सहृदयता और परकाया प्रवेश की कला के बावजूद, गैर-दलितों द्वारा दलितों के बारे में लिखे गये साहित्य में कला चाहे जितनी हो परन्तु अनुभव की वह प्रामाणिकता नहीं होती जो किसी दलित द्वारा अपने समुदाय के बारे में स्वानुभूति की पुनर्रचना से उपजे साहित्य में होती है।"[25]

सचमुच कुछ जातीय अनुभव इतने निजी होते हैं कि जो उनका भोक्ता होता है, वही उसे महसूस कर सकता है और उकेर सकता है। संवेदना की वैसे भी सीमा होती है। सिर्फ संवेदना से उस यथार्थ बोध को नहीं पकड़ा जा सकता। यही वजह है कि दलित साहित्यिकों के लेखन में जो ऊर्जा, तेवर और तीव्र आक्रोश दर्ज हुआ है वह बहुत चाहकर भी निराला या प्रेमचन्द के यहाँ नहीं आ पाया है। यह कहना बिल्कुल ठीक है कि प्रत्येक जाति के, प्रसंगवश दलित-उत्पीड़ित-शोषित जाति के कुछ अनुभव ऐसे होते हैं जो जाति सापेक्ष होते हैं और केवल उन्हीं के द्वारा महसूस और व्यक्त किये जा सकते हैं। इस सन्दर्भ में महात्मा ज्योतिबा फुले का यह कथन गौरतलब है कि, "गुलामी की यातना को जो सहता है, वही जानता है और जो जानता है वही पूरा सच कह सकता है। क्योंकि राख ही जानती है जलने का अनुभव।"

आलोचक मुरली मनोहर प्रसार सिंह ने अनुभव को, स्वानुभव को, सहानुभूति से विशिष्ट और महत्त्वपूर्ण मानते हुए कहा है– "यह बात सही है कि अनुभव की आँच में तपे बिना अनुकम्पा या सहानुभूति पर आधारित जो सृजन होता है उसकी तुलना स्वानुभूति पर आधारित सृजन से नहीं की जा सकती। लेकिन जो रचनाकार स्वयं आन्दोलन का हिस्सा बने, उनके साहित्य को आप सहानुभूति पर आधारित नहीं

कह सकते।"[26] यद्यपि सहानुभूति को एक साहित्यिक मूल्य मानने की दलीलें भी दी जाती रही हैं विशेषकर गैर-दलितों द्वारा दलितों पर या स्त्रियों पर लिखे साहित्य को लेकर। लेकिन उसकी विश्वसनीयता सदैव सन्देह के घेरे में ही रही है। विशेषकर तब से वह अधिक शंकास्पद हो गया जब से दलित लेखन आया—स्वानुभूत लेखन। और यह दलील दी गयी कि दरअसल शिष्ट या अभिजन साहित्य इस योग्य ही नहीं है कि वह दलित, नारी या नीग्रो के मानस में सदियों से पल रहे आक्रोश अथवा पीड़ा को वाणी दे सके। उसकी बँधी-बँधायी शैली में इतना व्यापक सत्य, इतना बड़ा यथार्थ और समाज को बदलने का इतना तीव्र और दृढ़ संकल्प समा ही नहीं सकता। शिष्ट साहित्य के विपरीत दलित साहित्य में वस्तु प्रधान होती है, जो अनुभवजन्य होती है। अनुभव का सबसे प्रामाणिक और विश्वसनीय आधार स्वयं उसका अपना जीवन होता है, इसीलिए दलित साहित्य में आत्मकथा की विधा का सबसे बड़ा स्थान है। इन आत्मकथाओं के नायक व नायिकाएँ केवल अपने जीवन की ही नहीं, बल्कि अपने पूरे समाज की बात करते हैं, जो समान रूप से मनुसंहिता का शिकार हैं। इनमें वे परकाया प्रवेश नहीं, स्वकाया प्रवेश ही करते हैं और उसकी स्वकाया पूरे समाज का रूप हो जाती है।

जब भी सवाल दलित साहित्य की सृजनात्मक पहचान का उठेगा यह बात एक मूल्य-बोध की भाँति सामने आयेगी ही, क्योंकि यदि इसे माना जाता है और जो कि निर्विवाद है कि 'दलितों द्वारा' दलितों के जीवन पर, दलितों के लिए लिखा साहित्य ही दलित साहित्य कहलाने का हकदार है' तो यह मानना ही होगा कि दलित साहित्य मीमांसा का पहला और प्रमुख आधार है अनुभव। सर्जनात्मक स्तर पर देखते हुए यह बात सच भी है। इसके अकाट्य तर्क उपलब्ध हैं कि आत्मानुभूति से उपजे साहित्य का ताप और तेवर जितना मौलिक और प्रखर होता है, उसका आक्रोश और विद्रोह जितना व्यथित करनेवाला होता है प्रेरक होता है, सहानुभूति से उपजे साहित्य की क्षमता उस परिमाण में बहुत ही कम होती है। बगैर अनुभव के यह नहीं कहा जा सकता है कि—

चिड़िया भूखी थी
इसलिए गुनाहगार थी
मारी गयी वह चिड़िया
जो भूखी थी।
गोरख पाण्डेय ने गलत लिखा था
वह चिड़िया भूख से नहीं
चिड़िया होने से पीड़ित थी

वह चिड़िया थी
इसलिए गुनाहगार थी
चिड़िया जो मारी गयी।[27]

मराठी में 'दलित साहित्य का सौन्दर्यशास्त्र' रचनेवाले चिन्तक शरण कुमार लिम्बाले ने दलित साहित्य के मूल्यांकन की जिन कसौटियों का जिक्र किया है उनमें अनुभव को केन्द्रीय महत्त्व दिया गया है, देखें– "दलित साहित्य के मूल्यांकन के लिए निम्नलिखित कसौटियाँ निश्चित की जा सकती हैं–

1. कलाकार को अपने अनुभव के साथ ईमानदार होना चाहिए।
2. कलाकारों के अनुभवों का सार्वजनिकीकरण होना चाहिए।
3. कलाकार के अनुभव में प्रदेश की सीमा पार करने की शक्ति होनी चाहिए।
4. कलाकार का अनुभव किसी भी काल में ताजा लगना चाहिए।"[28]

दलित साहित्य की कोई भी विधा हो उसमें अनुभव की आँच ही वह मुख्य तथ्य है जो रचना को न सिर्फ ऊर्जा देती है, प्रखर बनाती है बल्कि प्रामाणिक और सहज बोधगम्य भी बनाती है। स्वानुभूत होने के कारण ही वह पूरे जातीय बोध की पहचान कराती है, महज एक का अनुभव होकर भी वह पूरे समाज की, जाति की प्रतिनिधि बन जाती है। अनुभव का ऐसा प्रामाणिक बोध जिन कृतियों में आ पाता है वे आम्बेडकर दर्शन के अनुसार क्रान्तिकारी महत्त्व की होती हैं।

अस्मिताबोध

दलित साहित्य अस्मितावादी साहित्य कहा जाता है। आम्बेडकरवाद की एक प्रमुख दलील है कि मनुष्य, मनुष्य है उसकी पहली और आखिरी अस्मिता मनुष्य के रूप में है। अतः मनुष्य को जाति-धर्म-लिंग, वर्ग-वर्ण से परे मनुष्य के रूप में देखा जाना चाहिए। परन्तु विडम्बना यह रही है कि मनुष्य को विशेषकर समाज के एक वर्ग विशेष को वर्णवादी व्यवस्था के आधार पर मानव सुलभ जीवन से वंचित रखा गया और यह षड्यन्त्र सदियों से चलता रहा। यहाँ तक कि उसे कुत्ते, बिल्ली आदि जानवरों से भी बदतर माना गया। उसे अस्पृश्य और अछूत कहकर समाज की मुख्य धारा से परे धकेला जाता रहा। यह अछूत समाज सदियों से दलित-उपेक्षित जीवन जीने के लिए अभिशप्त रहा। वर्णवाद के तहत उसका कार्य सिर्फ साफ-सफाई करना, मैला ढोना, पशु सरीखा जीवनयापन करना रहा। गौरतलब है कि यह निर्मिति ईश्वर प्रदत्त नहीं रही, बल्कि मानवनिर्मित रही। मनुष्य ने ही इन मनुष्यों को गुलाम बनाये रखा। 'गुलामगिरी' में ज्योतिबा फुले ने इस भावना का लोमहर्षक वर्णन किया है।

दलित चेतना के अभ्युदय के साथ दलितों में अस्मिताबोध पनपा और यह एक प्रमुख मूल्य के रूप में उनके जीवन और साहित्य का हिस्सा बन गया। कहना न

होगा दलित साहित्य के प्रेरणास्रोत डॉ. आम्बेडकर और महात्मा फुले इसी अस्मिताबोध को दलितों में जागृत करने के लिए आजीवन संघर्ष करते रहे। बुद्धवाक्य ही है 'अप्प दीपो भवः'। डॉ. आम्बेडकर तो मानते थे कि समता-स्वतन्त्रता मनुष्य का जन्मसिद्ध अधिकार है और इन्हें हासिल करने के लिए दलित समाज को शिक्षित होना, संघर्षरत रहना और संगठित होना पड़ेगा। वे मानते थे कि कोई चमत्कार अथवा अवतार इसमें मदद नहीं करेगा, दलितों को खुद नायकत्व, मनुष्यत्व हासिल करना होगा। दलित साहित्य में इस बात को प्रखरता से उठाया जाता है कि हमें गुलामी से खुद को स्वयं को मुक्त कराना होगा और इसके लिए शिक्षित और संगठित होना होगा। अपनी अस्मिता को पहचानना होगा और समाज और देश का, मानवता का विकास करना होगा।

दलित अस्मिता को रेखांकित करते हुए ओमप्रकाश वाल्मीकि लिखते हैं, "दलितों को अस्पृष्य मानकर उन्हें समाज और धर्म से बहिष्कृत किया गया। यहाँ तक कि विद्योपार्जन पर भी रोक थी। धार्मिक संस्कार और उपनयन संस्कार दलित के लिए नहीं थे। मन्दिरों में पूजा करना निषेध था। बस्तियों से बाहर रहने को बाध्य किया जाता था। तमाम अनुष्ठानों से वंचित रखना व्यवस्था का हिस्सा था। तब उनकी भाषा, उनके संस्कार, उनका जीवन, उनकी उपासना पद्धति, उनकी कला, उनका साहित्य, पारम्परिक साहित्य की कल्पना और मापदण्डों में कैसे समाविष्ट हो सकता है। उनका अलग अस्तित्व सामाजिक, सांस्कृतिक स्तर पर साफ-साफ दिखायी पड़ता है।"[29]

इस भेदभाव को, अलगाव को समाज से दूर करना ही आम्बेडकर का लक्ष्य है। दलित साहित्य जो कि आम्बेडकरवादी दर्शन से प्रेरित है उसमें दलित पिछड़े वर्ग में स्वाभिमान और आत्मसम्मान की भावना जागृत कर उन्हें मनुष्य के रूप में उपस्थित करना ही ध्येय है। दलित साहित्य का यह अस्मिताबोध मानवतावादी अवधारणा पर आधारित है। आम्बेडकर दर्शन का मूल है शोषित-पीड़ित-उपेक्षित मानव की मुक्ति और यह मुक्ति तभी सम्भव है जबकि उनमें यह बोध जागृत किया जा सके कि उनकी भी अपनी अस्मिता है। दलित साहित्य इसी मकसद से रचा जाता है।

समाजशास्त्री डॉ. विवेक कुमार दलित साहित्य में अस्मिता के सवाल को उद्घाटित करते हुए ठीक ही कहते हैं, "दलित अस्मिता के सृजन में जहाँ जन्मना लांछन और अपवर्जन के खिलाफ संघर्ष है वहीं सामाजिक एवं धार्मिक आधार पर पूर्व में स्थापित अस्मिताओं को खण्डित करने का भी प्रयास है। साथ ही दलित अस्मिता को स्थापित करने के प्रयास के मार्ग में दलित साहित्य एवं लेखन हिन्दू

समाज की धार्मिक पुस्तकों यथा वेद, मनुस्मृति आदि की वैधता पर भी प्रश्नचिह्न लगाता है क्योंकि पूर्व में स्थापित दलित अस्मिताएँ इन्हीं पुस्तकों के आधार पर उचित ठहरायी गयी थी।''[30] बाबा साहेब दलितों की दयनीय दशा से ही व्यथित होकर उनमें आत्मबोध जागृत करना चाहते थे, उन्हें यह बताते थे कि वर्णवादी व्यवस्था की स्थापना समाज के साथ छलावा है, दलितों को इसे समझना चाहिए। अछूत और अस्पृश्यता को वे सामाजिक कोढ़ मानते थे और इसे उखाड़ फेंकने के लिए दलित समाज को प्रेरित करते थे। उन्होंने बड़े तल्ख लहजे में यह सवाल उठाया जो कि दलित अस्मिता का आज तक का सबसे प्रासंगिक सवाल है कि, "भारत और मेरी मातृभूमि है और इसी मातृभूमि में हमें कुत्तों और बिल्लियों से भी नीच समझा जाता है। जिस देश और धर्म में हमें सार्वजनिक स्थानों पर पानी नहीं लेने दिया जाता, भला आप बताइये कि क्या यह देश और धर्म मेरा हो सकता है? क्या मैं अपने आठ करोड़ अछूत भाइयों के साथ इसमें रह सकता हूँ? जहाँ पर सामाजिक न्याय व समानता का कोई मूल्य नहीं है।"

कहना न होगा, दलितों की ऐसी दशा के कारण ही बाबा साहेब व्यथित थे और उन्हें उनका मानवीय अधिकार दिलाना चाहते थे। उन्होंने दलितों को अपने हक के लिए लड़ने, संघर्ष करने का मन्त्र दिया। दलित अस्मिता-बोध को जागृत करने के लिए बाबा साहेब के इन वाक्यों पर भी गौर करना चाहिए– ''तुम्हारे मुखों की दयनीय दशा देखकर और तुम्हारी हताश-निराश आवाजें सुनकर मेरा हृदय भर जाता है। कितनी देर से तुम लोग अत्याचारों की चक्की में पीसे जा रहे हो और फिर भी तुम्हें साहसहीनता और आत्मविश्वास-शून्यता त्यागने पर विचार नहीं आता? तुम लोग उत्पन्न होते ही समाप्त क्यों नहीं हो जाते? तुम अपने दयनीय, घृणित और तिरस्कारपूर्ण जीवन से पृथ्वी का बोझ क्यों बढ़ाते हो? यदि तुम नया जीवन नहीं ढाल सकते और अपनी दशा नहीं बदल सकते तो इससे मरना कहीं श्रेष्ठ है। वास्तव में भोजन, वस्त्र और आवास प्राप्त करना तुम्हारा जन्मसिद्ध अधिकार है। यदि तुम सम्मान का जीवन जीना चाहते हो तो तुम्हें आत्म-सहायता पर जो सर्वश्रेष्ठ सहायता है, विश्वास करना होगा।''[31]

समूचे दलित साहित्य में चाहे वह किसी भी विधा में लिखा गया हो दलित अस्मिता का भाव प्रबल है। आत्मकथाओं में समूचे समाज की, दलित समाज की, अस्मिता एक साथ अभिव्यक्त हुई है। इन आत्मकथाओं का उद्देश्य महज अपने जीवन या समाज-जीवन के रेशे-रेशे को उघाड़कर रखना नहीं है बल्कि अपने तल्ख अनुभवों से समाज को चेताना भी है। साहित्य का कार्य महज वर्णन नहीं है बल्कि वर्णन को इस प्रकार रखना-दिखाना है जिससे वह शिक्षा और जागृति का हेतु बने।

तेज सिंह दलित आत्मवृत्त पर विचार करते हुए लिखते हैं, "दलित आत्मवृत्तों में अनुभूति की प्रामाणिकता ही नहीं बल्कि अभिव्यक्ति की प्रामाणिकता भी मौजूद है। व्यक्ति के माध्यम से अपने समुदाय और समाज की व्यथा का वर्णन करने पर आत्मवृत्त बन जाता है जिसमें दलित लेखक अपनी सामाजिक अस्मिता की तलाश, सामाजिक अन्याय और असमानता के प्रति विद्रोह और क्रान्तिकारी सामाजिक परिर्वतन आदि बिन्दुओं पर केन्द्रित रहता है।"[32] यही बात दलित साहित्य की कविता, कहानी, उपन्यास और नाटक आदि के सन्दर्भ में भी कही जा सकती है। उनमें अपनी अस्मिता की तलाश और सामाजिक अस्तित्व का बोध प्रबल है। यह अस्मिताबोध दलित समाज की जागृति के लिए अत्यावश्यक है—इस मकसद को प्रत्येक दलित साहित्यिक समझता है।

व्यथा-वेदना

दलित साहित्य वेदनामूलक है। दलित साहित्य वस्तुतः इस जाति के साहित्यिकों की अपनी पीड़ा की शाब्दिक व्यंजना है। यह उस समाज की वाणी है जो सदियों से उपेक्षित-अपमानित-शोषित-प्रताड़ित रहा। जिसे मानव सुलभ जीवन जीने से सदैव वंचित किया गया, जो समाज में रहते हुए भी सामाजिक जीवन से वंचित रहा। जिसे जूठन पर अपना जीवन निर्वाह करना पड़ा। दलित की वेदना एक दिन की नहीं है। स्मृतियों और पुराणों के काल से ही यह व्यवस्था समाज में व्याप्त रही है कि शूद्र कही जानेवाली समाज की एक जाति-वर्ग अछूत है और इस वर्ग के प्रति तथाकथित उच्च्व जातियाँ हिकारत भरी दृष्टि रखती आयी हैं।

यद्यपि दलित समाज की वेदना को वाणी देने की पहल काफी पुरानी है। मध्यकालीन सन्त कवियों ने जो कि अधिकांश दलित वर्ग से ही थे, उन्होंने अपनी वाणी में दलित जन की पीड़ा को उभारा है लेकिन आध्यात्मिक आवरण में होने के कारण उसका समाज पर व्यापक प्रभाव नहीं पड़ा। वे सन्त जरूर समाज में पूज्य बने, पर उनका समाज उसी दशा में पड़ा रहा। उन्होंने समाज की पीड़ा को वाणी तो अवश्य देने की पहल की लेकिन समाज को जगाने और 'अप्प दीपो भवः' का उद्घोष वे नहीं कर पाये और न ही उस जन को यह अहसास दिला पाये कि उसकी मुक्ति का वास्तविक मार्ग क्या है? फिर भी सन्तों के अवदान को नकारा नहीं जा सकता। क्योंकि इससे दलित चेतना जरूर आयी, इसीलिए दलित इतिहासकार इसे दलितों के पुनर्जागरण का काल कहते हैं। बकौल डॉ. धर्मवीर— "दलित जातियों में से मध्यकालीन इतिहास में निर्गुणी सन्तों का जन्म लेना सामाजिक क्रान्ति का एक महत्त्वपूर्ण हिस्सा है।"[33] आधुनिक काल में इसे सशक्त नेतृत्व प्रदान किया डॉ. आम्बेडकर ने। आम्बेडकर

के समकालीन हीरा डोम आदि कवियों ने यद्यपि दलित वेदना को अभिव्यक्त किया लेकिन इसकी प्रखर अभिव्यक्ति आम्बेडकरवादी लेखन के माध्यम से ही आ पायी।

हिन्दी दलित साहित्य के सौन्दर्यशास्त्र के प्रस्तावक ओमप्रकाश वाल्मीकि के शब्दों में "दलित रचनाकार अपने परिवेश एवं समाज के गहरे सरोकारों से जुड़ा है। वह अपने निजी दुख से ज्यादा समाज की पीड़ा को महत्त्व देता है। जब वह 'मैं' शब्द का प्रयोग कर रहा होता है तो उसका अर्थ हम ही होता है। सामाजिक चेतना उसके लिए सर्वोपरि है। अपने समाज के दुःख-दर्द उसे ज्यादा पीड़ा देते हैं। उनके उन्मूलन के लिए ही उसने लेखन का रास्ता चुना है। अपनी अभिव्यक्ति में वह समाज की पीड़ा उकेर रहा है।"[34] और समाज की यह पीड़ा इतनी तीव्र और गहन है कि इसका भोक्ता ही इसे महसूस कर सकता है। इसीलिए दलित लेखकों की यह दलील भी रही है कि, "एक दलित ही दलित की पीड़ा की अभिव्यक्ति कर सकता है।" भोगे हुए यथार्थ की प्रामाणिक अभिव्यक्ति ही ईमानदार होती है। कहना न होगा कि दलित ही इस पीड़ा को ज्यादा प्रामाणिक ढंग से अभिव्यक्त कर सकता है।

वाल्मीकि जी दलित पीड़ा, वेदना का स्रोत सदियों की यातना को मानते हैं और इसे दलित साहित्य की अन्तर्चेतना में व्याप्त एक मूलतत्त्व मानते हैं। उनके अनुसार दलित साहित्य की अन्तर्चेतना में वेदनामूलक संघर्षभाव की प्रधानता है जो यातना से उपजी है। वरिष्ठ कथाकार राजेन्द्र यादव भी इसे दलित साहित्य की एक मूल वस्तु मानते हैं। और दलित साहित्य के सौन्दर्यशास्त्र का एक विधायक तत्त्व कहते हैं। उनके शब्दों में, "जो नया सौन्दर्यशास्त्र बनेगा, वह संघर्ष से शुरू होगा, इस यातना से शुरू होगा, चाहे वह उसको 'रिअलाइज' करने अथवा उस यातना को, उसकी तकलीफ को, उसके भेदक रूप को समझने के रूप में हो और उसके बाद बदलने की मानसिकता के रूप में हो, जिसे हम संघर्ष कह सकते हैं।"[35]

दरअसल, दलित साहित्य की रचना का एक प्रधान तत्त्व दुःख, पीड़ा, यातना की अभिव्यक्ति है। चाहे कोई भी विधा हो– दलित साहित्यिकों ने अपनी वेदना और साथ ही कुल मिलाकर अपने समाज की वेदना को स्वर दिया है। आम्बेडकरी चेतना से प्रभावित इस लेखन में लेखक का विश्वास है कि उसका अपना वर्ण्य विषय उसका यथार्थ है, उसका भोगा हुआ जीवन सत्य है। एक मत के अनुसार, "आम्बेडकरवादी स्वकथन लेखक खुद के अधोगति, खुद के ह्रास और समाज-व्यवस्था में छिपे हुए सन्दर्भ का संशोधन करता है।"[36] इस पीड़ा का अहसास मोहनदास नैमिशराय की आत्मकथा की इन पंक्तियों में बखूबी किया जा सकता है। जाति भेद के दर्द को बयां करते हुए वे लिखते हैं "हम कहीं भी जायें, कितनी भी बड़ी कक्षा में पढ़ें, जातियाँ हमारा पीछा नहीं छोड़ती। जहाँ भी हम जाते, वे भी बिना किसी

रोक-टोक के जा पहुँचती थीं। बल्कि हमारे साथ-साथ चलतीं और उठती-बैठती थीं। कभी-कभी तो साँप भी केंचुली त्याग देता है, पर आदमी अपनी जाति की केंचुली नहीं छोड़ पाता। वह जीवन से मृत्यु तक उसी केंचुली के भीतर रहता है।"[37] कहना न होगा जाति का अहसास दलित को हर जगह कराया जाता है। यह पीड़ा कितनी मर्मान्तक होगी इसका सहज ही अनुमान लगाया जा सकता है। मराठी के कथाकार बाबूराव बागुल ने इस पीड़ा के भय से ही अपनी जाति चुरायी थी जब उन्हें बम्बई में रहने के लिए किराये का आवास चाहिए था। उस दर्द को उन्होंने अपनी आत्मकथा 'जब मैंने अपनी जात चुरायी' में बयान किया है।

दलितों की व्यथा-वेदना ही मूलतः उनके समूचे लेखन की पूँजी है। आत्मकथा ही नहीं कहानी, उपन्यास, नाटक, कविता सभी विधाओं में दलित लेखकों ने अपने समय की मर्मान्तक पीड़ा को अभिव्यक्त किया है। उनका दुःख इतना गहन और प्रदीर्घ है कि वे अपने जीवन में अन्य जीवनावश्यक चीजों को महसूस ही नहीं कर पाये हैं। यही कारण है कि उनके समूचे लेखन में पीड़ा और वेदना की टीस ही सुनायी देती है। इस दर्द को बयां कर दलित साहित्य महादेवी वर्मा की तरह दुखवाद का प्रसार नहीं करता बल्कि इस दर्द को उभारने का उसका अपना मकसद है, और वह मकसद है अपने समाज को इसका अहसास कराना, साथ ही इससे निजात पाने के लिए संकल्पबद्ध करना। यह इसलिए जरूरी है क्योंकि गुलाम को जब तक गुलामी का अहसास नहीं होता तब तक उसमें जागृति नहीं आ सकती। दुःख को वह नियति मानकर न बैठे, बल्कि इसे धर्म और जाति का अभिशाप मानकर इनसे मुक्त होने की दिशा में प्रवृत्त हो। दलित साहित्य में इसे एक कलात्मक पैमाना के रूप में देखा जाना चाहिए, देखा जाता है। दलित साहित्य की विचारणा-विवेचना का यह एक प्रमुख पक्ष है। मोहनदास नैमिशराय के शब्दों में—"मानव जिन-जिन स्थितियों से गुजरता है, वही उसकी अन्तःप्रेरणा का निर्धारण करती है। दलित साहित्य की अन्तःप्रेरणा का निर्धारण उत्पीड़न व शोषण की त्रासदी को आत्मसात् कर उसके प्रत्यक्षीकरण से होगा।"[38]

विद्रोह और आक्रोश

दलित साहित्य का एक केन्द्रीय भाव है विद्रोह और आक्रोश। यह संघर्ष, विद्रोह या आक्रोश उस गहन पीड़ा का प्रतिफल है जो सदियों की यातना से सम्बद्ध है। राजेन्द्र यादव[39] दलित साहित्य के सौन्दर्यशास्त्र में इस विद्रोह-आक्रोश, संघर्ष को एक प्रमुख पक्ष मानते हैं। दलित समाज में अपनी जातीय स्थिति को लेकर जो तिरस्कार का भाव मिलता है, यातनाएँ मिलती हैं और संघर्ष की प्रतिध्वनि सुनायी पड़ती है, साहित्य में भी उसी की अनुगूँज विद्यमान है। क्योंकि साहित्य समाज का ही तो चित्रण है। दलित साहित्य में जो नकार का, विद्रोह का भाव है उसकी वजहें हैं।

उन वजहों पर ध्यानाकर्षित करें तो स्पष्ट समझ में आता है कि दलितों में अपनी स्थिति को लेकर गहन आक्रोश है।

कहना न होगा कि यह आक्रोश दलित साहित्य की परख-पड़ताल या आस्वादन में वही महत्त्व रखता है जो कि दलितेत्तर हिन्दी साहित्य में रस का है। इसीलिए यदुनाथ थत्ते[40] आदि दलित विचारकों ने इसे नवरसों की कोटि में रखने की पेशकश की है। विद्रोह और आक्रोश दलित साहित्य के निर्माण में इसलिए भी केन्द्रीय महत्त्व के हैं क्योंकि दलित लेखन वास्तव में दुःख-वेदना-यातना की प्रतिक्रिया में पनपा है। दुःख की पराकाष्ठा विद्रोह को आमन्त्रण देती है और यह उसके कारणों के प्रति आक्रोश भाव से पैदा होता है। शरण कुमार लिम्बाले ने इसे अमानवीय व्यवस्था की देन बताते हुए कहा है– "दलित साहित्य का नकार और विद्रोह दलितों की वेदना से उपजा है। यह नकार और विद्रोह लाद दी गयी अमानवीय व्यवस्था के विरुद्ध है। यह नकार जिस विषम व्यवस्था ने दलितों का शोषण किया उस व्यवस्था के विरुद्ध है। इस विरोध का स्वरूप दुधारू है। विषम व्यवस्था को नकारते हुए समता, स्वातंत्र्य, न्याय और बन्धुता की माँग करनेवाला यह विचार है। वेदना को नकारने पर अगली अटल अवस्था विद्रोह की होती है। इस विद्रोह का जन्म "मैं मनुष्य हूँ, मुझे मनुष्य के सभी अधिकार चाहिए' इस चेतना से हुआ है।"[41]

ओमप्रकाश वाल्मीकि के 'जूठन' और 'सलाम' में इस नकार, विद्रोह और आक्रोश को बखूबी पूरी तल्खी के साथ उभारा गया है। 'जूठन' में वाल्मीकि का आक्रोश प्रश्नवाचक शैली में बयां हुआ है– "ये कड़वी यादें मैं भूल नहीं पाता हूँ, रह-रहकर बिजली की तरह दिमाग में कौंधती हैं। अपने श्रम का मूल्य माँगना अपराध क्यों है?"[42] कमोबेश सभी दलित साहित्यकारों के लेखन में यह आक्रोश, विद्रोह मौजूद है। कहना न होगा, दलित लेखन से 'विद्रोह' और 'आक्रोश' को अलग करके देखा ही नहीं जा सकता क्योंकि वास्तव में दलित लेखन व्यवस्था के विरुद्ध संघर्ष का हथियार है और जाहिर है यह बिना आक्रोश के सम्भव ही नहीं है। इसमें जाति का एक अहम पहलू है। जातीय बोध हिन्दू समाज में इतनी गहरी जड़ें जमा चुका है कि इन्सान, इन्सान बाद में है जाति का प्रतिनिधि पहले। नैमिशराय जी को जाति के इस दंश को पग-पग पर झेलना पड़ा था। इसके प्रति उनमें तीव्र नफरत का भाव इसीलिए पैदा हुआ और उन्होंने इसे एक सामाजिक अभिशाप माना। उनका आत्मकथन है– "हम कहीं भी जायें, कितनी भी बड़ी कक्षा में पढ़ें, जातियाँ हमारा पीछा नहीं छोड़ती। जहाँ भी हम जाते, वे भी बिना किसी रोक-टोक के जा पहुँचती थी। बल्कि हमारे साथ-साथ चलतीं और उठती-बैठती थीं। कभी-कभी तो साँप भी केंचुली त्याग देता है, पर आदमी अपनी जाति की केंचुली नहीं छोड़ पाता। वह जीवन से मृत्यु तक उसी केंचुली के भीतर रहता है।"[43]

सोहनपाल सुमनाक्षर की कविता में व्यक्त आक्रोश शोषक समाज को चेताते हुए इस रूप में व्यक्त हुआ है—

तुम शोषक हो, लुटेरे हो, नर-पिशाच हो
और हम बन्धक
और अब ये बन्धक जीवन
और ज्यादा दिन नहीं चलेगा।
अब हमने मरना सीख लिया है,
तुम्हारी गुलामी
अब न मैं करूँगा,
न मेरा बाप, और न मेरी माँ
और न मेरी आनेवाली पीढ़ी।[44]

प्रतिबद्धता

बकौल ओमप्रकाश वाल्मीकि "साहित्यकार कोई विशिष्ट व्यक्ति नहीं होता, वह अपने अस्तित्व के लिए पग-पग पर समाज के ऊपर निर्भर करता है। समाज से अलग उसका कोई अस्तित्व ही नहीं होता, दलित साहित्य की भी मूल भावना यही है। इसीलिए वह सामाजिक प्रतिबद्धता का साहित्य है।"[45]

कहने की गरज नहीं, साहित्य समाज का ही चित्रण होता है और यह चित्रण 'फोटोग्राफिक' नहीं होता बल्कि इसमें जीवन के विभिन्न रंगों की जीवन्तता भी होती है। और उसे यह जीवन्तता प्राप्त होती है लेखक की अपनी सामाजिक प्रतिबद्धता से, समाज के प्रति उसके दायित्व बोध से। जिस समाज ने हमें पहचान दी है उसके प्रति हमारा क्या दायित्व है, हम उसे अपनी कलम से क्या दे सकते हैं, यह प्रत्येक लेखक की भावना होनी चाहिए। दलित समाज के लेखक की यही धारणा होती है। वह अपने समाज के प्रति अपना पहला दायित्व मानता है और महज उसके दुःखों, तकलीफों का बयान नहीं बल्कि बाबा साहेब के निर्देशानुसार उसे शिक्षित और संगठित करने की प्रेरणा वह अपनी लेखनी से देने का प्रयास करता है। जो लेखक अपने समाज जीवन से जितनी गहराई से जुड़ा होता है उसमें सामाजिक जिम्मेदारी का अहसास उतना ही प्रबल होता है तथा उसकी कृति उतनी ही प्रासंगिक और समाज के लिए उपादेय होती है।

दलित चिन्तक शरण कुमार लिम्बाले के मतानुसार दलित लेखक सामाजिक जिम्मेदारी से लिखता है। उसके लेखन में कार्यकर्त्ता का आवेश और निष्ठा अभिव्यक्त होती है। समाज बदले, समाज अपने प्रश्न समझे, यह तिलमिलाहट उसके लेखन में तीव्रता से व्यक्त होती है। दलित लेखक आन्दोलन करते हुए

लिखनेवाला कार्यकर्त्ता, कलाकार है। वह अपने साहित्य को आन्दोलन मानता है उसकी प्रतिबद्धता दलित और शोषित वर्ग से है।

दलित लेखक की यह अपेक्षा कि वह मनुष्य है और उसका भी समाज में बराबर का अधिकार है। समाज में प्रकृति प्रदत्त जो भी संसाधन है, जीविकोपार्जन के जो भी साधन हैं, उस पर उसका भी अधिकार होना चाहिए—इस माँग को उठाता है और अपने हक को लेकर, समाज के हक को लेकर वह प्रतिबद्ध है। समाज में समानता लाना वह अपनी जिम्मेदारी मानता है, इसीलिए इस अहसास के साथ वह लेखनी चलाता है कि सामाजिक बदलाव अवश्यम्भावी है। प्रतिबद्धता उसके लिए एक नैतिक मूल्य होती है। अपने अधिकारों के प्रति, व्यक्तिगत नहीं वरन् समूचे दलित समाज के लिए, प्रतिबद्धता उसे क्रान्ति की तरफ मुखर करती है। दलित चिन्तक भगवानदास अपनी आत्मकथा 'मैं भंगी हूँ' में सामाजिक प्रतिबद्धता के चलते क्रान्ति को अपने समाज के परिवर्तन का मुख्य अस्त्र घोषित करते हैं। वे कहते हैं कि मैं सुधार नहीं चाहता क्रान्ति चाहता हूँ। सुधार से मेरी गुलामी खत्म नहीं हो सकती। मेरा कल्याण केवल सम्पूर्ण स्वतन्त्रता, स्वराज्य और क्रान्ति से ही हो सकता है। मेरा काम सबकी सेवा करना और अपने को मिट्टी में मिलाना नहीं है, अब मेरा काम विद्रोह है, क्रान्ति है, स्वतन्त्रता है, स्वराज्य है। मेरा उद्देश्य पुराने को तोड़कर नया बनाना है, मैं जीना चाहता हूँ सम्मान से जीना चाहता हूँ।[46]

यह सच्चाई है कि दलित साहित्य का लक्ष्य सौन्दर्य की, आनन्द की रचना करना नहीं है बल्कि अपने यथार्थ का चित्रण करना है। दलित साहित्यिक का जीवन त्रासदी भरा रहा है। उसे अपने जीवन की कड़वी सच्चाइयाँ तो ज्ञात हैं ही अपने समाज की स्थिति और उसके कारकों का भी बोध है। वह इनके प्रति विरोध के लिए साहित्य के क्षेत्र में आया है और कलम के बल पर समाज की स्थिति को बदलने का सपना देखता है। सदियों से हिन्दू समाज की वर्ण व्यवस्था ने अस्पृश्यता के रूप में जिस अमानुषिक प्रथा को पाल-पोश रखा था आज दलित चिन्तक उन पर करारा प्रहार कर रहा है। इनके विरुद्ध वह संगठित होकर एक प्रतिबद्ध सामाजिक कार्यकर्त्ता के रूप में सामने आता है। आलोचक भगवान सिंह के शब्दों में "निस्सन्देह इन लेखकों की प्रतिबद्धता सामाजिक यथार्थ को लेकर बहुत ही तीव्र और गहरी है और यही उनकी रचनागत तेजस्विता एवं जीवन्तता का मुख्य स्रोत है।"[47]

दलित साहित्यकार की यह प्रतिबद्धता ही उसे 'स्वान्तःसुखाय' नहीं बल्कि 'जनहिताय' साहित्य रचने की तरफ प्रेरित करती है। दलित साहित्य एक सामाजिक आन्दोलन का प्रतिफलन है। इस आन्दोलन का सम्बन्ध जीवन से है। जीवन के प्रति निष्ठा इसकी विशेषता है। जातिविहीन, वर्गविहीन समाज की संरचना ही इसका प्रतिपाद्य है।

स्वातन्त्र्य

दलित साहित्य का मान-मूल्य जिन आधारों पर टिका हुआ है, उसमें एक है स्वातंत्र्य। दलित साहित्य की अन्तर्धारा में स्वातन्त्र्य का भाव प्रधान है। समता, बन्धुता के समान ही दलित साहित्य स्वातन्त्र्य का हिमायती है। ओमप्रकाश वाल्मीकि, शरण कुमार लिम्बाले, कँवल भारती, मोहनदास नैमिशराय आदि सभी दलित विमर्शकार यह मानते हैं कि इन्हीं पर दलित साहित्य का सौन्दर्यशास्त्र टिका हुआ है। दलित साहित्य के प्रायः सभी विमर्शकारों ने पारम्परिक आनन्दवाद की अवधारणा को अस्वीकारते हुए समता, स्वतन्त्रता को मूल लक्ष्य माना है। उनके अनुसार- "दलित साहित्य के सौन्दर्यशास्त्र का आधार फुले-आम्बेडकर विचारधारा है जो मनुष्य की स्वतन्त्रता की बात करती है। यही वह बिन्दु है जो आनन्दवादियों से हमारी सोच अलग करता है। इसीलिए हमारा सौन्दर्यशास्त्र अलग होगा। दलित साहित्य की रचना पढ़कर पाठक के मन में स्वतन्त्रता की चेतना प्रखर रूप से जागृत हो। जो कृति इस चेतना को उदात्तभाव से जगाये वहीं श्रेष्ठ कलाकृति है।"[48]

यह भी कि दलित लेखन यह मानता है कि समाज में जब बन्धुता और समता आयेगी तभी स्वतन्त्रता की भी अनुभूति होगी और इन तीनों के आने पर ही समाज समुन्नत बनेगा। जिस समाज में समता, स्वतन्त्रता, बन्धुता का अभाव है, वह शोषित समाज है। दलित लेखक की यह माँग जायज है कि देश आजाद है लेकिन हम गुलाम क्यों है? लोकतंत्र में सबको आजादी होनी चाहिए, पर वास्तविकता यही है कि दलित आज भी दलित बना हुआ है। दलित लेखन में इस विडम्बना की अनुभूति प्रखर रूप में सामने आती है। दलित चिन्तक इसीलिए स्वतन्त्रता के लिए विद्रोह और क्रान्ति की बात करता है, एकजुटता की बात करता है। स्वतन्त्रता को वह पारम्परिक आनन्द-रस से अधिक मूल्यवान् मानता है क्योंकि इसका जीवन से सीधा सम्बन्ध है। अगर व्यक्ति स्वतंत्र नहीं है तो उसके लिए आनन्द और रस का क्या औचित्य? यह बात बिल्कुल सही है कि, "रंजनवादी साहित्य (आनन्दवादी) व्यक्ति की सुख-संवेदना को जागृत करता है तो क्रान्तिवादी साहित्य (स्वतन्त्रतावादी) व्यक्ति के आत्मसम्मान की भावना, चेतना को जागृत करता है।"

दलित चिन्तक का यह कथन गौरतलब है कि शोषितों का साहित्य प्रधानतः स्वतन्त्रता की खोज-खबर लेनेवाला और उसकी अभिव्यक्ति करनेवाला साहित्य है। स्वतन्त्रता के सभी रूपों और अन्तरंगों का दर्शन उसमें होता है। हमें यह ध्यान रखना चाहिए कि स्वतन्त्रता की कल्पना अथवा विचार के राजनीतिक, आर्थिक, सामाजिक और नैतिक पहलू के समान ही सौन्दर्यशास्त्रीय पहलू भी होते हैं। स्वातन्त्र्य की भावना दलित साहित्य का प्राणतत्त्व तो है ही पर वह उसमें सौन्दर्य तत्त्व के रूप में भी है।

इसके आधार पर ही वे दलित साहित्य के सौन्दर्यशास्त्र को अधिष्ठित करते हुए कहते हैं– "दलित साहित्य का सौन्दर्यशास्त्र 1. कलाकारों की सामाजिक प्रतिबद्धता, 2. कलाकृति में जीवन मूल्य, 3. पाठकों के मन में जागृत होनेवाली समता, स्वतन्त्रता, न्याय और भ्रातृभाव की चेतना जैसे मूलतत्त्वों पर टिका रहनेवाला है।"[49]

डॉ. आम्बेडकर के मत से 'समता', 'स्वतन्त्रता' और 'बन्धुता' ही दलित लेखन के मुख्य पक्ष हैं। दलित-दर्शन महात्मा बुद्ध के विचारों से प्रेरणा लेकर समाज में इनकी प्रतिष्ठा करता है। दलित साहित्य की चिन्तना का यह मुख्य आधार है।

समग्रतः दलित साहित्य के सौन्दर्य विधायक तत्त्वों के विविध पक्षों पर ध्यान केन्द्रित करते हुए यह कहा जा सकता है कि जो दलित साहित्य के विधायक तत्व हैं वहीं वस्तुतः दलित साहित्य के मूल्यांकन-आकलन के भी तत्त्व माने जाने चाहिए। इसका कारण यह है कि रचना से आलोचना के मान निर्गत होते हैं और रचना युग और समाज की माँग पर केन्द्रित होती है न कि किन्हीं निश्चित सिद्धान्त सूत्रों पर। दलित साहित्य का दर्शन सामाजिक यथार्थ पर टिका है इसलिए उसमें कल्पना नहीं, यथार्थ को ही मुख्य माना गया है। दलित साहित्य की यह दलील है कि दलित लेखन के स्वर को पहचानते हुए, बाबा साहेब के विचारों को ध्यान में रखते हुए ही दलित साहित्य के सौन्दर्यशास्त्रीय पक्षों पर विचार किया जा सकता है। 'समता', 'स्वतन्त्रता' और 'बन्धुता' आम्बेडकर दर्शन का मूल है। इसी आधार पर दलित साहित्य और उसके सौन्दर्यशास्त्र को देखा-परखा-समझा जा सकता है।

शिल्प-सौन्दर्य

रचना के सौन्दर्य-विधायक तत्त्वों में जैसे अन्तर्वस्तु का महत्त्व होता है वैसे ही शिल्प का भी। रचना की अन्तर्वस्तु से जिस प्रकार लेखकीय ऊर्जस्विता, पकड़ और दृष्टिबोध का परिचय मिलता है, उसकी सोद्देश्यता, प्रासंगिकता और मूल्यवत्ता निर्धारित होती है, महत्ता और उपयोगिता आकलित की जाती है उसी प्रकार शिल्पगत आयामों से रचना में निहित सौन्दर्यकारक तत्त्वों की पहचान होती है। अर्थात रचना के संरचनात्मक तन्तुओं की परख-पड़ताल के लिए अन्तर्वस्तु जितना मायने रखती है उतना ही शिल्प-कौशल भी।

दलित साहित्य यथार्थवादी और अस्मिताबोध का साहित्य है। यह उस समाज की अस्मिता का चित्रण है जो सदियों से शिक्षा और संस्कार से वंचित रहा है। शैक्षिक सभ्यता से जिसका दूर-दूर का नाता भी नहीं रहा। जाहिर है, जब इस समाज तक शिक्षा की रोशनी पहुँची तो सर्वप्रथम जो बोध हुआ वह कलात्मक नहीं था, इसके अनुभव इतने तीखे, कड़वे और देखे-भोगे अर्थात् यथार्थ केन्द्रित थे कि कल्पना की कोरी उड़ान भरने की सामर्थ्य इसमें नहीं आ सकी। बरक्स इसके, भूखे-नंगे,

अपमानित-उत्पीड़ित-शोषित-दलित इस वर्ग का पीड़ाबोध और अस्मिताबोध अभिव्यंजना की पूँजी बनकर उभरा। इसलिए इसकी अन्तर्वस्तु में जीवन का खुरदुरा चित्रण मिलता है काल्पनिक, स्निग्ध, कोमल, रोमांस और आनन्द का नहीं। और उसी के अनुरूप शिल्प-विधान भी। दलित साहित्य का शिल्प अनगढ़, कलाहीन (कलावादी दृष्टिकोण से) दिखता है तो इसीलिए कि वह समाज जीवन के जिस खुरदुरे रूप का अंकन करता है वह कला की कोमलकान्त पदावली जानता ही नहीं है। साहित्य और शास्त्र का उसे शिक्षार्थी कभी बनने ही नहीं दिया गया। अपने अनुभवबोध से उसने अपने समाज-परम्परा से जो भाषा देखी-सुनी-सीखी उसमें क्रोध, घृणा, हिंसा का भाव मुख्य था। वैसे भी प्रतिकार में जो भाषा प्रयुक्त होती है वह प्यार और स्नेह के महिमामय रचना-विधान से सदैव मुक्त होती है। उदाहरण के लिए कबीर की भाषा को देखा जा सकता है। कबीर की भाषा को सधुक्कड़ी कहकर खारिज नहीं किया जा सकता क्योंकि वह पंचमेल खिचड़ी नहीं है। कबीर वाणी के 'डिक्टेटर' थे और उन्होंने उस भाषा में 'डिक्टेट' किया जो तत्कालीन तथाकथित साहित्य-बोध की भाषा नहीं थी। वह उनकी अपनी भाषा थी, उसका विन्यास और व्यवस्था सब-कुछ कबीर का बनाया हुआ था। यही परम्परा दलित साहित्य को प्राप्त हुई है। दलित साहित्य की भाषा परम्परानिष्ठ साहित्यिक भाषा के प्रतिकार में खड़ी हुई ऐसी आम भाषा है जिसमें नकार और विद्रोह मुख्य है। जाहिर है विद्रोह और आक्रोश की भाषा उसके पीछे छिपे कारणों की पैदाइश होती है, इसलिए इस भाषा की लय को समझना जरूरी है।

दलित की भाषा के सम्बन्ध में रमणिका गुप्ता बिल्कुल ठीक लिखती हैं, "इस साहित्य को दलित लिखता है और वह भुक्तभोगी होता है यानी वह वंचनाओं, निषेधों, प्रतिबन्धों और अवरोधों के बीच जिन्दा रहने का आदी होता है। उसे वह लिखता है जो यथार्थ की जमीन पर खड़ा है, कल्पना के आकाश में नहीं, इसलिए उसकी भाषा कुलीन भाषा नहीं है। कुलीन भाषा इस काबिल है ही नहीं कि दलित की जिन्दगी के खुरदुरेपन को समेट सके। वह अपनी खुरदुरी, नुकीली, तीखी, तीती और सीधी-सादी भाषा में लिखता है।"[50] कहना न होगा, यह भाषा इन्हें संस्कारगत प्राप्त नहीं हुई है बल्कि अनुभवबोध से सृजित हुई है। दलित जिस परिवेश में जीते हैं, गन्दी गलियों, दूषित वातावरण में रहते हैं वहाँ सभ्य भाषा उवाच करनेवाला खड़ा भी नहीं हो सकता। इसीलिए जाहिर है दलितों की लेखनी में उनके जीवनबोध की भाषा हिस्सा होगी ही। इन परिस्थितियों के प्रति उपजे असन्तोष, आक्रोश के कारण ही उनकी भाषा में कुछ प्रतिरोधात्मक शब्द भी आ गये हैं। बकौल ओमप्रकाश वाल्मीकि "दलित साहित्य की भाषा गद्यात्मक है जिससे नकार और विरोध का स्वर मुख्य रूप से उभरता है।" दलितों के जीवन के विसंगतियों, उत्पीड़न, शोषण और दमन की अभिव्यक्ति के लिए यही भाषा ज्यादा सटीक लगती है।

भाषा का सम्बन्ध संवेदना से होता है। समाज के अनुरूप भाषा प्रयुक्त होती है। दलित साहित्य की भाषा, दलित समाज की संवेदना को बखूबी अभिव्यक्त करती है। उसकी भाषा अर्थ-गाम्भीर्य युक्त है। भाषा का प्रधान गुण है सम्प्रेषणीयता। दलित साहित्य की भाषा दलित जन की संवेदना को सम्प्रेषित करने में पूरी तरह सटीक और उपयुक्त है। उसमें दलित समाज की वेदना, पीड़ा, बेचैनी, आक्रोश, संघर्ष, नकार को अभिव्यंजित करने का पूरा सामर्थ्य है। दलित साहित्य की भाषा में सीधी ललकार और चुनौती है, हक और सम्मान का भावबोध है। दिलीप कठेरिया की कविता 'नीली रोशनी' में यह भाव साफ झलकता है—

मेरे वक्त के शम्बूक
किसी राम द्वारा
वध नहीं किये जा सकेंगे
क्योंकि उन्हें
तिरस्कृत होकर
धर्म में बने रहना
अब मंजूर नहीं है।
मेरे वक्त के वाल्मिकि
अब रामायण नहीं लिखेंगे
क्योंकि उन्हें दलितों के शोषण और विद्रोह का
पथरीला इतिहास लिखना है।[51]

दलित साहित्यकार कलमकार है, कलाकार नहीं। वह कलमकारी करना चाहता है, कलाकारी नहीं। इसलिए उसकी भाषा में कलात्मक रस-छन्द-अलंकार की जगह नहीं है बल्कि जीवन से जुड़े कलमकार की तरह रोजमर्रा के शब्द-विन्यास हैं। उसकी भाषा पर अश्लील और भेदस होने का आरोप चाहे जितना लगाया जाये यह मानना होगा कि वह जीवनानुभवों की अभिव्यक्ति का माध्यम है। वैसे ओमप्रकाश वाल्मीकि का यह कहना सही भी है कि, "भाषा जब-जब परिष्कृत बनी है समाज से कटी है वह वर्ग विशेष की भाषा बनी है। संस्कृत भाषा के साथ भी यही हुआ। यह एक खास वर्ग की भाषा बनकर रह गयी। दलित साहित्य की भाषा में श्रम की महत्ता है। यह भाषा आम जीवन की बात करती है। दलित शोषित की बात करती है। देखिये, आप भूखे को रोटी देंगे या प्रेम-प्रसंग की बात करेंगे।"[52] दलित विचारक जयप्रकाश कर्दम भी दलित की भाषा को सही रेखांकित करते हैं— "दलित साहित्यकार ऐसी भाषा बिम्ब, मुहावरे और विचारों का प्रयोग अपने साहित्य में करता है जो क्लिष्ट न हो, सुग्राह्य हो, जिसमें भटकाव-उलझन न हो, सरलता हो, स्पष्टता

हो अर्थात् सम्प्रेषणीय हो। ...दलित साहित्य ने जिस भाषा को अपनाया है वह शास्त्रीयता मुक्त जनभाषा है। कागज की लेखी नहीं आँखन की देखी घटनाओं और सौन्दर्य का चित्रण दलित साहित्य में हुआ है और यथार्थ अपने आपमें दलित साहित्य का बहुत बड़ा सौन्दर्य है।"[53]

कहने की आवश्यकता नहीं दलित साहित्य की भाषा तथाकथित शिष्ट साहित्य की भाषा नहीं है, उसका भाषिक-सौन्दर्य भिन्न है। यह उत्कट जीवनानुभूति से परिपूर्ण है, पर कलात्मक अभिव्यंजना नहीं, सम्प्रेषण की भाषा है। यह भाववादी शिष्ट, परिष्कृत शब्दावली से युक्त कुलीन भाषा नहीं है बल्कि शोषित-दलित की व्यथा-वेदना की भाषा है। इसीलिए इसमें शृंगार, चमत्कार नहीं, जीवनयथार्थ का अंकन हुआ है। इस साहित्य की भाषा में जो पैनापन है, कथन की उत्कटता है, प्रतिरोध की क्षमता है, यथार्थ की व्यंजना है, सरलता, सुबोधता और गवईपन-भदेसपन है, वही इसकी विशेषता है। यह भाषा वैचारिक 'मिशन' के प्रति प्रतिबद्ध है। इसमें मनोरंजन का सुख नहीं, कराह और शोषण की टीस दर्ज हुई है। जाहिर है इसीलिए यह भाषा सभ्य और सुसंस्कृत भाषागत वृथा मोहों को त्यागती हुई आन्दोलनात्मक स्वरूप अख्तियार कर लेती है। इस भाषा की बानगी 'जूठन' में देखी जा सकती है-

"अबे हो चूहड़े के, मादरचोद कहाँ घुस गया... अपनी माँ ...जा
लगा पूरे मैदान में झाड़... नहीं तो ...स्कूल के बाहर काढ़ दूँगा।"

इसी प्रकार नैमिशरायजी की भाषा का एक नमूना देखें–

"दूबे सामन्ती विचारों का व्यक्ति था। वैसे भी बामन था। यानि करेला और नीम चढ़ा। वह चपरासी के बारे में मुझसे बातें करते-करते अक्सर कह दिया करता था– अरे ऊ चमरवा, ऊ– साला, बहुत गन्दा आदमी है।"[54]

दलित साहित्य में ऐसा प्रयोग शिष्टजनों को अनर्गल लग सकता है लेकिन भाषा का सम्बन्ध अगर बोध से है और परिवेशगत है तो यह कहना गलत नहीं होगा कि ऐसे प्रयोग तो आयेंगे ही। ये इस जीवन के रोजमर्रा के शब्द हैं। इनसे उसे प्रतिक्षण दो-चार होना पड़ता है। दूसरी बात अभिधा में यथार्थ का अंकन दलित साहित्य की भाषा की विशेषता है। यह अभिधा उसकी पहचान है।

यह भी कहना होगा कि दलित साहित्य मुक्ति का साहित्य है। मुक्ति की तड़प, उसकी बेचैनी जिस भाषा में अधिक कारगर तरीके से व्यंजित हो सकती है, वह जनजीवन की भाषा ही हो सकती है। इसलिए दलित साहित्य का सौन्दर्य इस भाषा में आकारित हुआ है। इस भाषा पर अश्लीलता और फूहड़पन का आरोप लगानेवालों को यह समझना चाहिए की दमन और उत्पीड़न के अहसास की बनावट-बुनावट अभिधात्मक, सरल, सहज और कहीं-कहीं खुरदुरी होना स्वाभाविक है। इसी में उसका

लालित्य है। तराश कर रची हुई भाषा में न तो यह मर्मान्तक पीड़ा अभिव्यक्त हो सकती है और न ही इसका निहितार्थ व्यंजित हो सकता है।

बिम्ब

डॉ. सूरज बड़त्या की अपील है– "दलित साहित्य के अन्तर्गत जो विषयवस्तु आयी है उसने नये प्रकार के शिल्प की बुनावट को खड़ा किया है। नयी अन्तर्वस्तु ने पुराने विषय को अपदस्थ किया है तो नये शिल्प ने पुराने शिल्प के ढाँचे को उधेड़ डाला है। दलित साहित्य के शिल्प को समझने के लिए सबसे पहले उसके अन्तर्गत आये बिम्ब को समझना होगा।"[55]

निश्चित रूप से दलित साहित्य की भाषा में आये बिम्ब विधान को गैर-दलित साहित्य की बिम्बयोजना से अलग हटकर देखना होगा। कारण यह कि दलित साहित्य का बिम्ब दलित साहित्य के जीवन-परिवेश से आकारित हुआ है। उसके परिवेश, सामाजिक दशा इत्यादि की छाया उसकी भाषा को मूर्तमान करती है। यह बिम्ब उस भाव की छवि है जो काल्पनिक नहीं, यथार्थ जीवनाधारित है। दलित साहित्य के बिम्ब किस तरह उनके पूरे समाज जीवन की दशा-दिशा को बयां कर जाते हैं इसका एक रूप दृश्य-बिम्ब के रूप में लक्ष्मण माने की आत्मकथा 'पराया' में दिखायी पड़ता है- "हम शादी में बैण्ड बजा रहे थे– सांगवी शादी बड़े घर की थी। पास के गाँव का राव साहब खलाटा घोड़े पर आया। जब वह आया तब हम वहीं बजा रहे थे। वह ऊँचा-पूरा, गोरे बदन का था। सिर पर हरी पगड़ी थी। नेहरू कुर्ता, सफेद धोती, और गले में उत्तरीय था। पीकर धुत्त हो गया था। हाथ का चाबुक हवा में उछालता बोला, "ऐ बन्द करो मादरचोदो, तुम्हारा बाप आ गया है। इस चाबूक से चमड़ी उधेड़ दूँगा।" बाप उठा बोला 'क्या हुआ' कहकर पूछने लगा। तभी घोड़े से ही उस खलाटी ने चाबूक जोर से चला दिया। बाप चिल्लाया बैण्ड बन्द हो गया।"[56]

ऐसे ही एक दृश्य में अपने घर के परिवेश को उपस्थित करते हुए लक्ष्मण गायकवाड़ कहते हैं– "हमारा घर बहुत ही छोटा था। ...एक ही छप्पर के नीचे बकरियाँ बाँधी जाती और आदमी-औरतें भी सोते। मैं और हरचन्दा बकरियों के पास ही सोते। जाड़े के दिनों में तो बहुत परेशानी होती। बकरियाँ रात में पेशाब करतीं। बकरियों की वह गरम पेशाब जाड़े की उस ठण्ड में सुखद लगती। जाड़े में परेशान मैं सोचता कि बकरियाँ लगातार गरम पेशाब करती रहें, ताकि ठण्ड न लगे।"[57] इन दृश्य बिम्बों में दलित समाज की दारुण दशा बखूबी अभिव्यक्त हुई है। बकौल ओमप्रकाश वाल्मीकि- "दलित साहित्य में बिम्ब दलित जीवन की त्रासदी और उसके यथार्थ को व्यक्त करते हैं। दलित कविता में अँधेरा, आसपास के परिवेश में

गन्दगी की सड़ायँध, सीलन भरे तंग मकानों में सिसकती जिन्दगी दलित जीवन के यथार्थ हैं जो उनके जीवन का अविभाज्य घटक बन गये हैं। उन वस्तुओं को दृश्य बिम्ब के स्थान पर रखकर दलित कवि इन्हीं वस्तुओं में अपने जीवन के प्रतिबिम्ब ढूँढता है।"[58] दलित कविता में इन्हीं भावों की बिम्बात्मक प्रस्तुति हुई है। जन-जीवन से जुड़े सन्दर्भ, वस्तुएँ उनकी बिम्बयोजना में शामिल हुए हैं। सुशीला टाकभौरे की कविता में आक्रोश और विद्रोह की प्रखरता इस तरह रूपायित हुई है–

तुम्हें क्यों शर्म नहीं आयी?
गल चुकी मोमबत्तियाँ
आज वह जंगल की आग है
बुझाये न बुझेगी
आग का दरिया बन जायेगी
उसके तेवर पहचानो
सँभालों पुराने तेवर
थान-के-थान परिधान
नंगेपन पर उतरकर
पुरुष के सर्वस्व को नकारकर
नीचा दिखायेगी।[59]

दलित लेखिका का यह तेवर वायवी नहीं है बल्कि प्रखर जीवनानुभूति की अभिव्यक्ति है। दलित कविता में दलित जीवन से जुड़े वे समस्त पक्ष उभरे हैं जो यथार्थ चित्र उपस्थित करते हैं।

प्रतीक

दलित साहित्य के प्रतीक जीवन से जुड़े वे शब्द हैं जो अति सामान्य होते हुए भी अर्थ-गाम्भीर्य से युक्त हैं। उनसे न सिर्फ दलित जीवन की दशा-दिशा का परिचय मिलता है बल्कि उस त्रासदी से भी साक्षात्कार होता है जो सदियों से इनके हिस्से जड़ दी गयी थी। इनके प्रतीक उस सामाजिक यथार्थ को उकेरने में पूरी तरह समर्थ हैं। पेड़, भेड़िये, जंगली सुअर, शोषण और दमन, वृक्ष, झाड़ू, आदि दलित भाषा में बहुतायत में प्रयुक्त हुए हैं। बकौल रमणिका गुप्ता, "दलित साहित्य के प्रतीक भिन्न हैं जो यथार्थ के कोख से उपजते हैं इनके दैनिक कार्य से जुड़े हैं। मैले-कुचैले, तुड़े-मुड़े होते हैं जो उनकी अन्त्ज्य दशा और गरीबी के प्रतीक होते हैं।"

प्रतीक के बारे में यह कहा जाता है कि जब कोई वस्तु, चिह्न अथवा आकार किसी धर्म, जाति अथवा देश के लिए रूढ़ हो जाता है और उसका अर्थबोध कराने लगता है तो उसे प्रतीक की संज्ञा से अभिहित किया जाता है। प्रतीक काव्य-भाषा

का एक गुण है। उससे भाषा में नव्यता आती है। बाबा साहेब के विचार-दर्शन में आस्था रखनेवाला कवि नये प्रतीकों के माध्यम से अपना मंतव्य जाहिर करता है-

मेरे दोस्तों! मेरे वक्त में
इतना सब-कुछ हो रहा है
तो क्या मैं
इस सर्दी से ठिठुरती रातों में बैठकर
किसी आग का
इन्तजार करता रहूँ?
या फिर निकल भागूँ
दूर से आती किसी
नीली रोशनी की ओर?[60]

ओमप्रकाश वाल्मीकि अपने समाज के लिए जिस सम्बोधन को सुनते रहे वह किसी एक को नहीं बल्कि समूचे जाति को हिकारत भरी नजरों से देखने का सूचक है। 'चूहड़े' ऐसा ही एक प्रतीक है– जातीय प्रतीक। इसका मर्मान्तक प्रयोग उन्होंने किया है– "अस्पृश्यता का ऐसा माहौल कि कुत्ते-बिल्ली, गाय-भैंस को छूना बुरा नहीं था लेकिन यदि चूहड़े का स्पर्श हो जाये तो पाप लग जाता था। सामाजिक स्तर पर इन्सानी दर्जा नहीं था। वे सिर्फ जरूरत की वस्तु थे। काम पूरा होते ही उपयोग खत्म। इस्तेमाल करो, दूर फेंको।"[61]

इस प्रकार के प्रतीक समूचे दलित साहित्य में भरे पड़े हैं। दलितों ने पारम्परिक प्रतीकों का प्रयोग न करते हुए अपने लिये नए प्रतीक गढ़े। उनके प्रतीकों में दलित जीवन की सच्चाइयों, उनके जीवन की यथार्थ स्थितियों का मार्मिक अंकन हुआ है।

मिथक

दलित साहित्य के मिथक भी उनके अपने जीवनबोध से उपजे हैं। उनके मिथकों में परम्परावादी साहित्य में जिसे नकारा गया या उपहास का पात्र समझा गया, वे नायक बने हैं। शम्बूक, एकलव्य, कर्ण आदि ऐसे ही नायक हैं जो भारतीय परम्परा के एक दूसरे अध्याय की पर्त खोलते हैं। दलितों ने जिन मिथकों का प्रयोग किया है वे पौराणिक मान्यताओं के विरुद्ध एक नयी आस्था और विश्वास के प्रतीक बने हैं। दलित लेखन के मिथक उनके विद्रोह, विक्षोभ, अस्मिताबोध, प्रतिबद्धता, आक्रोश, पीड़ा को उभारते हैं और दलित समाज में एक नयी चेतना जगाने का कार्य करते हैं। हिन्दूवादी ब्रह्म और आत्मा की धारणा को नकारते हुए ओमप्रकाश वाल्मीकि लिखते हैं-

तुम्हारे रचे शब्द
तुम्हें ही डसेंगे साँप बनकर
गंगा किनारे कोई वटवृक्ष ढूँढ़ लो
कर लो भागवत का पाठ
आत्मतुष्टि के लिए
कहीं अकाल मृत्यु के बाद
भयभीत आत्मा
भटकते-भटकते
किसी कुत्ते या सुअर की मृत देह में
प्रवेश न कर जाये
या फिर पुनर्जन्म की लालसा में
किसी डोम या चूहड़े के घर
पैदा न हो जाए
चूहड़े या डोम की आत्मा
ब्रह्म का अंश क्यों नहीं है।
मैं नहीं जानता
शायद आप जानते हों।[62]

दलित साहित्यकार जयप्रकाश कर्दम का कहना है– "दलित साहित्यकारों के लिए अपेक्षित है कि वे भाग्य और भगवान तथा हिन्दुओं के कथित देवी-देवताओं और हिन्दू संस्कृति की पहचान रखनेवाले शब्द, मिथक तथा प्रतीकों को त्यागकर नये शब्द, मिथक तथा प्रतीकों का प्रयोग अपने साहित्य में करें।"[63] मिथक हमें हमारे अतीत से जोड़ने का माध्यम होते हैं। मिथकों के माध्यम से हमें हमारे अतीत की उन सच्चाइयों का बोध होता है जिनसे हमें प्रेरणा मिलती है, जो तिरस्कार के नहीं सम्मान और अभिमान के प्रतीक होते हैं। एकलव्य दलित अस्मिता से जुड़ा एक ऐसा ही मिथक है जिसके शौर्य को जानबूझकर दबाया गया। दलित उस एकलव्य की पीड़ा से अपने को जोड़ते हुए दिलीप कठेरिया के शब्दों में कहता है–

मेरे वक्त के एकलव्य
किसी द्रोणाचार्य के षड्यन्त्र में फँसकर
अपना अँगूठा नहीं देंगे
क्योंकि उन्हें
अर्जुन के गाण्डीव से निकले
तीरों को तोड़ फेंकना है।[64]

दलित लेखन में मिथकों के नये प्रयोग और उनके अर्थ संकेत को रेखांकित करती हुई रमणिका गुप्ता ठीक कहती हैं, "दलित साहित्य ने पौराणिक मिथकों की परिभाषा बदल डाली। नये मिथक बनाये, गौरवान्वित झूठ और आस्था पर चोट की और चमत्कार को तोड़ा। अनुभवों की प्रामाणिकता से दलित साहित्य में नया तेवर उभरा जो सीधे मन को छूता है। विश्वसनीय है। यह वर्तमान साहित्यिक के लिजलिजेपन और बासीपन तथा एकरूपी, रसवादी प्रणाली से भिन्न है और चमत्कारी कल्पनाओं से बिल्कुल अलग होता है। इसके दायरे में अन्धविश्वास, भाग्य, पुनर्जन्म के कर्म, धर्म या भगवान् नहीं आते। यह प्रत्यक्ष यथार्थ से युक्त है, जीवन्त है। जुल्मों पर मरते हुए और जीते हुए के बीच के, इर्द-गिर्द के स्त्री-पुरुषों को सामने लाता है।"[65]

इस प्रकार दलित साहित्य की सैद्धान्तिकी के रचनात्मक तत्त्वों की पड़ताल करते हुए उसके शिल्पगत वैशिष्ट्य के बारे में यह कहा जा सकता है कि दलित साहित्य के भाषिक-विधान की भाँति उसका शिल्प और संरचना-विधान दोनों विशिष्ट है। दलित साहित्य पौराणिक साहित्य की भाँति अपने प्रतीक, मिथक और बिम्ब आदि को नहीं चुनता बल्कि उसके विरुद्ध उन नकारे गये मिथकों, बिम्बों को अपना वर्ण्य बनाता है जिनका परम्परा में कोई भाव नहीं स्वीकारा गया। दलित लेखन के शिल्पगत समस्त विधान उसके अपने हैं, नये हैं, उनमें उनके जीवन का रेखांकन हुआ है। दलित लेखन की भाषा और अन्य उपादान दलित जीवन के आक्रोश, विद्रोह, दर्द, अनुभूति, प्रतिबद्धता, शोषण, उनके प्रति बरती गयी अमानुषिकता को बखूबी उद्‌घाटित करते हैं। इनसे यह पता चलता है कि दलित साहित्य शिष्ट साहित्य के मुकाबले एक नयी रवानगी और ताजगी के साथ समाज के उस वर्ग को, उसके अनुभव को रेखांकित कर रहा है जो वर्णवादी विषमता का शिकार रहा है।

उद्‌देश्य और प्रासंगिकता

दलित साहित्य सोद्‌देश्य है। यह वस्तुतः एक सामाजिक आन्दोलन है। इस आन्दोलन का लक्ष्य है– शोषित-पीड़ित-दलित समाज की मुक्ति। यह मुक्ति सामाजिक बन्धनों से मुक्ति है। दलित साहित्यकार समता, स्वतन्त्रता और न्याय को लक्ष्य कर कलम चलाता है। उसका मकसद सामाजिक विसंगतियों, विडम्बनाओं का विरोध करते हुए न्याय आधारित समाज व्यवस्था की स्थापना है।

'दलित' शब्द की परिभाषा के पीछे इसका उद्‌देश्य स्वतः निहित है। सोहनपाल सुमनाक्षर ने इस शब्द के अर्थ व्यापकत्व को रेखांकित करते हुए कहा है– "दलित वह है जिसका दलन किया गया हो। उपेक्षित, अपमानित, प्रताड़ित, बाधित और पीड़ित व्यक्ति भी दलित की श्रेणी में आते हैं। इस तरह दलित शब्द की परिभाषा के अन्तर्गत जहाँ सदियों से सामाजिक वर्णव्यवस्था और जातिवाद से अभिशप्त

दलित, शोषित, उत्पीड़ित व्यक्ति आते हैं, वहीं सदियों से उत्पीड़ित, उपेक्षित, अपमानित, शोषित, सामाजिक बन्धनों में बाधित नारी और बच्चे भी इसी श्रेणी में आते हैं। भूमिहीन, अछूत, बँधुआ, दास, गुलाम, दीन और पराश्रित-निराश्रित भी दलित ही हैं। दलित शब्द जहाँ व्यक्ति को अपनी अस्मिता, स्वाभिमान और अपने गौरवमय इतिहास पर दृष्टिपात करने को बाध्य करता है, वहीं वह अवगति, वर्तमान स्थिति और तिरस्कृत जीवन के विषय में सोचने के लिए विवश करता है। दलित शब्द आक्रोश, चीख, वेदना, घुटन और छटपटाहट आदि का प्रतीक है।''[66] सुमनाक्षर की यह परिभाषा काफी व्यापक है। दलित साहित्य का प्रायः सर्वांश इसमें इंगित-अंकित है। इस परिभाषा में दलित साहित्य की प्रेरणा, ऊर्जा और सामर्थ्य सभी का समावेश माना जा सकता है।

कहना न होगा, दलित साहित्य आम्बेडकरवादी दर्शन पर आधारित ऐसा वैचारिक क्रान्तिदर्शी लेखन है जो समाज में समता-बन्धुता का पक्षधर है। इसका मकसद पिछड़े-दलित कहे जानेवाले समाज में आत्मसम्मान और स्वाभिमान की भावना जागृत करना है। यह व्यापक अर्थों में समूचे शोषण-उत्पीड़न का विरोधी है। यह शोषण चाहे जाति के आधार पर हो चाहे लिंग या वर्ग के आधार पर। बकौल तेज सिंह– ''आम्बेडकरवाद मूलतः मानवता आधारित दर्शन है। वह केवल दलित-पिछड़े वर्ग के लोगों की ही मुक्ति नहीं चाहता बल्कि समस्त मानव समाज की सभी तरह के शोषण-उत्पीड़न से भी मुक्ति का रास्ता तलाशता है। आम्बेडकरवाद श्रमिक वर्ग के नेतृत्व में सामाजिक-क्रान्ति की संकल्पना प्रस्तुत करके अन्तरराष्ट्रीयवाद की अवधारणा को भी एक मजबूत आधार प्रदान करता है। आम्बेडकरवाद सम्यक् परिवर्तन पर जोर देता है यानी पूर्णतः सामजिक परिवर्तन चाहता है।...आम्बेडकरवाद सम्पूर्ण मानव समाज के लिए उन मूल्यों को स्थापित करना चाहता है जो समता, स्वतन्त्रता और बन्धुत्व पर आधारित हों।''[67]

निश्चित रूप से दलित साहित्य का 'मकसद' और 'मिशन' दलित चेतना पैदा करना है। समाज का वह वर्ग जो सदियों से दबा-कुचला रहा है उसे मानव-सुलभ धरातल पर आने के लिए प्रेरित करना ही दलित साहित्य का 'मिशन' है। यह साहित्य व्यक्ति स्वातन्त्र्य नहीं, समूह के स्वातन्त्र्य की माँग करता है। समाज के उस बहुसंख्यक वर्ग के हितों की वकालत करता है जिनका मनुष्य होने के नाते सामाजिक सरोकार में बराबर की हिस्सेदारी है। समाज की उन्नति और समता की स्थापना इसका मुख्य लक्ष्य है।

जाहिर है सामाजिक विसंगतियों के प्रतिकार के बिना नये मूल्यों की स्थापना सम्भव नहीं हो सकती। इसलिए यह साहित्य उन विडम्बनाओं, पीड़ाओं के प्रति,

अत्याचार के प्रति विरोध करता है। बकौल दलित-आदिवासी लेखक बाबूराव बागुल— "भारतीय विचार, समाज और साहित्य परम्परा वर्ण-व्यवस्था से सम्बद्ध है। इस परम्परा को दलित साहित्य पूर्णतया नकारता है। वह स्वतः को ज्ञान-विज्ञान और विश्व-साहित्य की उस मानववादी क्रान्तिदर्शी परम्परा से जोड़ता है, जिसमें मानव-स्वातन्त्र्य के मूल्य पोषित-पल्लवित हुए हैं। वर्ण-व्यवस्था को माननेवाला भारतीय और मातृभाषा-भाषी व्यक्ति हमारा कुछ नहीं लगता, पर मनुष्य के लिए संघर्ष करनेवाला, मनुष्य को महानता देनेवाला व्यक्ति, चाहे वह अभारतीय भी हो, तो भी वह हमारा अपना है। कारण हमारे लेखन का उद्देश्य ही मनुष्य की मुक्ति और महानता है।"[68] कुल मिलाकर सामाजिक व्यवस्था और विषमता के विरुद्ध आन्दोलन खड़ा करके एक नये समाज का निर्माण करना, यह दलित साहित्य का मुख्य उद्देश्य है।

उपरोक्त मतों के साक्ष्य पर यह कहा जा सकता है कि दलित साहित्य मिशनरी भावना से शोषण और उत्पीड़न के विरुद्ध उपजा ऐसा रचनात्मक साहित्यिक आन्दोलन है जिसका एकमेव लक्ष्य मनुष्य की दासता से मुक्ति और समतावादी समाज की स्थापना है। दलित कलमकार इसे अपनी सामाजिक जिम्मेदारी मानता है। यह लेखन इसीलिए प्रासंगिक है कि समय की माँग के अनुरूप यह कलम को हथियार के रूप में देखता है और 'स्वान्तः सुखाय' नहीं बल्कि 'जनहिताय' वह इस हथियार का प्रयोग करता है। लेखकों से यही स्वाभाविक अपेक्षा भी होती है। भ्रष्ट राजनीतिक व्यवस्था और घोर अवसरवाद की भेंट चढ़ती जा रही मानवता की स्थिति में आज यह लाजिमी है कि कलम की ताकत को परिवर्तन का अस्त्र बनाया जाये। कभी व्यंग्यकार हरिशंकर परसाई ने लेखक की इसी भूमिका पर टिप्पणी करते हुए एक साक्षात्कार में कहा था— "साहित्य का प्रभाव जो समाज पर पड़ता है, वह बहुत सूक्ष्म होता है दिखता नहीं। आप ये सोचते होंगे कि साहित्य से कोई जनक्रान्ति या सामाजिक क्रान्ति होती है, तो यह नहीं होती। साहित्यिक पुस्तकों से कोई जनक्रान्ति या सामाजिक बदलाव नहीं होता, सामाजिक बदलाव के लिए चेतना बनती है। तो हमारा काम इतना है कि हम समाज को आत्मसाक्षात्कार करायें की आप ऐसे हैं ये खराबियां हैं। एक हम उनको स्वप्न भी दें कि ऐसा होना चाहिए और कुछ रास्ता भी सुझायें कि वह इस प्रकार से होगा। इस प्रकार हमारा जो काम है— वह परिवर्तन की चेतना बनाने का है। लेकिन जब ये जरूरत पड़े कि खुल्लम-खुल्ला सक्रिय होने का अवसर आ गया है तब लेखक लड़े। सामाजिक परिवर्तन क्रान्तिकारी आन्दोलन से ही होता है और वह राजनीतिक आन्दोलन ही होता है। इसमें शक नहीं है जब उस आन्दोलन की तैयारी हो और संगठित आन्दोलन हो, तब लेखक को उसमें शामिल होना चाहिए।"[69]

यह इसलिए भी कि पश्चिमी विचारक सार्त्र ने भी कभी कहा था कि, "लेखन केवल लिखना नहीं, बल्कि एक कार्यवाही है और बुराई के खिलाफ सतत् संघर्ष में लेखन को सायास एक हथियार की तरह इस्तेमाल करना चाहिए।" दलित साहित्य के बारे में दोनों ही बातें सही सिद्ध हो रही हैं। वह लेखन को एक हथियार मानता है और सोद्‌देश्य सामाजिक परिवर्तन के लिए लेखनी चलाता है। इसीलिए बकौल शरण कुमार लिम्बाले– "हमारा लेखक कार्यकर्त्ता है। वह आन्दोलन से जुड़ा है और लेखन को हथियार मानकर चलता है।"[70] वर्तमान सामाजिक-राजनीतिक परिदृश्य को देखते हुए यह कहना होगा कि दलित साहित्य अपने उद्‌देश्य में सफल हो रहा है।

मौजूदा परिप्रेक्ष्य में दलित साहित्य की आवश्यकता और उपयोगिता स्वतः सिद्ध हो चुकी है। बदलते समय-सन्दर्भ में वह एक कारगर हथियार के बतौर प्रयुक्त हो रहा है। वैचारिक उथल-पुथल और निर्मिति में उसकी अपनी जरूरी भूमिका है। उसकी प्रासंगिकता को दरकिनार रखते हुए समतामूलक समाज की स्थापना का सपना देखना भी बेइमानी होगा। बाबा साहेब के सपनों को साकार करने के लिए भी आज उसकी दरकार है। अन्त में सूरज बड़त्या के शब्दों में बस इतना ही कि, "न्यायपूर्ण समाज का उनका सपना आज भी समय की माँग है। समतावादी मूल्यों की प्रतिस्थापना आज भी सामाजिक परिवर्तनकारियों के लिए एक चुनौती है।"[71]

सन्दर्भ

1. श्यौराज सिंह बेचैन– युद्धरत आम आदमी, अंक 41-42 1998 पृ. 14
2. वहीं, पृ. 41
3. शरण कुमार लिम्बाले– दलित साहित्य का सौन्दर्यशास्त्र, वाणी प्रकाशन, नयी दिल्ली 2010 पृ. 42
4. ओमप्रकाश वाल्मीकि– दलित साहित्य का सौन्दर्यशास्त्र, राधाकृष्ण प्रकाशन, नयी दिल्ली, 2010, पृ. 14
5. मोहनदास नैमिशराय– साहित्य और संस्कृति में दलित अस्मिता और पहचान का सवाल, नयापथ (अंक 24-25) जुलाई सितम्बर– 1997, पृ. 104-105
6. शरण कुमार लिम्बाले– दलित साहित्य का सौन्दर्यशास्त्र, वाणी प्रकाशन, नयी दिल्ली 2010 पृ. 42
7. कँवल भारती– युद्धरत आम आदमी, अंक 41-42 1998 पृ. 41
8. ओमप्रकाश वाल्मीकि– हिन्दी में दलित साहित्य, समकालीन जनमत, 1-15 सितम्बर, 1994, पृ. 26
9. डॉ. सी.बी. भारती- दलित साहित्य का सौन्दर्यशास्त्र, हंस- 11, अंक–1, 1996, पृ. 70-72
10. श्यौराज सिंह बेचैन– एक अलग रास्ता है दलित कथा का– अंगुत्तर, जुलाई-सितम्बर, 1997, पृ. 70

11. बाबूराव बागुल- दलित साहित्य का सौन्दर्यशास्त्र– ओमप्रकाश वाल्मीकि, राधाकृष्ण प्रकाशन, नयी दिल्ली, पृ. 16 से उद्धृत
12. मोहनदास नैमिशराय– हिन्दी दलित साहित्य, साहित्य अकादमी, नयी दिल्ली, 2011, पृ. 24-25
13. मोहनदास नैमिशराय– हिन्दी दलित साहित्य, साहित्य अकादमी, नयी दिल्ली, पृ. 24 से उद्धृत
14. डॉ. विमलकीर्ति– आम्बेडकर और दलित साहित्य, अपेक्षा, जुलाई-सितम्बर, 2004, पृ. 25-26
15. डॉ. आम्बेडकर– मुक्ति कौन पथे, दलित साहित्यः वेदना और विद्रोह (सं. शरण कुमार लिम्बाले), वाणी प्रकाशन, नयी दिल्ली, 2010, पृ. 74
16. डॉ. तारा परमार– डॉ. आम्बेडकर और सामाजिक क्रान्ति, अपेक्षा, जुलाई-सितम्बर 2004 पृ. 32
17. डॉ. विवेक कुमार– आम्बेडकरवादी लेखन का समाजशास्त्र, अपेक्षा, जुलाई-सितम्बर, 2004, पृ. 18
18. डॉ. सी.बी. भारती– दलित साहित्य का सौन्दर्यशास्त्र, हंस, अंक 1996, पृ. 70
19. डॉ. शरण कुमार लिम्बाले– दलित साहित्य का सौन्दर्यशास्त्र, वाणी प्रकाशन, नयी दिल्ली 2010 पृ. 57-59
20. डॉ. शिव कुमार मिश्र– दलित साहित्य का आन्दोलन और हिन्दी क्षेत्र, नयापथ, अंक 25, 1997, पृ. 95
21. ओमप्रकाश वाल्मीकि– दलित साहित्य का सौन्दर्यशास्त्र, राधाकृष्ण प्रकाशन, नयी दिल्ली, 2008, पृ. 47
22. डॉ. मैनेजर पाण्डेय- दलित चेतना : सोच (सं. रमणिका गुप्ता) नवलेखन प्रकाशन, हजारीबाग, 1998, पृ. E
23. शरण कुमार लिम्बाले– दलित साहित्य का सौन्दर्यशास्त्र, वाणी प्रकाशन, नयी दिल्ली 2010 पृ. 116
24. दलित साहित्य विशेषांक, सूचना एवं प्रसारण विभाग, उत्तर प्रदेश, सितम्बर-अक्टूबर 2002, पृ. 32
25. प्रो. मैनेजर पाण्डेय– दलित चेतना साहित्य, नवलेखन प्रकाशन, हजारीबाग, पृ. 4
26. प्रो. मुरली मनोहर प्रसाद सिंह– कल के लिए दिसम्बर 1998, पृ. 61
27. कँवल भारती– दलित विमर्श की भूमिका, इतिहासबोध प्रकाशन, इलाहाबाद, आमुख
28. शरण कुमार लिम्बाले- दलित साहित्य का सौन्दर्यशास्त्र, वाणी प्रकाशन, नयी दिल्ली, पृ. 120-121
29. ओमप्रकाश वाल्मिकी- दलित साहित्य का सौन्दर्यशास्त्र, राधाकृष्ण प्रकाशन, नयी दिल्ली, पृ. 32

30. डॉ. विवेक कुमार— आम्बेडकरवादी लेखन का समाजशास्त्र अपेक्षा, जुलाई-सितम्बर, 2004, पृ. 17
31. डॉ. तारा परमार— डॉ. आम्बेडकर और सामाजिक क्रान्ति, उपेक्षा, जुलाई-सितम्बर 2004 पृ. 33
32. तेज सिंह- दलित आत्मवृत्त प्रतिपक्ष, अपेक्षा, जुलाई सितम्बर, 2003, पृ. 8
33. डॉ. धर्मवीर- सन्त रैदास का निर्वाण सम्प्रदाय, शेष साहित्य प्रकाशन, शाहदरा, दिल्ली पृ. 46
34. ओमप्रकाश वाल्मीकि— दलित साहित्य का सौन्दर्यशास्त्र, राधाकृष्ण प्रकाशन, नयी दिल्ली, पृ. 36
35. राजेन्द्र यादव— युद्धरत आम आदमी, सं. रमणिका गुप्ता, अंक—41, 1998, पृ. 126
36. डॉ. अनिल सूर्या— आम्बेडकरवादी स्वकथन, अपेक्षा, जुलाई-सितम्बर, 2003, पृ. 21
37. मोहनदास नैमिशराय— अपने-अपने पिंजरे, वाणी प्रकाशन, नयी दिल्ली, 2008, पृ. 121
38. मोहनदास नैमिशराय— हिन्दी दलित साहित्य, साहित्य अकादमी, नयी दिल्ली, 2011, पृ. 252
39. राजेन्द्र यादव— युद्धरत आम आदमी, सं. रमणिका गुप्ता, अंक- 41, 1998, पृ. 126
40. शरण कुमार लिम्बाले- दलित साहित्य का सौन्दर्यशास्त्र, वाणी प्रकाशन, नयी दिल्ली, 2010 पृ. 116 से
41. शरण कुमार लिम्बाले— दलित साहित्य : वेदना और विद्रोह, सं. सूर्य नारायसण रणसुभे, वाणी प्रकाशन, नयी दिल्ली 2010 पृ. 116 से
42. ओमप्रकाश वाल्मीकि— जूठन, पृ. 52
43. मोहनदास नैमिशराय— अपने-अपने पिंजरे, भाग-2 वाणी प्रकाशन, नयी दिल्ली, 2000, पृ. 121
44. मोहनपाल सुमनाक्षर— धम्म दर्पण, जनवरी-मार्च, 1983, पृ. 9
45. ओमप्रकाश वाल्मीकि— दलित साहित्य का सौन्दर्यशास्त्र, राधाकृष्ण प्रकाशन, नयी दिल्ली, पृ. 60
46. भगवान दास— मैं भंगी हूँ
47. श्री भगवान सिंह— दलित साहित्य के अपने प्रतिमान कार्य, जून, 2004, पृ. 26
48. शरण कुमार लिम्बाले— दलित साहित्य का सौन्दर्यशास्त्र, वाणी प्रकाशन, नयी दिल्ली, पृ. 132
49. वही पृ. 120
50. रमणिका गुप्ता— भारतीय दलित साहित्य : परिप्रेक्ष्य, सं. पुन्नी सिंह, कमलाप्रसाद, वाणी प्रकाशन, नयी दिल्ली, पृ. 330.
51. दलित साहित्य वार्षिकी, सं. जयप्रकाश कर्दम, अकादमी प्रतिभा, दिल्ली, 2008, पृ. 127
52. अनभै, अंक अक्टूबर-सितम्बर, 2004, साक्षात्कार ओमप्रकाश वाल्मीकि
53. जयप्रकाश कर्दम— दलित साहित्य सृजन के सन्दर्भ, पृ. 43

54. मोहनदास नैमिशराय– अपने-अपने पिंजरे, भाग-2 वाणी प्रकाशन, नयी दिल्ली, 2000
55. सूरज बड़त्या– सत्ता, संस्कृति और दलित सौन्दर्यशास्त्र, अनामिका पब्लिशर्स ऐण्ड डिस्ट्रीब्यूटर्स, नयी दिल्ली, 2010, पृ. 174
56. लक्ष्मण माने– पराया, साहित्य अकादमी, नयी दिल्ली, 1993, पृ. 68
57. लक्ष्मण गायकवाड- उचक्का, राधाकृष्ण प्रकाशन, नयी दिल्ली, 1997
58. ओमप्रकाश वाल्मीकि– दलित साहित्य का सौन्दर्यशास्त्र, राधाकृष्ण प्रकाशन, नयी दिल्ली, पृ. 85
59. डॉ. सुशीला टाकभौरे– आज की खुद्दार औरत, युद्धरत आम आदमी, अंक- 31, जुलाई-सितम्बर, 1995, पृ. 67, 68
60. दिलीप कठेरिया– दलित साहित्य वार्षिकी 2007-2008 (सं. जयप्रकाश कर्दम) अकादमिक प्रतिभा, दिल्ली, पृ. 127
61. ओमप्रकाश वाल्मीकि– जूठन, राधाकृष्ण प्रकाशन, नयी दिल्ली, 1997, पृ. 12
62. ओमप्रकाश वाल्मीकि– बस बहुत हो चुका, राधाकृष्ण प्रकाशन, नयी दिल्ली
63. जयप्रकाश कर्दम– दलित साहित्य सृजन के सन्दर्भ, सं. डॉ. पुरुषोत्तम सत्यप्रेमी, कमला प्रकाशन, नयी दिल्ली, 1999, पृ. 41
64. दिलीप कठेरिया– दलित साहित्य वार्षिकी 2007-2008 (सं. जयप्रकाश कर्दम) अकादमिक प्रतिभा, दिल्ली, पृ. 127
65. रमणिका गुप्ता– खरी-खरी बात, युद्धरत आम आदमी, अंक 41-42, 1998, पृ. 6
66. सोहनपाल सुमनाक्षर– दलित साहित्य और उसकी सीमाएँ, पृ. 65
67. डॉ. तेज सिंह– दलित साहित्य की अवधारणा, अपेक्षा, जुलाई सितम्बर, 2004, पृ. 6
68. बाबूराव बागुल– भारतीय दलित साहित्य : परिप्रेक्ष्य, सं. पुन्नी सिंह, कमलाप्रसाद, वाणी प्रकाशन, नयी दिल्ली, पृ. 27
69. हरिशंकर परसाई– परिवर्तन की चेतना का सबसे सशक्त माध्यम, प्रभाकर चौबे से बातचीत, वसुधा, अंक- 41, जून, 1998, पृ. 93
70. शरण कुमार लिम्बाले– दलित साहित्य का सौन्दर्यशास्त्र, वाणी प्रकाशन, नयी दिल्ली, पृ. 158
71. सूरज बड़त्या– सत्ता, संस्कृति और दलित सौन्दर्यशास्त्र, अनामिका पब्लिशर्स ऐण्ड डिस्ट्रीब्यूटर्स, नयी दिल्ली, 2010, पृ. 190

●

स्त्री विमर्श की सैद्धान्तिकी

स्त्री और पुरुष, समाज के दो अभिन्न अंग हैं। जैविक दृष्टि से दोनों लैंगिक स्तर पर भिन्न-भिन्न होते हुए भी एक-दूसरे के पूरक हैं। एक के बिना दूसरे की कल्पना भी नहीं की जा सकती। यहीं नहीं, दोनों मानसिक-बौद्धिक दृष्टि से समान भी हैं। दोनों का स्वतन्त्र अस्तित्व है। लेकिन मानव निर्मित व्यवस्था प्रकृति की इस न्याय-व्यवस्था को अस्वीकार कर पुरुष को सर्वाधिकार सम्पन्न और स्त्री को पराधीन-पराश्रित मानती आयी है। स्त्री के अधिकारों, उसके महत्त्व और अस्तित्व को सदैव पुरुष-सत्तात्मक समाज ने प्रश्नों के घेरे में रखा है। उसे गुलाम बनाये रखने की हर संभव कोशिशें पितृसत्ता ने की हैं, उसे दोयम दर्जे की नागरिक बनाये रखा गया है। पूर्व और पश्चिम दोनों ही समाजों में स्त्री की दयनीय स्थिति को उसकी नियति मानकर जायज ठहराने की लम्बी परम्परा रही है। धर्मग्रन्थ भी इसमें मददगार साबित होते रहे हैं क्योंकि वस्तुतः वे भी पुरुष निर्मित ही रहे हैं या पुरुषवादी दृष्टि से सृजित। स्त्रियों ने इस षड्यन्त्र को समझा न हो, ऐसा नहीं है। प्राचीन परम्पराओं में ही ऐसे अनेक दृष्टान्त मिलते हैं जिनसे स्त्री की प्रश्नाकुलता का पता चलता है। पूर्व और पश्चिम दोनों जगह स्त्री अधिकार, उसकी आवाज को दबाने की दास्तान है तो उसके प्रतिरोध और विद्रोह की आकांक्षा भी। यह दीगर बात है कि स्त्री चेतना आन्दोलनात्मक शक्ल में बहुत बाद में आ पायी और जब आयी तो उसने सारे नीति-विधानों को प्रश्नांकित करते हुए दुनिया की आधी आबादी के हक को लेकर ऐसी दलीलें पेश की कि सारी चिन्तन-सरणियाँ दहल गयीं। पूरी दुनिया को यह सोचने के लिए विवश होना पड़ा कि सामाजिक जीवन में आधे की हकदार स्त्री को अब बरगलाया, दबाया नहीं जा सकता। इसी की तार्किक परिणति है– स्त्री विमर्श।

सिमोन ने कभी प्रश्न उठाया था कि आज की दुनिया में औरत का सही और सही रूप वस्तुतः क्या है? वस्तुतः उसका कौन-सा दर्जा होना चाहिए।[1] साथ ही उन्होंने यह भी कहा था कि, ''औरत को औरत होना सिखाया जाता है। औरत बनी

रहने के अनुकूल बनाया जाता है।"[2] यह सवाल महज सिमोन का नहीं है बल्कि समस्त स्त्री समुदाय का है। यह उस व्यवस्था का सवाल है जो दुनिया की आधी आबादी को कैद रखे हुए है। ऐसे सवालों से ही यह चेतना इस वर्ग में पैदा हुई की आखिर कब तक यह दमन-दलन और षड्यन्त्र चलता रहेगा? स्त्री को स्त्री के रूप में, एक स्वतन्त्रचेता नागरिक के रूप में कब पहचाना जायेगा? राकेश कुमार का यह कथन विचारणीय है कि, "स्त्री विमर्श में उठनेवाले सवाल महज स्त्रियों से जुड़े हुए ही नहीं हैं अपितु उनसे हमें पितृसत्तात्मक समाज के दोहरे मानदण्डों, पितृक मूल्यों, लिंग भेद की राजनीति और स्त्री उत्पीड़न के अन्तर्निहित कारणों को भी समझने की गहरी दृष्टि प्राप्त होती है।"[3]

नारीवादी आन्दोलन, नारीवाद, स्त्री विमर्श सब इसी की उपज हैं। जाहिर है मौजूदा स्त्री विमर्श प्रारम्भ में स्त्री चेतना के जागरण के साथ आन्दोलन के रूप में उभरा, जिसे नारीवादी आन्दोलन के नाम से जाना जाता है। इस नारीवादी आन्दोलन का मूल लक्ष्य स्त्री के हितों, अधिकारों के लिए संघर्ष करना था। इसको व्यापक अर्थों में लेते हुए, स्त्रीवाद की अवधारणा को स्पष्ट करते हुए स्त्री विमर्शकार अनामिका लिखती हैं– "फेमिनिज़्म की तीन मूल प्रपत्तियाँ हैं–

1. जेण्डर के सामाजिक कन्स्ट्रक्ट हैं।

2. पितृसत्तात्मक व्यवस्था में आचार-संहिताएँ चूँकि पुरुषों की बनायी हुई होती हैं इसलिए स्त्रियों की तुलना में पुरुषों के प्रति इनका रवैया पक्षपातपूर्ण होता है– स्त्रियों को विकास के समान अवसर भी कृपापूर्वक ही दिये जाते हैं।

3. भविष्य का जो लिंग-शोषणमुक्त समाज होगा उसे गढ़ने में स्त्रियों के कार्यक्षेत्र, प्रेम प्रजननादि विशेष अनुभवमूलक वृत्तान्त और उनकी भाषा तथा शिल्प के स्वतन्त्र व्यक्तित्व का विकास बहुत निर्णायक सिद्ध होंगे। इस प्रकार कुल मिलाकर फेमिनिज़्म के दो दायित्व हो जाते हैं– पहला जेण्डर स्टीरिओटाइप पर प्रहार तथा दूसरा, स्त्री मन और शरीर की सही समझ का विकास।"[4]

ऐतिहासिक साक्ष्यों के अनुसार नारी आन्दोलन का उदय 19वीं सदी के अन्तिम और 20वीं सदी के प्रारम्भिक दशकों में हुआ। पश्चिम में उभरे इस आन्दोलन का उदय आमतौर पर मताधिकार, समानता, स्वायत्तता आदि मुद्दों के साथ हुआ। आज यह आश्चर्यकर लग सकता है लेकिन यह सच्चाई है कि उन्नीसवीं सदी के उत्तरार्द्ध और कहीं-कहीं तो बीसवीं सदी के पूर्वार्द्ध तक महिलाओं को पश्चिम में मताधिकार तक प्राप्त नहीं था। नारी आन्दोलन समूचे यूरोप में मुख्यतः नारी के इसी अधिकार की माँग से शुरू हुआ। इन आन्दोलनों का प्रभाव यह पड़ा की नारी से जुड़े अन्याय मुद्दे भी चर्चा और चिन्तन के केन्द्र में आने लगे। स्त्रीवादी विचारक अनुपमा राय

के शब्दों में, "वोट के अधिकार के लिए संघर्ष ने महिलाओं के परिवार के अन्दर उचित स्थान को चुनौती तो नहीं दी, परन्तु फिर भी राजनीतिक समानता के अधिकार की रैडिकल माँग उभरकर सामने आयी। यह महिलाओं की नागरिकता पर केन्द्रित राजनीतिक शक्ति और राजनीतिक हिस्सेदारी के अधिकारों की माँग थी। इस प्रकार मताधिकार के लिए आन्दोलन के द्वारा नारीवादी मुद्दे सार्वजनिक बहस का हिस्सा बनने लगे।"[5]

1960 और 70 का दशक समूची दुनिया में नारी आन्दोलन का सबसे मुखर समय माना जाता है। अब तक नारी आन्दोलन के विविध स्वर सुनायी देने लगे थे जिसमें उदारवादी नारीवादी, समाजवादी नारीवादी, मार्क्सवादी नारीवादी तथा रेडिकल नारीवादी आदि मुख्य थे। इस आन्दोलन को उस समय बहुत बल मिला जब सिमोन द बोउवा की पुस्तक 'द सेकेण्ड सेक्स' (स्त्री उपेक्षिता, अनु. प्रभा खेतान) प्रकाशित हुई, जिसकी स्थापना थी कि, "औरत पैदा नहीं होती बल्कि बना दी जाती है।" इसने नारीवादी चिन्तन को नयी ऊर्जा और भाषा दी। वस्तुतः साठ के दशक में पश्चिमी दुनिया में पुरुष वर्चस्ववाद की सामाजिक सत्ता और संस्कृति के विरुद्ध उठ खड़े हुए स्त्रियों के प्रबल आन्दोलन को नारीवादी आन्दोलन का नाम दिया गया।

नारीवादी विमर्श वस्तुतः यहीं से प्रखर होता गया। पीटर बेरी ने साहित्यिक सन्दर्भ में इस आन्दोलन की स्थिति का आकलन करते हुए लिखा है– "This movement was, in important ways, literary from the start, in the sense that it realized the significance of the images of women promeffated by literature, and saw it as vital to combat them and question their authority and coherence."[6] यह भी स्पष्ट है कि इसको चाहे जिस भी संज्ञा से अभिहित किया गया हो, इस आन्दोलन और वर्तमान में साहित्यिक सन्दर्भ में स्त्रीवाद, स्त्री विमर्श के मूल में स्त्री हितों की संरक्षा, सुरक्षा की आकांक्षा विद्यमान रही है।

अवधारणा

स्त्री विमर्श की अवधारणा को विद्वानों ने अपने-अपने तरीके से स्पष्ट करने का प्रयास किया है। स्त्री विमर्श क्या है? इसके मायने क्या हैं? इसका दायरा क्या है? इसका स्वरूप क्या है? इत्यादि प्रश्न और उनके यथावश्यक समाधान इसके विवेचकों के जेहन में रहे हैं। स्त्री विमर्शकार अर्चना वर्मा के अनुसार, "स्त्री विमर्श का अर्थ स्त्री के द्वारा तथा स्त्री के विषय में सामाजिक, सांस्कृतिक, पूर्वग्रहों, आग्रहों, योजनाओं, कार्यक्रमों आदि की व्याख्या, विवेचन-विश्लेषण आदि में सक्रिय मत-मतान्तरों का समुच्चय है।"[7] एक अन्य मत के अनुसार, "स्त्रीवादी रचनाएँ स्त्री से जुड़े अध्ययन आदि पुरुष निर्मित साहित्यिक बन्धनों, दायरों को तोड़ने लगी और नये

दायरे निर्मित करने लगी। दबी-कुचली गयी स्त्रीत्व के अधिकार व चुनौतियों को उजागर करना अपना कर्त्तव्य माननेवाली स्त्रीवादी रचनाओं तथा स्त्रीवादी साहित्यकारों का एक जुट होना है– स्त्री विमर्श।"[8]

स्त्री विमर्श को व्यापक सन्दर्भ में देखते हुए अनामिका ने अपनी कृति 'त्रियाचरित्रं : उत्तरकाण्ड' में यह प्रस्तावित किया है कि स्त्री विमर्श के तीन पक्ष हैं– (क) स्त्री लेन्स से देश-दुनिया की और स्वयं स्त्री के देह-मन की नयी समझ का विकास, (ख) विकास के नये मॉडलों की तलाश जहाँ कोई किसी पर हावी न हो, न प्रकृति का दोहन हो, न मनुष्य का, विकास के अवसर सबको बराबर मिलें और (ग) करुणा-सम्बलित न्याय दृष्टि का पल्लवन हर तरह हो यानी कि युद्ध और दंगा, घरेलू और बाहरी की आतंकधर्मिता, बहुविध हिंसा और असन्तुलन धीरे-धीरे जनजीवन से और वैयक्तिक जीवन से भी तिरोहित हो जायें।

वास्तव में स्त्री विमर्श का लक्ष्य पुरुष का विरोध नहीं बल्कि उस पुरुषसत्तात्मक व्यवस्था का निषेध मात्र है जिसमें स्त्री शोषण, दमन की शिकार है। स्त्री विमर्श समानाधिकारों की तरफदारी करनेवाला एक ऐसा संवादात्मक मंच है जिसके माध्यम से दुनिया की आधी आबादी से जुड़े हितों, सवालों, समस्याओं को न सिर्फ प्रखरता से पूरी संजीदगी के साथ उठाया जाता है बल्कि उनका सार्थक और उपयुक्त समाधान तथा विकल्प प्रस्तुत करने का प्रयास भी किया जाता है। यह भी कि स्त्री विमर्श महज बौद्धिक चिन्तन का पिटारा नहीं है बल्कि जन हित से जुड़े मुद्दों पर केन्द्रित एक सकारात्मक विमर्श है। स्त्री की सामाजिक, राजनीतिक, आर्थिक, वैचारिक, शारीरिक, भौतिक साझेदारी और स्वातन्त्र्य, अधिकार की जायज माँग केन्द्रित चिन्तन की सरणि है- स्त्री विमर्श। दरअसल स्त्री मुक्ति का विचार केवल व्यक्तिगत स्तर पर परिवर्तन का विचार नहीं है, बल्कि समाज के पूर्ण परिवर्तन का विचार है। यह एक शोषण रहित समाज की रचना के लिए शुरू हुआ संघर्ष है। स्त्री विमर्श के बुनियादी सरोकारों और इसकी उत्तर-आधुनिक परिणति को रेखांकित करते हुए उत्तर-आधुनिक विमर्शकार प्रो. सुधीश पचौरी का कथन इस चिन्तन के भाव-धरातल को स्पष्ट करता है। वे लिखते हैं– "अब तक साहित्य का चला आता केन्द्रवाद, सार्वभौमवाद और 'सर्वे भवन्तु सुखिनः' वाला आदर्श मूलतः पुल्लिंगवादी विमर्श है। जिसमें स्त्री केन्द्र को हमेशा ही खामोश रहना है। स्त्री के अनन्य पाठ में इस केन्द्रवादी सार्वभौमिकता का कोई स्थान नहीं क्योंकि उसके पाठ से मूल्यों की सार्वदेशिकता और सार्वकालिकता, प्रातिनिधिकता आदि भरभराकर गिर पड़ते हैं। यही स्त्री लेखन का उत्तर यथार्थवाद है।"[9]

यह भी कि स्त्रीवाद का राजनीतिक समझ से सीधा सम्बन्ध है। स्त्रीवादी चिन्तन की दृष्टि से लिंगभेद स्त्री-पुरुष के बीच की संरचनात्मक असमानता की

बुनियाद है। यही वजह है कि स्त्रीवादी विचारक स्त्री के प्रति सामाजिक अन्याय के प्रश्नों को बार-बार उठाते हैं। वे यह भी मानते हैं कि दोनों लिंगों में असमानता शारीरिक फर्क के कारण नहीं हैं बल्कि लिंगभेद तो सांस्कृतिक निर्मिति हैं। इसी आधार पर स्त्रीवादी चिन्तक लैंगिक समानता के लिए संघर्ष करते हैं। समूचे सामाजिक और मानसिक कार्य-व्यापार को समझने की कोशिश करते हैं। उसे बदलने के लिए संघर्ष करते हैं।

कहना न होगा कि स्त्रीवादी साहित्य की अवधारणा साहित्य की सामान्य अवधारणा से भिन्न है। वह इसलिए क्योंकि साहित्य जिस सार्वभौम सत्य और मूल्य की बात करता है उसमें वे अनुभूतियाँ प्रायः दबी रही हैं जिनसे साहित्य का सृजन होता है। सांस्कृतिक-सामाजिक घटाटोप जिस प्रकार हमारी दिनचर्या पर हावी रहे हैं उसी प्रकार हमारी जीवन दृष्टि पर भी। यही वजह है कि साहित्य का स्वरूप प्रायः पुरुषसत्तात्मक रहा। कहने का आशय यह है कि केवल पुरुषों के अनुभव और मूल्य बोध ही साहित्य चर्चा और चिन्तन के विषय रहे। सृष्टि की आधी आबादी के अनुभवों को या तो दबाया जाता रहा या नजरअन्दाज किया जाता रहा। जैसे-जैसे महिलाओं में इसके प्रति जागृति आयी और अपने अधिकारों के लिए उनमें संघर्ष का भाव पैदा हुआ वैसे-वैसे साहित्य में भी उनके अनुभव साझा होने लगे, लेकिन पुन्सवादी व्यवस्था ने उसे भी हड़पने की हर सम्भव कोशिशें कीं। कहते हैं जब चेतना की बयार बहती है तो सारी हदें, सारी बन्दिशें, चौंहद्दियाँ खुद-ब-खुद टूटने लगती हैं। स्त्रीवादी साहित्य इसका प्रमाण है।

कुल मिलाकर, यह कहना होगा कि स्त्री विमर्श पुरुषसत्तात्मक मानसिकता के विरुद्ध एक ऐसा प्रतिरोधी विमर्श है जिसमें धरती की आधी आबादी के सरोकार तो मुख्य हैं ही, समाज व्यवस्था को, जीवन व्यवस्था को सहअस्तित्वात्मक बनाने की चिन्ता भी प्रबल है। इस विमर्श का आशय व्यक्ति नहीं, व्यवस्था परिवर्तन से है। सदियों से जो दोहरी मानसिकता बनी हुई है— स्त्री को लेकर, उसको ध्वस्त कर सहअस्तित्व और समानाधिकार की आकांक्षा इस विमर्श का प्रेरक बिन्दु है। इस विमर्श के विभिन्न स्वर देखे-सुने जा सकते हैं। अर्चना वर्मा का यह कथन सही है कि, "स्त्री विमर्श को भिन्नताओं का समारोह कहा जा सकता है। पितृसत्ता से उसके विरोध का आरम्भ ही इस बिन्दु से होता है कि स्त्री को उसकी भिन्नता का दण्ड देते हुए पितृसत्ता उसे इतिहास के बाहर धकेलती है। इस विरोध के विस्तार में हर उस बात का विरोध शामिल है जो किसी किस्म की सार्वभौमिकता का प्रतिपादन करती हो।"[10]

कहना न होगा, स्त्री विमर्श उन विभिन्न चिन्तन सरणियों का समुच्चय है जो स्त्री के हित से जुड़ी हैं, स्त्री के अधिकार, सम्मान की तरफदारी करती हैं। इसलिए

यह कहना उपयुक्त लगता है कि, "स्त्री विमर्श कोई एक स्त्रीवादी दृष्टि नहीं बल्कि अनेक स्त्रीवादी दृष्टियों का संकलित नाम है।" 'सेक्स और जेण्डर' को लेकर स्त्रीवादियों में मत-मतान्तर रहे हैं, लेकिन इनके जो प्रश्न रहे हैं वे समग्रतः स्त्री विमर्श के दायरे में आते हैं। यहाँ इस व्यापक सन्दर्भ में ही स्त्री विमर्श को लिया जायेगा।

प्रेरणा और पृष्ठभूमि

वैश्विक परिप्रेक्ष्य में स्त्री विमर्श

कहा जा चुका है कि स्त्रीवाद की विभिन्न कोटियाँ चर्चा और चिन्तन के केन्द्र में रही हैं। स्त्रीवाद की इन मुख्य कोटियों (धाराओं) को मोटे तौर पर तीन वर्गों में विभक्त किया जाता है-

1. उदारवादी स्त्रीवाद,
2. रैडिकल स्त्रीवाद और
3. समाजवादी-मार्क्सवादी स्त्रीवाद

उदारवादी स्त्रीवाद

स्त्री-पुरुष समानता और स्त्री को पुरुष की गुलामी से मुक्ति के नारे के साथ उदारवादी स्त्रीवाद अस्तित्व में आया। यह माँग पश्चिम में उन कामकाजी– दोनों मध्यमवर्गीय तथा सफेदपोश-महिलाओं के द्वारा उठाई गयी जो आर्थिक रूप से थोड़ी जागरूक हो चुकी थी। अपने अस्तित्व का भान जैसे-जैसे उनमें प्रखर होता गया वैसे-वैसे ही यह आन्दोलन तीव्र होता गया। प्रारम्भिक दौर में इस विचारधारा का नारी स्वातन्त्र्य के सन्दर्भ में विशेष महत्त्व था। बकौल अनामिका, "इस लिबरल (उदारवादी) फेमिनिज़्म की मूल प्रवृत्तियाँ जॉन स्टुअर्ट मिल की क्लासिक रचना 'द सब्जेक्शन ऑफ विमेन' से ली गयी थी। इस ग्रन्थ में मिल ने बताया था कि भार ढोना आदि कुछ गतिविधियाँ ऐसी हैं जिनमें स्त्रियाँ पुरुषों से उन्नीस पड़ती हैं– स्त्री और पुरुष के बीच जीवशास्त्रीय विषमताएँ अवश्य हैं पर बौद्धिक और नैतिक क्षमताएँ दोनों की बराबर हैं।"[11] जाहिर है लैंगिक स्तर पर असमानता के बावजूद स्त्रियाँ पुरुषों से कमतर नहीं हैं, उनमें वे समस्त क्षमताएँ हैं जो कि पुरुष के बराबर सिद्ध करती हैं फिर उन्हें दोयम दर्जे का क्यों समझा जाता है? क्यों उनके प्रति भेदभाव बरता जाता है? क्यों उन्हें पुरुष की अनुचरी, अनुगामिनी बनने पर मजबूर किया जाता रहा? इन्हीं सब सवालों को लेकर उदारवादी स्त्रीवादी जिनमें बेरी, फ्रायडन, मेरी वोल्सनक्राफ्ट, हैरियट टेलर, एलिजाबेथ केडी, सुडान ऐथेनी, लुसी स्टोन तथा स्टैनली आदि विचारक शामिल हैं, इन्होंने स्त्री अधिकार की माँग को पूरे

आग्रह के साथ रखा। इन विचारकों की माँग थी कि जब स्त्री-पुरुष में कोई असमानता नहीं है तो उनके अधिकार क्यों नहीं समान हैं। इन्होंने समान नागरिक अधिकार, मताधिकार और स्वातन्त्र्य की पुरजोर माँग की।

सरला माहेश्वरी उदारवादी नारीवाद की विशेषताओं को रेखांकित करते हुए ठीक ही कहती हैं, "उदारवादी नारीवाद ने सभी नारियों के प्रति उदारवादी राज्य द्वारा अधिकार और अवसर प्रदान करने के वादे से मुकरने को, उत्पीड़न के कारण के रूप में पहचाना था तथा वैधानिक उपायों और सरकारी कदमों के जरिये समानता को हासिल करने की कोशिश की थी।" उदारवादियों ने यह बात दृढ़ता से साथ रखी कि जैविक दृष्टि से स्त्रियाँ पुरुषों की तुलना में जब कमतर नहीं हैं, तो उन्हें पुरुष के समान अवसर और अधिकार क्यों नहीं प्राप्त हैं। उन्होंने यह माँग की कि शिक्षा, सम्पत्ति और वोट के अधिकार व्यक्तित्व के समुचित विकास की प्राथमिक आवश्यकताएँ हैं। सिमोन द बोउवा की कृति 'द सेकेण्ड सेक्स' (1949) के प्रकाशन से इस संघर्ष को और बल मिला। बोउवा ने पुरुषसत्ता पर सीधे आरोप लगाते हुए यह कहा कि, "स्त्री पैदा नहीं होती, बल्कि बना दी जाती है।" इस सामाजिक-सांस्कृतिक निर्मिति के विरुद्ध ही उदारवादी स्त्रीवाद ने संघर्ष किया। बकौल सरला माहेश्वरी "मेरी वालस्टोन क्राफ्ट ने सबसे पहले इस बात को स्वीकारने से इनकार किया कि स्त्रियाँ बुद्धि के मामले में पुरुषों से कमजोर हैं। अथवा छुईमुईपन, नाजुकता अथवा सतहीपन उनका नैसर्गिक गुण है। यदि पुरुष और महिलाएँ बुद्धि के समान अधिकारी हैं तो उसका प्रयोग करने की शिक्षा भी उन्हें समान रूप से दी जानी चाहिए। स्त्रियाँ सिर्फ पुरुषों के भोग की वस्तु नहीं हैं, बल्कि एक स्वतन्त्र मानुषी हैं जो बौद्धिक शिक्षा पाने में समर्थ तथा उसकी अधिकारी भी हैं। ...चूँकि पुरुषों और महिलाओं की समान मानसिकता ईश्वर-प्रदत्त बुद्धि के अधिकार की हिस्सेदारी पर आधारित है, इन दोनों लिंगों के नैसर्गिक गुण भी समान होना चाहिए।"[12]

कहना न होगा, उदारवादी नारीवाद वस्तुतः उस संस्कृति के खिलाफ औरतों का विद्रोह बना जिसमें औरत को मजबूरन पुरुष की मिल्कियत बनाने का षड्यन्त्र रचा गया था। इस धारा के चिन्तकों ने नारी सत्ता, उसकी महत्ता और अस्मिता बोध को अपना प्रमुख अस्त्र बनाते हुए वास्तव में उस सांस्कृतिक-सामाजिक ताने-बाने के विरुद्ध संघर्ष किया जिसमें औरत पैदा नहीं होती, बल्कि बना दी जाती है और उसकी उपलब्धि यह रही कि वोट का अधिकार तथा सम्पत्ति के अधिकार को लेकर समाज की मानसिकता में बदलाव आने शुरू हुए।

उग्रवादी नारीवाद (रैडिकल फेमिनिज्म)

इस विचारधारा की स्त्रीवादी चिन्तकों ने स्त्री के अनुभव को आधार बनाकर यह दलील पेश की कि औरत को मात्र आर्थिक रूप से सबल बनाने से स्त्री-पुरुष

समानता के लक्ष्य को नहीं पाया जा सकता। इसके लिए जरूरी यह है कि औरत को शारीरिक, मानसिक और यहाँ तक कि लैंगिक स्वतन्त्रता का अधिकार भी होना चाहिए। इनका मानना यह भी रहा कि औरत मात्र बच्चा जनने की मशीन नहीं है जो कि पैदा होते ही पुरुषसत्ता की जागीर हो जाता है। इस धारा के विचारकों ने इस बात पर जोर दिया कि पुरुषसत्तात्मक व्यवस्था को बदले बिना स्त्री मुक्ति का सपना साकार नहीं हो सकता। स्त्री चिन्तक सरला माहेश्वरी के शब्दों, "वे राजसत्ता के पूरे ढाँचे को अनिवार्य रूप से पितृसत्तात्मक ढाँचे के साथ जोड़कर देखती हैं और यह मानती हैं कि राजसत्ता के इस ढाँचे को पुरुषों ने बनाया है और यह ढाँचा महिलाओं के बजाय पुरुषों के हितों का ध्यान रखता है।"[13] इसीलिए स्त्री विचारकों की यह प्रबल माँग रही कि स्त्रियों के हितों की रक्षा तब तक नहीं हो सकती जब तक कि पुरुषसत्तात्मक व्यवस्था को खत्म न किया जाये।

पितृसत्तात्मक व्यवस्था को ही नारी दुर्दशा की जड़ बताते हुए मल्लिका सेनगुप्ता ने बिल्कुल ठीक कहा है, "पितृसत्तात्मक समाजों ने जितनी जिन्दगियों को आज तक तबाह किया है उसकी संख्या आणविक युद्ध में मरनेवालों की संख्या से कई गुना ज्यादा बड़ी है, क्योंकि इस व्यथित दुःख झेलते समूह की संख्या, मनुष्य जाति की ठीक आधी है, इसलिए इस दुनिया का सबसे बड़ा संकट लिंगभेद है जिसकी चपेट में आकर सिर्फ आधी मानव जाति ही नहीं, बल्कि समूची मानवता को खतरा है।"[14] इसीलिए पुरुष मात्र से विरोध या संघर्ष नहीं बल्कि समूची पितृसत्तात्मक व्यवस्था का विरोध इस धारा का मुख्य उद्देश्य रहा है। इसकी वजह यह भी रहा कि पुरुषसत्ता का कब्जा मात्र राजनीति, अर्थव्यवस्था और समाज व्यवस्था पर नहीं रहा है बल्कि औरत की निजी जिन्दगी के निर्धारण में भी रहा है। पुरुष ही परिवार और यहाँ तक कि स्त्री के शरीर का भी स्वामी माना जाता रहा है। इस मनोग्रन्थि को तोड़े बगैर औरत की स्थिति में परिवर्तन नहीं लाया जा सकता।

समाजवादी या मार्क्सवादी नारीवाद

मार्क्सवादी नारीवाद का आधारस्रोत है फ्रेडरिक एंजेल्स की कृति 'The origin of the family, private and the state' जिसकी प्रपत्ति ही यह है कि औरत का शोषण तब से शुरू हुआ है जब से समाज में सम्पत्ति को वैयक्तिक अधिकार प्राप्त हुआ। वास्तव में इसकी जड़ यही सम्पत्ति है– ऐसा मार्क्सवादियों का मानना है। 'कैपिटलिस्टिक मानसिकता' के साथ ही उत्पादन और उत्पादक सम्बन्धों को लेकर, शोषक और शोषित को लेकर लकीरें खींची जाने लगी। एंजेल्स ने अपनी पुस्तक में स्त्रियों के सम्बन्ध में जो अवधारणाएँ रखी हैं वे ही मार्क्सवादी स्त्रीवादियों के लिए प्रेरणा और चिन्तन का स्रोत रही हैं। एंजेल्स ने परिवार में पति को बूर्जुआ बताते

हुए कहा है कि पत्नी सर्वहारा होती है। और इसी नाते उसका परिवार की किसी भी सम्पत्ति पर स्वामित्व नहीं होता। एंजेल्स की यह दलील है कि आधुनिक वैयक्तिक परिवार, नारी की प्रत्यक्ष या परोक्ष घरेलू दासता पर आधारित है। स्त्रियों की मुक्ति की यह पहली शर्त यह है कि पूरी नारी जाति फिर से सार्वजनिक उद्योग में प्रवेश करे और इसके लिए यह आवश्यक है कि सामज की आर्थिक इकाई होने का वैयक्तिक परिवार का गुण नष्ट कर दिया जाये।

इतना ही नहीं, यह भी जटिल प्रश्न रहा है कि कामकाजी औरत की तुलना में घरेलू औरत आर्थिक दृष्टि से अधिक परावलम्बी होती है जबकि देखा जाये तो बच्चों के पालन-पोषण और घर-गृहस्थी में लगनेवाला श्रम सामाजिक रूप से आवश्यक उत्पादन का एक भारी हिस्सा होता है। परन्तु माल उत्पादन पर आधारित पूँजीवाद समाज में इसे आम तौर पर वास्तविक आय इसलिए नहीं माना जाता कि इसका सीधा सम्बन्ध पूँजी कमाने से नहीं है। इसे नैतिक दायित्व मात्र मानकर पुरुषसत्ता औरत के श्रम का अवमूल्यन करती रही है। जबकि एक ऐसा दौर भी था जब नारी के घर के कार्यों का महत्त्व ज्यादा था, जब समाज मातृसत्तात्मक था, सम्पत्ति का वैयक्तिकरण नहीं हुआ था।

कम्युनिस्ट फेमिनिस्टों ने यह तर्क दिया कि स्त्री मुक्ति की पहली शर्त है—आर्थिक स्वावलम्बन, स्वातन्त्र्य। जब औरत आर्थिक रूप से स्वावलम्बी हो जाती है तो उसका अस्तित्व स्वतः बनने लगता है, अपने हक की आधी लड़ाई वह स्वतः जीत लेती है। मार्क्सवादियों का मानना है कि स्त्री-पुरुष में असमानता की जड़ चूँकि अर्थ केन्द्रित संरचना है इसलिए इसको ध्वस्त करना और समान आर्थिक अधिकारोंवाली व्यवस्था लाना ही एकमात्र उपाय है। इस मत के अनुसार स्त्री-पुरुष सम्बन्धों में बुनियादी परिवर्तन उस क्रान्तिकारी बदलाव के बिना सम्भव नहीं है जिसमें स्त्री को पुरुष के बराबर सम्पत्ति और समूचे उत्पादन के साधनों पर अधिकार न हो। इस सन्दर्भ में विनोद मिश्र की यह टिप्पणी विचारणीय है, "बराबरी के लिए नारी का संघर्ष दरअसल एक ऐसी समाज व्यवस्था के लिए संघर्ष हैं जिसमें बराबरी हासिल करने की आर्थिक, सामाजिक और राजनीतिक परिस्थितियाँ मौजूद हों। ऐसा समाज एक समतावादी समाज ही हो सकता है जो व्यक्तिगत सम्पत्ति और वर्ग विभाजन को समाप्त करेगा, जिसमें नारी का प्रथम परिचय घर में उसकी भूमिका से ही नहीं बल्कि समाज में उसके योगदान से होगा जहाँ सन्तानोंत्पत्ति पर नारी का अपना नियन्त्रण होगा।"[15]

यह विचारधारा चूँकि सभी सम्बन्धों और संघर्षों की बुनियाद अर्थ को मानती है इसलिए आर्थिक आधार पर स्त्री की स्थिति को देखते हुए यह कहना गलत नहीं होगा कि मार्क्सवादी स्त्रीवादियों ने स्त्री की स्थिति को, उसकी नियति न मानकर

मानव-निर्मित व्यवस्था मानते हुए इसे बदलने का जो तर्क दिया है वह नारी, स्वावलम्बन की दृष्टि से तो जरूरी लगता ही है समाज संचालन और उसमें पारिवारिक साँचे में परिवर्तन की दृष्टि से भी एक कारगर उपाय है। यह तय है कि जब तक स्त्री को, समाज की समग्र स्त्री को, मात्र कुछ मध्यमवर्गीय महिलाओं को ही नहीं, उनके श्रम का मूल्य नहीं दिया जायेगा या उनके श्रम के महत्त्व को, योगदान को स्वीकारा नहीं जायेगा तब तक स्त्री-पुरुष समानता का सपना साकार नहीं हो सकता। पुरुष के बराबर ही स्त्री की सामाजिक भूमिका को स्वीकारते हुए उसके श्रम का समुचित मूल्यांकन ही मार्क्सवादी स्त्रीवादियों की प्रमुख माँग रही।

यद्यपि समाजवादी स्त्रीवाद मार्क्सवादियों के तर्क से पूरी तरह इत्तफाक नहीं रखते क्योंकि उनका मानना ही यह रहा है कि महज आर्थिक स्वावलम्बन ही स्त्री को पुरुष के समान बराबरी का दर्जा नहीं दिला सकती। इनकी दलील यह रही कि स्त्री को उसकी सामाजिक भूमिका के सन्दर्भ में, समाज की आधी आबादी का हिस्सा होने के नाते देखा जाये और समाज में प्रदत्त सभी अधिकारों में उसकी बराबर की हिस्सेदारी हो। अन्त में इतना ही कहना होगा कि मार्क्सवादी-समाजवादी विचारधारा के स्त्रीवादियों ने औरतों के हक को उसकी सामाजिक भूमिका के सन्दर्भ में उठाने का प्रयास किया।

स्त्रीवाद का क्षेत्र काफी व्यापक है। आज इसके अन्तर्गत साहित्य, कला, संस्कृति का वह समूचा परिदृश्य शामिल हो चुका है जिसका मानव सभ्यता से नाता है और यह भी कि यह महज एक आन्दोलन नहीं है बल्कि बराबरी और समानता के अधिकार की बुनियादी चिन्ता इसके केन्द्र में है। यह कहना भी गलत नहीं होगा कि दरअसल यह महिला की पुरुष के प्रति अधीनता और महिला के विश्वव्यापी उत्पीड़न की प्रकृति के विरुद्ध एक दार्शनिक चिन्ता है, साथ ही एक ऐसा सामाजिक-राजनीतिक दर्शन है जो समस्त महिलाओं को पुरुषों के प्रभुत्व और शोषण से मुक्त करने की भावना रखता है। इसका संघर्ष पुरुष मानसिकता और उसकी उस सत्ता से है जिसमें मानुषी को दोयम दर्जा प्रदान किया गया है। सारे तन्त्र पर, सोच पर, व्यवस्था पर जो हावी है, औरत जिसके लिए एक 'कमोडिटी' मात्र है— इस प्रकार की समस्त विचारधाराओं, मान्यताओं का स्त्रीवाद प्रखर और मुखर विरोधी है। इसकी आधारभूत प्रतिज्ञा स्त्री की इस व्यवस्था से मुक्ति ही है।

स्त्री विमर्श के व्यापक फलक को समग्रतः परिभाषित करना हो तो यह कहना होगा कि स्त्री साहित्य वास्तव में स्त्री की अनुभूति का साहित्य है। दो शब्द हैं— स्त्री साहित्य और स्त्रीवादी साहित्य, वस्तुतः स्त्री साहित्य वह है जिसकी रचना स्त्री ही कर सकती है, पर स्त्रीवादी साहित्य की रचना स्त्री भी कर सकती है और पुरुष भी। स्त्री साहित्य में स्त्री की अस्मिता और अनुभवों को क्रेन्द्रीय महत्त्व दिया जाता

है। स्त्री विमर्श के अन्तर्गत स्त्री साहित्य ही इसकी चेतना का प्रतीक है। इसके तीन महनीय आयाम हैं– स्त्रीत्व, स्त्रीवाद और स्त्री। जाहिर है इसीलिए स्त्री विमर्शकारों में यह चर्चा का विषय रहा है कि स्त्री साहित्य स्वानुभूत होना चाहिए या सहानुभूत। कहना न होगा स्वानुभूति से सिरजे साहित्य और सहानुभूति से रचे साहित्य में गुणात्मक अन्तर होता है क्योंकि साहित्य अन्य ज्ञानानुशासनों की भाँति नहीं होता, इसका अन्तःकरण से सीधा सम्बन्ध होता है। इसलिए अन्तश्चेतना द्वारा ही वस्तुतः इसका असली स्वरूप निर्मिति पा सकता है। इस आधार पर यह कहना होगा कि स्त्री साहित्य स्त्री समुदाय द्वारा लिखित ही होना चाहिए। अन्य के द्वारा सहानुभूति व्यक्त की जा सकती है जो कि हृदय की उदारता दर्शाता है समस्या, पीड़ा और अनुभूति की व्यग्रता नहीं।

भारतीय परिप्रेक्ष्य में स्त्री विमर्श

ऐतिहासिक दृष्टि से स्त्री की स्थिति का आकलन करें तो दृष्टिगोचर होता है कि स्त्री तमाम बन्धनों, प्रतिबन्धों, वर्जनाओं के बावजूद क्रियाशील थी, वह पुरुष की अनुचरी थी मगर अपनी स्थिति का, अस्मिता का भान उसे था। उसने अपने अनुभवों को जाया नहीं किया बल्कि यथावश्यक साझा करने का प्रयास किया। यह अमिट सच्चाई है कि पूर्व ही नहीं, पश्चिम में भी स्त्री की स्थिति इतिहास में बहुत ही हेय, असम्मानजनक रही है। स्त्री के प्रति पुरुष समाज का नजरिया बेहद अपमानजनक और तिरस्कारपूर्ण था। आज की स्थिति को देखते हुए तो घोर लज्जास्पद था। इतिहास बताता है कि स्त्री को पुरुषों ने कभी मनुष्य समझा ही नहीं, उसे सदैव एक उपभोग की वस्तु माना जिसका उपभोग बच्चा जनने और चूल्हा-चौका के लिए निर्धारित किया गया था। इसका कारण यह था कि प्रायः प्राचीन सभ्यताएँ धर्म केन्द्रित थीं और धर्म सामन्तवादी व्यवस्था द्वारा संचालित-परिचालित था। धर्म की आड़ में स्त्रियों पर इतिहास ने न जाने कितने अन्याय किये। स्त्री को या तो विलास की वस्तु माना गया या दासी। उसे मानव-सुलभ समस्त जीवनाधिकारों से वंचित किया गया। पश्चिम की सभ्यता में स्त्रियाँ पुरुषों की घोषित सम्पत्ति थी। भारतीय आर्य ग्रन्थों से भी यही ध्वनित होता है कि स्त्री की स्थिति पुरुष की मिल्कियत से अधिक कुछ नहीं थी।

पारम्परिक परिप्रेक्ष्य- वैदिककालीन सन्दर्भ

भारतीय आर्य ग्रन्थ के हवाले से यह कहा जा सकता है कि तत्कालीन समाज में स्त्री की दशा इतनी दयनीय नहीं थी। कुछेक ब्रह्मचारिणी कन्याओं के शास्त्रार्थ आदि सम्बन्धी बातों से यह तो ज्ञात होता है कि स्त्री चेतनाशून्य कभी नहीं थी लेकिन समाज के व्यापक परिप्रेक्ष्य को देखें तो पता चलता है कि उसे जबरन उन

अवसरों से, साधनों से वंचित किया जाता रहा जो पुरुष को सहज ही प्राप्त थे। बावजूद इसके यह मानना होगा कि वैदिककालीन भारत में स्त्री के प्रति वैसी हेयदृष्टि नहीं थी जैसी कि बाद में दिखती है। स्त्री विमर्शकार अनामिका ने भारतीय आर्य ग्रन्थों की छानबीन करते हुए जो निष्कर्ष निकाले हैं, वे विचारणीय हैं। वे लिखती हैं, "इस प्रकार वैयक्तिक सम्बन्धों के ऊपर सामाजिक उद्देश्यों को प्रतिष्ठित करनेवाली स्त्रियों की भी एक पूरी परम्परा है।"[16]

कहना न होगा कि वैदिक काल में समाज में स्त्री की आदर्श स्थिति थी। इतिहासकार मानते हैं कि वैदिक सूत्रों से यह ध्वनित होता है कि उक्त कालखण्ड में स्त्री की गरिमामय स्थिति समाज में थी किन्तु परवर्ती काल में जिसकी शुरुआत उत्तर वैदिक काल से ही हो जाती है स्त्रियों की निम्नतर स्थिति के संकेत मिलने लगते हैं जो आधुनिक काल तक जारी हैं। उत्तर वैदिक ग्रन्थों और विशेषकर मनुस्मृति तक आते-आते समाज में स्त्री का जन्म लेना भी एक संकट माना जाने लगा। कन्या जन्म को, पुत्र के मुकाबले हीन माना जाने लगा। वैदिक काल में स्त्री को शिक्षा का जो अधिकार था वह भी उत्तर वैदिक काल में छीन लिया गया और उसे केवल पत्नी और कुशल गृहणी तक कैद कर दिया गया। विवाह जिसे एक पवित्र संस्कार माना जाता था, पत्नी-पति के पवित्र रिश्ते का सूचक था, उत्तर वैदिक काल में और उसके बाद वह एक बन्धन बन गया। इसे नारी पर पुरुष के अधिकार का प्रमाण-पत्र बना दिया गया।

सम्पत्ति के अधिकार जो एक व्यक्ति के व्यक्तित्व से, उसके स्वाभिमान से जुड़ा होता है, उस पर वैदिक काल में किंचित् विचार किया गया है। विरक्त, याज्ञवल्क्य व विष्णुपुराण में स्त्री का सम्पत्ति पर अधिकार माना गया है किन्तु कालान्तर में सम्पत्ति पर से स्त्री का अधिकार समाप्त होता गया और वह स्वयं किसी की सम्पत्ति (पुरुष की) बनकर रह गयी। इतना ही नहीं, वैदिक काल में स्त्री की जो सामाजिक भागीदारी थी वह भी उत्तर वैदिक काल तक आते-आते संकुचित होती गयी और स्त्री का दायरा महज चारदीवारी के भीतर तक सीमित कर दिया गया। यह इतिहास सम्मत सच है कि वैदिक संस्कृति कालीन भारत में स्त्रियों की सामाजिक दशा पुरुषों के समकक्ष थी। कालान्तर में मनु द्वारा प्रणीत वर्णव्यवस्था एवं श्रमविभाजन के अनुपालन में समाज-व्यवस्था शनैःशनैः रुग्ण होती गयी। श्रमविभाजन के आधार पर जीविकोपार्जन सम्बन्धी श्रम पुरुषों और गृह संचालन, पालन-पोषण सम्बन्धी श्रम स्त्रियों के भाग में आया। शारीरिक शक्ति के आधार पर यह विभाजन अन्यथा न था। परन्तु इसका दुष्परिणाम यह हुआ कि भारतीय स्त्री का दायरा घर की दीवारों तक सीमित होकर रह गया।

मध्यकालीन सन्दर्भ

साहित्य के इतिहास में मध्यकाल का अपना विशिष्ट स्थान है। इस काल को साहित्य के 'स्वर्णकाल' की संज्ञा दी गयी है। मध्यकाल वास्तव में सन्त, भक्त और बाद में रीतिविषयक काव्य का काल है। इस काल में कवियों ने, कवयित्रियों ने कविता के माध्यम से अपने विचारों को वाणी दी। प्रो. जगदीश्वर चतुर्वेदी ने स्त्रीवादी साहित्य विमर्श का ऐतिहासिक विश्लेषण करते हुए सही तर्क दिया है। उनके शब्द हैं, "स्त्रियों की तर्क प्रणाली के स्वरूप को लेकर कोई भी विमर्श काव्य से शुरू होता है। काव्य उनका प्रिय क्षेत्र रहा है। स्त्री काव्य का आलोचनात्मक विश्लेषण ही उनकी तर्क प्रणाली के बुनियादी तत्त्वों को उद्‌घाटित करेगा। इस काल में ज्ञान एवं सृजन के क्षेत्रों पर धर्म की विचारधारा का आवरण पड़ा हुआ था। अतः स्त्री विमर्श भी धार्मिक प्रतीकों के माध्यम से व्यक्त हुआ है।"[17]

प्रो. चतुर्वेदी के इस तर्क से असहमति का कोई कारण नजर नहीं आता। साहित्य का इतिहास इसका साक्षी है। जहाँ तक स्त्री विमर्श की तत्कालीन स्थिति का सवाल है इसके तथ्य आज उपलब्ध हैं कि जिस समय को साहित्य का स्वर्णकाल कहा गया और प्रधानतः और मुख्यतः पुरुष कवियों के कृतित्व को उसके उदाहरण के तौर पर प्रस्तुत किया गया, उसी काल में अनेक कवयित्रियाँ भी काव्य-सृजन कर रही थीं, किन्तु साहित्येतिहासकारों ने उनके स्वरों को अनदेखा किया। इस तर्क के समर्थन में आज पर्याप्त तथ्य ढूँढे जा चुके हैं कि इस दौर की कवयित्रियों का काव्य स्त्रीत्व की धारणा से परिचालित है। इसमें पुरुषों की शैली का अनुकरण है किन्तु उन्होंने जो मुद्‌दे उठाये हैं वे पुरुष कवियों ने उठाये ही नहीं हैं। स्त्रियों ने जो कविताएँ लिखी हैं उनमें आत्मकथा शैली का प्रयोग बड़े पैमाने पर मिलता है। इस तरह की प्रस्तुति से अन्तर्वैयक्तिक सम्प्रेषण को बल मिला।

जाहिर है स्त्री के लेखन को पुरुषवादी मानदण्डों के आधार पर नहीं देखा-पढ़ा जा सकता। इसका कारण यह है कि स्त्री लेखन वास्तव में अनुभवजन्य लेखन है, वह उनकी वेदना है, भोगा हुआ यथार्थ है। इसीलिए उसकी सृष्टि के भी आशय और निहितार्थ भिन्न हैं। स्त्री लेखन का स्वर प्रायः आत्मकथात्मक है। उसकी भाषा, शैली व उसके विषयों को देखें तो एक खास तरह का पाठ है स्त्री लेखन। यहाँ तक कि कृष्ण और राधा के रूपों के वर्णन के जरिये भी स्त्रियों ने अपने भावोद्‌गार व्यक्त किये हैं। मीराबाई पहली स्त्री कवयित्री हैं जिन्होंने स्त्री मन की प्रखर अभिव्यंजना की। मीरा का व्यक्तित्व और कृतित्व इस बात का साक्षी है कि उनके लिए कविता महज साधना थी। उन्होंने जिस प्रकार सामाजिक रीतियों-कुरीतियों को दरकिनार करते हुए गिरधर गोपाल की स्तुति की, वह अपने आप में बेजोड़ है। कहना न होगा,

"स्त्री काव्य में मीरा का स्वप्न में कृष्ण से विवाह और उसकी घोषणा सामाजिक नियमों का सीधे उल्लंघन था। दूसरी ओर कवयित्रियों का (जिनमें अधिकतर शादीशुदा थी) घर त्यागकर सन्तों या गुरु के साथ रहना, उनके पक्ष में उपदेश देना और कविताएँ करना तत्कालीन व्यवस्था को दी गयी चुनौती थी। यह स्त्री के प्रति भेदभाव का विरोध ही है।"[18] मध्यकाल की सभी कवयित्रियों में रूढिभंजन और वैयक्तिक चेतना देखने को मिलती है। उमा, पार्वती, मुक्ताबाई, पद्मावती, सुरसुरी आदि इस काल की प्रतिनिधि कवयित्री मानी जाती हैं।

'हिन्दी साहित्य का आधा इतिहास' लिखते हुए सुमन राजे स्त्री लेखन की पैमाइश करती हैं और उद्घोषणा करती हैं, "मध्यकालीन साहित्य में मीरा का जीवन और साहित्य नारी-विद्रोह का रचनात्मक आगाज है। उन्होंने इस कथन को सिद्ध कर दिया कि विद्रोही बनाये नहीं जाते, वे पैदा होते हैं। कृष्ण के प्रति पूर्ण प्रणति के साथ व्यवस्था से विद्रोह एक अद्भूत और विरल संयोग है। नारी जीवन की सर्वमान्य व्यवस्था है– 'विवाह' से विद्रोह। कहते हैं कि विवाह के समय उन्होंने कृष्ण की प्रतिमा को हाथ में लेकर सप्तपदी पूरी की थी।' ससुराल के बार-बार दबाव डालने पर स्पष्ट कहती हैं, 'जाके सिर मोर मुकुट मेरो पति सोई, मेरे तो गिरधर गोपाल दूसरा न कोई।' यानि पतिसत्ता का तिरस्कार, पति की मृत्यु के बाद सती होने से इन्कार परिवार सत्ता से विद्रोह।"[19]

कमोबेश समूचे मध्यकाल में भक्ति के आवरण में स्त्री चेतना के दर्शन जरूर होते हैं लेकिन उसकी स्वीकृति उन दिनों प्रायः नहीं के बराबर थी। स्त्रीवादी विचारक रेखा कस्तवार का कथन विचारणीय है- "भक्ति आन्दोलन ने यद्यपि स्त्री को घर से बाहर निकलने का मौका दिया, परन्तु ऐसी स्त्रियाँ कम हैं व उन्होंने इसकी भारी कीमत चुकायी। अमरदास (गुरुनानक के तीसरे समर्थक) ने महिला शिष्यों के लिए पर्दा प्रथा हटा दी थी, चैतन्य कीर्त्तन में सभी भाग ले सकती थी। अतः स्त्रियों को सामाजिक बन्धन तोड़ने के अवसर मिले। कृष्ण भक्तिशाखा में राधा आदर्श अवश्य बनी, परन्तु व्यावहारिक जीवन में उसका स्वीकार्य देखने को नहीं मिला। भक्त कवियों की स्त्री के प्रति दृष्टि पारम्परिक ही रही।"[20] बावजूद इसके, यह कहना होगा कि विशेषकर राधा-कृष्ण के प्रसंग से स्त्री की सचेतन दृष्टि अवश्य झलकती है। स्त्री में यह चेतना इस प्रसंग से जरूर दृष्टिगत होने लगी कि स्त्रियाँ महज पारम्परिक रूढ़ियों का पालन करने की कठपुतली नहीं हैं बल्कि वे समाज में पुरुष की सहचरी हैं, अतः उनकी अस्मिता है, अस्तित्व है। कृष्ण काव्य परम्परा का इस दृष्टि से उल्लेखनीय योगदान है। सावित्री सिन्हा ने भी लिखा है, "कृष्ण काव्य परम्परा की इस भावमूलक पृष्ठभूमि में नारी को अपने हृदय का सामंजस्य मिला, भगवान के प्रति

दास्य भाव ने उनके जीवन के इस पक्ष से उत्पन्न हीन-भाव को कम किया, सख्य-भाव में उन्हें अपने ही घर में खेलते, उपद्रव मचाते बालक का चित्रण मिला, वात्सल्य द्वारा उनका मातृहृदय स्पन्दित हो उठा। इन भावों में लौकिक प्रतिबन्ध के अभाव के कारण मानसिक कुण्ठा का अभाव है, वात्सल्य के सुलभ सलोने चित्र उनके जीवन के ही चित्र थे। माधुर्य भक्ति की रागात्मकता तथा अपार्थिव और पार्थिव का आरोप उनके लिए लौकिक नैराश्य, आशा और उल्लास बनकर आया और व्याप्त हो गया।''[21]

मध्यकालीन साहित्य में परवर्ती लेखिकाओं गंगाबाई, शेख रंगरेजन, केशव पुत्रवधू, बिरजूबाई, इन्द्रमती, दयाबाई, सहजोबाई आदि का नामोल्लेख मिलता है। ये कवयित्रियाँ अपने युग-काल की सीमा में अपनी सशक्त अभिव्यक्ति के नाते स्मरणीय हैं। लेकिन यह तथ्य चिन्तनीय है कि प्रतिभासम्पन्न और प्रखर होने के बावजूद प्रायः सभी कवयित्रियाँ उसी पुरुषसत्ता की अधीनता स्वीकार कर लेती हैं, जो उनकी दासता के लिए जिम्मेदार है। इन कवयित्रियों में वैयक्तिक जागरूकता तो है लेकिन कोई सामाजिक दाय और दायित्वबोध महसूस नहीं होता। शायद यही कारण है कि ये कवयित्रियाँ ईश्वर की शरण में आश्रय तलाशती नजर आती हैं। प्रो. चतुर्वेदी के अनुसार, ''ईश्वर की व्यवस्था से लड़नेवाली अन्ततः ईश्वर की शरण में मुक्ति खोजने लगती हैं। यही है विकल्प की दृष्टि के अभाव का परिणाम। इसका यह भी परिणाम निकला कि लेखिकाएँ सामन्ती व्यवस्था के खिलाफ संघर्ष का मार्ग तय नहीं कर पायी और अन्त में सन्तों की शरण में मुक्ति की तलाश में चली गयीं। यह एक ऐसा वैकल्पिक-प्रतिभागी 'यूटोपिया' है जो गुलाम को और ज्यादा गुलाम बनाता है।''[22] यह जरूर है कि इससे स्त्रियों को पढ़ने-लिखने की प्रेरणा मिली। स्त्रियों में यह भाव जागृत हुआ कि जीवन में शिक्षा का महत्त्व कितना अधिक है।

ऐसे भी कतिपय उदाहरण मिलते हैं, जिनसे पता चलता है कि पुरुषों की भाँति स्त्रियाँ भी निर्गुणियाँ सन्त के रूप में मिलती हैं और ईश्वर की बजाय गुरु को सब कुछ मानती हैं। कबीर की भाँति वे गुरु को ज्ञान का माध्यम ही नहीं, बल्कि समस्त कारणों से मुक्ति दिलाने का माध्यम भी मानती हैं। सहजोबाई ने गुरु को सकारात्मक अर्थ में रूपायित किया, स्त्री की दुर्दशा के लिए ईश्वर की तीखी आलोचना की। गुरु को त्यागने की बजाय ईश्वर को त्यागने, ईश्वर की दी हुई चीजों को त्यागने पर जोर दिया। ईश्वर की आलोचना के माध्यम से स्त्री के इर्द-गिर्द विकसित हो चुकी बन्धनों की दीवारों को तोड़ने पर जोर दिया।

सम्भव है मध्यकालीन दौर में जो साहित्य रचा गया उसमें स्त्री मुद्दा न रहा हो, लेकिन स्त्रियों में सामाजिक स्तर पर चेतना का अभाव नहीं पाया जाता। इसका प्रमाण है स्त्रियों का सृजन। मीराबाई से लेकर सहजोबाई तक की काव्य चेतना को

देखते हुए यह कहा जा सकता है कि इनमें सामाजिक रूढ़ियों के विरुद्ध संघर्ष की चेतना अंकुरित होने लगी थी। समग्रतः प्रो. जगदीश्वर चतुर्वेदी द्वारा समूची मध्यकालीन स्त्री काव्य धारा का मूल्यांकन करते हुए निकाले गये निष्कर्ष इस दौर की वास्तविक स्थिति बयां करते हैं, उनके निष्कर्ष ध्यातव्य हैं[23]–

– पहला ये लेखिकाएँ सामाजिक बन्धनों एवं भेदभाव का विरोध करती हैं। पार्थक्य और भेदभाव का विरोध मूलतः स्त्री की अस्मिता के निर्माण की कोशिशों को व्यक्त करता है।

– दूसरा कृष्ण एवं उसकी इमेजों के रूपायन के बहाने पुरुष वर्चस्व को चुनौती देती हैं।

– तीसरा इस धारा की कवियत्रियों के लेखन से यह बात भी उभरती है कि उस दौर में औरतें आहत और अपमानित महसूस करती थीं। औरत के अपमान और आहत मन को स्त्री काव्य में व्यापक अभिव्यक्ति मिली है। अपमान एवं आहत मन की प्रतिक्रिया में रची गयी कविताएँ स्त्री स्वाधीनता का मार्ग प्रशस्त करती हैं।

– चौथा धार्मिकता और भक्ति के जरिये जब ये कवयित्रियाँ सृजनात्मक संघर्ष चलाती हैं तो इससे बुनियादी रूप से स्थिति में कोई बदलाव नहीं आता।

– पाँचवाँ निष्कर्ष यह है कि जिन लेखिकाओं ने व्यष्टिचेतना को व्यक्त करने की कोशिश की वहाँ अपराध बोध या हेय भाव की अभिव्यक्ति होती है। स्त्री का स्वयं के प्रति हेय भाव या स्वयं को महत्त्वहीन मानना वस्तुतः उसकी तद्‌युगीन स्त्री चेतना की प्रतीकात्मक अभिव्यक्ति है।

– छठा निष्कर्ष यह है कि अधिकतर स्त्रियाँ नया प्रयोग करने में असफल रही हैं।

– सातवाँ निष्कर्ष यह है कि इस धारा की कविता आत्मगत भावबोध की कविता है। इससे तिरस्कृत, अकेली, आहत स्त्री का व्यक्तित्व एवं मन मुखरित हुआ है।

– आठवाँ अधिकांश कवयित्रियों ने प्रेम के विषय पर बहुत सारी कविताएँ लिखी हैं। प्रेम की कविता में खुलापन दिखा है। ...यह उनकी मानसिक अनुभूति की कविताएँ हैं, इसी अर्थ में निजी कविताएँ हैं।

– नौवाँ निष्कर्ष यह निकलता है कि स्त्रीकाव्य में स्त्री का आत्मकथ्य भी शामिल है। आत्मकथा एवं कविता के अन्तःसम्बन्ध को बड़े ही कलात्मक एवं सन्तुलित ढंग से लेखिकाओं ने अभिव्यक्त किया है।

– दसवाँ निष्कर्ष यह कि स्त्री काव्य में वस्तुतः हम हैं। वे स्त्रियों में फर्क करके नहीं देखतीं। ...स्त्री मन एवं अनुभूतियों को अभिव्यक्ति देकर भक्ति आन्दोलन एवं

परवर्ती काव्य में नये आयाम की सृष्टि की। ईश्वर के मानवीकरण की प्रक्रिया को तेज किया, दर्शन की बजाय आत्मानुभूति को प्राथमिकता दी।

इस प्रकार मध्यकालीन साहित्य में स्त्री-विमर्श वर्तमान शक्ल में तो नजर नहीं आता लेकिन स्त्री की छवि का वर्णन वहाँ जरूर मिलता है। स्त्री चेतना की अभिव्यक्ति वहाँ किसी-न-किसी रूप में अवश्य हुई है। स्त्री मन के उद्‌गार, वे भले ही भक्ति के आवरण में प्रस्फुटित हुए हों— व्यक्त हुए हैं। मीरा से लेकर सहजोबाई तक के स्वर को देखकर यह कहा जा सकता है कि स्त्री चेतना की अनुगूँज इस काल में सुनायी पड़ती है। बेशक, यह आधुनिक युग की स्त्रियों के लिए मार्गदर्शक बनी है।

आधुनिक परिप्रेक्ष्य

मध्यकाल में स्त्री को जिन प्रतीकों, बिम्बों, मिथकों में कैद कर देखा गया आधुनिक युग में स्त्री प्रायः उससे मुक्त होती गयी है। आधुनिकयुगीन स्त्री न दासी है न रानी। वह सामान्य मनुष्य है। अपनी सामान्यत में ही वह जीवन के विविध रूपों का आनन्द पा लेती है। सामाजिक-मान और प्रतिष्ठा उसकी सबसे बड़ी माँग है। वह विविध रिश्तों माँ, बहन, पत्नी, बेटी आदि में अपना अक्स निहारती है और अपने सामाजिक दायित्व के प्रति जागरूक है। आधुनिक स्त्री शोषण, दमन का विरोध खुलकर करती है क्योंकि वह सहचरी है, स्त्री पुरुष में समानता की पक्षधर है। इसकी वजह यह भी है कि आधुनिक युग पुनर्जागरण-नवजागरण का युग है। पुरानी रूढ़ियों, मान्यताओं के टूटने और नये के जागरण और निर्माण का युग है। नारी विषयक दृष्टि भी नवजागरण काल में नयी चेतना, स्फूर्ति और तेवर-कलेवर के साथ उदित हुई।

रेखा कस्तवार आधुनिक काल के परिप्रेक्ष्य में स्त्री सवालों की छानबीन करते हुए सही लिखती हैं, ''उन्नीसवीं शताब्दी में स्त्री प्रश्न महत्त्वपूर्ण होकर सामने आये। स्त्री की स्थिति पुनः व्याख्यायित हुई। भारतीय मानस पर यूरोप के स्वतन्त्रता, तार्किकता और मानवीयता के विचारों के सहवर्ती प्रभाव ने एक खुलापन प्रारम्भ किया एवं अन्य प्रश्नों के साथ स्त्री प्रश्नों को विचार के केन्द्र में रखा गया। इन प्रश्नों पर अंग्रेजी व भारतीय समाज सुधारकों दोनों ने विचार किया।''[24] यह युगीन दबाव कहें या समाज सुधारकों का प्रयास इस दौर में स्त्री अस्मिता से जुड़े सवाल चर्चा का विषय बनने लगे। अब स्त्री निष्क्रिय नहीं बैठी है। उसका अपना दायरा मात्र चारदीवारों तक या पूजा-पाठ से चूल्हे-चौके तक सीमित नहीं रह गया और न ही वह उपस्थित होते हुए अनुपस्थित लग रही है, बल्कि वह प्रखर मेधा सम्पन्न, समानाधिकार की बात करनेवाली एक सबला के रूप में सामने आ रही है। जिसे

अपना सब-कुछ हक के साथ पाना है। उससे जुड़े सवालों पर या तो समाज और व्यवस्था ने खुद-ब-खुद सोचना आरम्भ कर दिया है और नहीं तो उसने सोचने पर विवश कर दिया। इसकी वजह यह भी है कि बहुत दिनों तक धरती की आधी आबादी को दबाकर नहीं रखा जा सकता था।

यह मानने में कोई गुरेज नहीं कि स्त्री स्वातन्त्र्य चेतना को थोड़ा बल अंग्रेजों के शासन काल में मिला। अंग्रेजों ने हमें लूटा तो सही, परन्तु संस्कृति और परम्परा के बारे में सोचने, समझने की एक नयी दृष्टि भी दी। जिससे हम यह जानने में समर्थ हुए कि भारतीय सभ्यता के प्रारम्भिक काल में स्त्री जीवन कैसा था और परवर्तीकाल में धीरे-धीरे किन लोगों की अदूरदर्शिता से विकट होता गया। साहित्य में हम जिसे आधुनिक काल कहते हैं सामाजिक जीवन में उसे स्त्री जागरण का प्रस्थान बिन्दु मानना चाहिए। क्योंकि आजादी पूर्व की स्त्रियों का संघर्ष, उनका आत्मानुभव, रूढ़ियों का विरोध आदि आत्मिक शक्ति के पहचान तक ही सीमित थी जो पकते-पकते संघर्षशील स्त्रियों का एक ऐसा समूह बनता गया जिसके प्रयास से आजादी के बाद के स्त्री विमर्श अभियान को एक मजबूत मंच मिला।

आधुनिक स्त्री साहित्य वास्तव में स्त्रीवादी साहित्य है, महज स्त्रीत्व का साहित्य नहीं है। आधुनिक काल में स्त्री लेखन साहित्य की लगभग सभी विधाओं में आने लगा है। साहित्य की कोई भी ऐसी विधा नहीं है जिसमें स्त्री साहित्य न लिखा गया हो और उल्लेख योग्य यह भी है कि इसमें वास्तविक जीवन के प्रश्नों को विषयवस्तु के रूप में उठाया गया है। कविता हो या उपन्यास, कहानी अथवा अन्य विधाएँ स्त्री लेखन जिन विषयों पर आया है मसलन स्त्री-पुरुष सम्बन्ध, पारिवारिक रिश्ते, प्रकृति और संस्कृति विषयक प्रेम, राष्ट्रीयता, स्वाधीनता, सामाजिक-सांस्कृतिक विसंगतियाँ, भेदभाव आदि, उन पर स्त्री लेखिकाओं ने खुलकर विचार किया है और नये सवाल उठाये हैं। प्रो. जगदीश्वर चतुर्वेदी हिन्दी की आधुनिक स्त्रीवादी काव्यधारा की मुख्य वस्तु को रेखांकित करते हुए कहते हैं, "हिन्दी की स्त्री काव्यधारा में स्त्रियों ने अनुभूति को ही प्रमुखता दी है। अनुभूति की अवधारणा ही भारत के बाहर स्त्रीवादी विमर्श की धुरी है।"[25] इस तथ्य को महादेवी वर्मा के साक्ष्य पर देखा जा सकता है। महादेवी का प्रतिपाद्य यह है कि साहित्य में अनुभवजन्य सहजता को विशेष स्थान मिलना चाहिए।

इस दौर की सुभद्रा कुमारी चौहान छायावादी संस्कारों से युक्त हैं। राष्ट्रीयता उनकी कविता का केन्द्रीय भाव है। लेकिन राष्ट्रीय स्वर में भी स्त्री चेतना उनकी कविता का मूल उत्सर्ग बन गयी है। बकौल सुमन राजे, "सुभद्रा कुमारी चौहान की कविता का सबसे बड़ा गुण उसकी सहजता एवं स्त्री चेतना है। उनका और उनकी

कविता का हर चुनाव स्त्री के पक्ष में है, यद्यपि उसका गन्तव्य राष्ट्रप्रेम है। स्त्री जीवन के छोटे-छोटे पल किस प्रकार राष्ट्रीय स्फुरण में बदल जाते हैं, यह देखने की वस्तु है।''[26] गौरतलब है कि सुभद्रा जी मात्र स्त्री होने के नाते ही स्त्री 'झाँसी की रानी लक्ष्मीबाई' को अपने काव्य विषय के लिए चुनती हैं। उन्हें रानी का उत्सर्ग अर्थात् एक स्त्री का वीरोचित व्यक्तित्व प्रभावित और प्रेरित करता है न कि किसी महापुरुष या वीर योद्धा की गाथा। सुधा चौहान ने सुभद्रा जी के काव्य का मूल्यांकन करते हुए लिखा है कि, ''उनमें एक ओर जहाँ नारी सुलभ गुणों का उत्कर्ष हैं वहाँ वह स्वदेश प्रेम और देशाभिमान भी है, जो एक क्षत्रिय नारी में होना चाहिए। इसमें सन्देह नहीं कि उनकी रचनाओं में शब्दों की छटा नहीं और न भावों की जटिलता है, उन्होंने स्वच्छ और सरल भाषा में अपने उदात्त भावों को अत्यन्त स्वाभाविक ढंग से अंकित किया है। उनमें नारी की लालसा, माता का स्नेह, वीर राजपूत महिला का गौरव, कुल की सहिष्णुता और गृहलक्ष्मी की उदारता आदि भावों का विषद रूप से चित्रण हुआ है।''[27]

जिस प्रकार मध्यकाल में मीरा स्त्री चेतना की आवाज बनी हैं, उसी प्रकार आधुनिक काल में महादेवी में वैसी ही प्रतिध्वनि सुनायी पड़ती है। मीरा की भाँति ये चिर विरहिणी हैं। निश्चित रूप से इनका काव्य-व्यक्तित्व स्त्री की आधुनिक चेतना का आगाज कहा जा सकता है। महादेवी वर्मा के काव्य में जो विरह-वेदना का केन्द्रीय भाव मिलता है उसको आलोचकों ने छायावादी रहस्यवाद कहकर चलताऊ रीति से आकलित करने का प्रयास किया है जबकि उनके गद्य को ध्यान में रखते हुए देखें तो स्पष्ट ध्वनित होता है कि उसके पीछे रहस्यवादी आवरण नहीं बल्कि स्त्री का स्वानुभव बोल रहा है। प्रो. चुतर्वेदी का तो यहाँ तक मानना है कि, "महादेवी वर्मा के आलोचनात्मक गद्य को हिन्दी का पहला स्त्रीवादी साहित्यशास्त्र भी कह सकते हैं। महादेवी जी से पहले किसी लेखिका ने इतने व्यापक पैमाने पर साहित्य सम्बन्धी समस्याओं, मूल्यांकन के प्रश्नों पर विस्तार से विचार नहीं किया। भाव क्षेत्र और ज्ञान क्षेत्र की एकता के जरिये सत्य के अनुसन्धान को साहित्य का लक्ष्य बनाया।" कहना न होगा महादेवी ऐसी आधुनिक कवयित्री हैं जो कविता के साथ-साथ आलोचना के क्षेत्र में भी दखल रखती हैं और साहित्य को भाव और ज्ञान दोनों के स्तर पर देखती हैं। वे पहली ऐसी स्त्री हैं जिन्होंने साहित्यलोचना में स्त्री अनुभूति को दाखिल कराया और पुरुष आलोचकों द्वारा जारी मापदण्डों के समक्ष प्रश्नचिह्न लगाते हुए स्त्री को विमर्श का मुद्दा बनाया। 'शृंखला की कड़ियाँ' 'साहित्य की आस्था' तथा अन्य निबन्ध' 'भारतीय संस्कृति के स्वर' आदि उनकी प्रमुख कृतियाँ हैं जिनमें उनके आलोचनात्मक विचारों के दर्शन होते हैं।

महादेवी के आलोचनात्मक गद्य की विशेषता यह भी है कि छायावादी होते हुए भी उनका विचारात्मक लेखन पूरी तरह समाज केन्द्रित है। समाज की दशा को वे

अपने चिन्तन का आधार बनाती हैं और किसी प्रचलित वाद के फेर में न पड़कर अपना स्वतन्त्र मार्ग बनाती हैं। बकौल अमृतराय, "उन्होंने गाँधीवादी सुधारवाद को बिल्कुल ठुकरा दिया है और अमृत क्रान्ति का मार्ग अपनाया है। उनके विचारों पर यदि किसी विचारधारा का प्रभाव पड़ा है, तो वह वैज्ञानिक समाजवाद है। हो सकता है कि उनके निष्कर्ष और उनका चिन्तन सर्वथा मौलिक हो। उस दशा में हम यही कहेंगे कि महादेवी जी ने जीवन के यथार्थ को स्वीकार करके इस समस्या पर विचार किया है इसलिए उनके सामाजिक निष्कर्ष अन्ततः क्रान्तिकारी समाजवाद की ओर झुकते हैं, क्योंकि समाजवाद स्वयं कठोर धरती की, जीवन की यथार्थ समस्याओं को स्थापित करनेवाला जीवनदर्शन है।"[28]

कहना न होगा, महादेवी के चिन्तन में नारी विषयक समस्याओं को प्रमुखता से उठाया गया है। स्त्री को वे पुरुष की अर्द्धाङ्गिनी तो मानती हैं लेकिन उसकी अनुचरी या दासी नहीं। उनका स्पष्ट कथन है, "नारी केवल मांस पिण्ड की संज्ञा नहीं है। आदि काल से आज तक विकास पथ पर पुरुष का साथ देकर उसकी यात्रा को सरल बनाकर, उसके अभिशापों को स्वयं झेलकर और अपने वरदानों से जीवन में अक्षय शक्ति भरकर मानवी ने जिस व्यक्तित्व, चेतना और हृदय का विकास किया है, उसी का पर्याय है नारी। किसी भी जीवित जाति ने उसके विविध रूपों और शक्तियों की अवमानना नहीं की, परन्तु किसी भी मरणासन्न जाति ने अपनी मृत्यु की व्यथा कम करने के लिए उसे मदिरा से अधिक महत्त्व नहीं दिया।"[29] यह महादेवी की अपनी धारणा ही नहीं है बल्कि जागतिक सच्चाई है। महादेवी ने यह प्रत्यक्षतः देखा है और स्त्री की दशा को स्त्री होने के नाते स्वयं महसूस किया है। यही वजह है कि वे पितृसत्ता को इसके लिए सीधे जिम्मेदार ठहराते हुए उस मानसिकता पर कड़ी टिप्पणी करती हैं– "भारतीय पुरुष जीवन में नारी का जितना ऋणी है, उतना कृतज्ञ नहीं हो सका। अन्य क्षेत्रों के समान साहित्य में भी उसकी स्वभावगत संकीर्णता का परिचय मिलता रहा है।"

वास्तव में भारतीय समाज में नारी की स्थिति को महादेवी ने गहराई से महसूस किया था। वे जानती थी कि भारत एक धर्म-संस्कृति प्रधान राष्ट्र है। धर्म की आड़ में यहाँ स्त्री का बहुत शोषण हुआ है और हो रहा है। जबकि वस्तुतः देखा जाये तो भारतीय स्त्री बहुत ही सहिष्णु और आदर्शवती है। परन्तु दुर्भाग्यवश इसे उसकी कमजोरी मानकर पुरुष का अहं उसको महज उपभोग की वस्तु मानता रहा। भारतीय नारी के मिजाज का आकलन करते हुए उन्होंने सही कहा है, "भारतीय नारी किसी भी अर्थ में न तो साम्प्रदायिक है और न कठोर विध्वंसक। उसी से समाज की पाशविक वृत्ति उसे स्तब्ध मूर्च्छित या भ्रान्त करती रही है। परन्तु जिस नियम से

चन्दन में अग्नि रह सकती है या तूल जैसी हल्की वस्तु कठिन हो सकती है, उसी नियम से अपनी शील और सहनशीलता के लिए विख्यात नारी में विध्वंसक विद्रोह जाग उठता है और तब समाज सांस्कृतिक संकट की स्थिति में पहुँच जाता है।''[30] वे मानती हैं कि भारतीय स्त्री में यह विद्रोह वस्तुतः स्वातन्त्र्योत्तर काल में जागा अर्थात् वर्तमान समय में। पिछले कुछ दशकों की घटनाओं को दृष्टिगत रखते हुए ही वे इस निष्कर्ष पर पहुँची हैं कि स्त्री का वर्तमान आक्रोशपूर्ण विद्रोह निर्णायक क्रान्ति की चिंगारी साबित होगा और स्त्री अस्मिता को नये नजरिये से परिभाषित करेगी। महादेवी मानती हैं कि औरत आज भी पूर्णतया आजाद नहीं है, अभी भी उस पर अनेक बन्दिशें लगी हुई हैं। पुरानी बेड़ियाँ और रूढ़ियाँ आज के आधुनिक युग में भी उसका पीछा नहीं छोड़ रही हैं। उनके शब्दों में, "बेड़ियाँ टूटी नहीं, रूढ़ियाँ छूटी नहीं, किन्तु उसने मुक्त आकाश का स्पर्श पा लिया। इस प्रकार मुक्ति और बन्धन दोनों साथ रहे और मेरे विचार में आज भी हैं।''[31]

इस प्रकार आधुनिक परिप्रेक्ष्य में स्त्री लेखन और उसकी वैचारिक सोच को मद्देनजर रखते हुए यह कहा जा सकता है कि स्त्री आधुनिक ज्ञान विज्ञान के आलोक में नयी स्फूर्ति के साथ लेखनी को अपनी अभिव्यक्ति का आधार बना रही है।

समकालीन परिप्रेक्ष्य

विगत अर्द्धशताब्दी में स्त्री की स्थिति में क्रान्तिकारी बदलाव आया है। जिस प्रकार समाज में स्त्री आन्दोलन का प्रभाव पड़ा है और स्त्री की अपनी नयी छवि बनने लगी है उसका 'स्पेस' कमोबेश बनना शुरू हो गया है, उसी प्रकार साहित्य में भी उसका असर दिखता है। समकालीन दौर में स्त्री लेखन न सिर्फ चर्चा और चिन्तन का विषय बना है बल्कि उसकी तार्किक परिणति भी सामने आने लगी। यद्यपि यह बात सही है कि, "स्त्री आन्दोलन के पहले भी स्त्री लेखन तो था लेकिन वह विमर्श-लेखन नहीं था।" कारण यह कि साहित्य का इतिहास यह बताता है कि, "भक्त कवयित्रियों, थेरियों और उन्नीसवीं सदी तक की दूसरी महिला रचनाकारों में वैयक्तिक मुक्ति की छटपटाहट तो थी, पर नमक तेल, रोटी, खेत-खलिहान और चकलाघरों में फँसी पड़ी साधारण स्त्रियों के प्रति और दूसरे वंचितों के प्रति भी सखी भाव विस्तार– वह भी वैश्विक स्तर का नहीं था, यह नयी बात है।" यह बात बिल्कुल सही है। स्त्री लेखन का मौजूदा स्वरूप इस तथ्य का सबूत है कि स्त्री आन्दोलनों के प्रखर होने के परिणामस्वरूप समाज के प्रायः प्रत्येक कोने में स्त्री की मुक्ति की आवाज अधिक प्रखर हुई है। पहले और अब स्त्री लेखन में आये इस परिवर्तन को अनामिका बड़े सधे शब्दों में आकलित करती हैं। वे लिखती हैं, "पहले की स्त्रियाँ परेशानियाँ लाँघ जानेवाली ट्रान्स पर्सनालिटीज थी, सविनय अवज्ञा की

भाषा बोलती थी, तकलीफों से दो-चार होने के बदले वे तकलीफे ट्रान्सेण्ड कर जाती थी क्योंकि डिग्निफाईड सफरिंग था उनका आदर्श। अब स्थिति यह है कि, 'मैं नीर भरी दुःख की बदली' वाली भावना का सजग स्थानापन्न हो गयी है। एक हंसमुख उत्सवधर्मिता जो मुख पर उँगली रखकर बैठी हुई अच्छी बच्ची-प्यारी बच्ची नहीं बनी रहना चाहती और सन्तप्त स्त्रियों के अलावा सन्तप्त पुरुषों, वंचितों, बेरोजगारों, दलितों, पेटेण्ट बीजों के बोझ से दबे किसानों, फुटलून लेबरों, वृद्धों, विकलांगों, अश्वेतों का बन्धु परिवार गठित करके साम्प्रदायिकता, शिक्षा, पर्यावरण, आतंक तथा वैश्वीकरण आदि वृहत्तर प्रश्नों पर एक अलग सम्यक् नजरिया सामने रखना चाहती है।"[32]

यह परिवर्तन है जो स्त्री आन्दोलन से आया है जिसने स्त्री की चेतना को झकझोर कर रख दिया है। उसकी एक नयी तस्वीर पेश की है। स्त्री आन्दोलनों का ही परिणाम है जो स्त्री विमर्श का तेवर न केवल बदला है बल्कि नयी जमीन की तलाश भी कर रहा है, सोच के दृष्टिकोण को बदल रहा है, बदलने की माँग कर रहा है। प्रभा खेतान स्त्री लेखन के समक्ष आ रही समस्याओं को तफ्तीश करते हुए कहती हैं– "समस्या तो स्त्री लेखन की अपनी पहचान की और उसकी रचनाधार्मिता की है। यदि स्त्री खामोश है, मूक है तब भी बात बनती है, क्योंकि कम-से-कम अपनी अलग आवाज उठाने की कोशिश तो कर रही है। हो सकता है वह अपनी भाषा ईजाद करने की प्रारम्भिक स्थिति हो क्योंकि सत्ता की भाषा के माध्यम से शोषित अपने शोषण को कैसे अभिव्यक्त कर पायेगा? सबसे पहले स्त्री रचनाकारों को इस केन्द्रीय समस्या के प्रति अवगत होना होगा। परम्परा में मिले हुए शब्दों, मुहावरों एवं विचारों के केंचुल को उतार फेंकना उसकी पहली जरूरत है। यह स्थिति नहीं चलेगी कि या तो वह खामोश रहे या फिर जो कुछ भी लिखे वह पुरुष के मानदण्डों के अनुसार उसके मुहावरे में।"[33] कहना न होगा, आज स्त्री इन समस्याओं को बखूबी पहचानने लगी है और इनसे निजात पाने के रास्ते भी तलाशने लगी है। उसने अपनी भाषा और अपना मुहावरा स्वयं गढ़ने की दिशा में कदम बढ़ाया है और आशातीत सफलताएँ उसे प्राप्त हो रही हैं। जहाँ भारतीय परम्परा के आवरण में स्त्री को एक तरफ परमपूज्य तो दूसरी तरफ दासी बनाये रखने की पुरुषसत्तात्मक कोशिशें थीं उसके बनिस्बत आज स्त्री की स्थिति में काफी परिवर्तन आया है। आज की स्त्री यह भाँप चुकी है कि न तो वह पूजनीया है और न ही दासी। मानवी के रूप में उसकी अपनी इयत्ता-महत्ता है।

यह ठीक है कि भारत में स्त्री आन्दोलन की परम्परा वास्तव में औपनिवेशिक शासन के खिलाफ राष्ट्रीय संघर्ष से शुरू हुई, इसके पूर्व इसके साक्ष्य प्रायः ऐसे नहीं मिलते। जबकि पश्चिम में काफी पहले यह आन्दोलन चल चुका था। इसलिए

अपने यहाँ आयी स्त्री चेतना पश्चिम की देन है– मात्र इस वजह से नहीं माना जा सकता। पश्चिम की हवा का प्रभाव जरूर पड़ा लेकिन भारतीय स्त्री आन्दोलन का अपना महत्त्व है। भारत में स्त्रियों को जो अधिकार या स्थान मिला है वह सामाजिक संघर्षों में उनकी भागीदारी के चलते मिला है। इसके लिए स्त्रियों ने तमाम कुर्बानियाँ दी हैं। समकालीन स्त्री विमर्श उसी का नतीजा है। आज स्त्रियाँ समाज में, साहित्य में, राजनीति में अपना जो स्थान बना पायी हैं उसका श्रेय यहाँ की स्त्रियों की संघर्ष गाथा को जाता है। समकालीन परिप्रेक्ष्य में स्त्री विमर्श का दायरा बढ़ रहा है, स्त्री महज बच्चे जनने और चूल्हा-चौका करने तक अब सीमित नहीं है, उसके कार्य का दायरा जैसे-जैसे बढ़ रहा है वह कामकाजी जीवन में हमसफर, राजनेता, अर्थशास्त्री, वैज्ञानिक, कुशल खेलपटू के रूप में अपनी पहचान बना रही है, साहित्य और कला में उसकी भूमिका को रेखांकित किया जाने लगा है। उसमें अस्मिता और अस्तित्व बोध व्यापक हुआ है। पढ़ी-लिखी ही नहीं, सीमान्त क्षेत्रों में परिधि पर बैठी स्त्री भी अब अपने अधिकारों के प्रति सचेत हुई है। बावजूद इसके यह भी कहना पड़ता है कि आज भी हिन्दी समाज में स्त्री की स्वाधीनता अत्यन्त सीमित है। जिसका प्रभाव हिन्दी के स्त्री लेखन पर पड़ रहा है। लेखन का सामाजिक-सांस्कृतिक परिवेश रचनाकार की दृष्टि ही नहीं, अभिव्यक्ति के रूप को भी प्रभावित करता है। हिन्दी के स्त्री लेखन के विषय के चुनाव के दायरे का सीमित होना इस बात की ओर संकेत करता है। सच बात तो यह है कि अभी हिन्दी के सहज और स्वतन्त्र लेखन के उपयुक्त भाषा का भी विकास नहीं हुआ है। यह जरूर हुआ है कि स्त्री लेखिकाओं में नयी स्फूर्ति का संचार दिखायी अवश्य दे रहा है। वे नयी ऊर्जा से लबरेज हैं और समाज में स्त्री-मुक्ति के प्रश्नों को गहराई से महसूस ही नहीं कर रही हैं बल्कि उसके सम्यक् निदान के कारगर उपाय पर मन्थन को आमन्त्रण भी दे रही हैं। मन्नू भण्डारी, मृदुला गर्ग, अनामिका, मैत्रेयी पुष्पा, गीतांजली श्री, प्रभा खेतान, रोहिणी अग्रवाल सरीखी लेखिकाएँ स्त्री लेखन का मानक और मेयार रचने में रत हैं।

समकालीन स्त्री विमर्श यह मानकर चलता है कि स्त्री न तो शरीर है और न ही नैतिकता का स्रोत। स्त्री एक सामाजिक निर्मिति है और उसकी इससे मुक्ति के लिए उन सामाजिक व्यवस्थाओं और परिस्थितियों के विरुद्ध संघर्ष ही एकमेव उपाय है। स्त्री साहित्य में यह बात प्रखरता के साथ उठायी जा रही है। बकौल प्रभा खेतान, "स्त्री जानती है कि भिन्न-भिन्न वर्गों एवं वर्णों तथा जातियों के बीच नये-नये समीकरणों से चाहे कुछ भी न मिला हो लेकिन सारे सन्देह और विरोध के बीच व्यक्ति स्त्री का निरन्तर विकास होता जा रहा है। अपनी क्षमता और कौशल को वह और अधिक तराश पा रही है। वह समझ रही है कि व्यर्थ के विलाप और प्रलाप

से कुछ होनेवाला नहीं। इस अमानवीय परम्परा का प्रतिरोध जरूरी है। यह पूँजीवादी पितृसत्ता ऊपर से चाहे जितनी उदार और सरल लगे भीतर से यह बड़ी जटिल है क्योंकि दोष इसकी संरचना में है। हमें इस संरचना से ही अलग होना होगा। हम किसी व्यक्ति-पुरुष के खिलाफ नहीं हैं बल्कि इस पुरुषसत्ता के खिलाफ हैं।"[34]

अनामिका भी मानती हैं कि स्त्री विमर्श वस्तुतः पुरुषसत्ता के सफाये का विमर्श नहीं बल्कि सह-अस्तित्व से जुड़ा मसला है। इसमें सत्ता का हस्तान्तरण उतना महत्त्वपूर्ण मुद्दा नहीं जितना दृष्टियों और व्यक्तियों का शान्तिपूर्ण सह-अस्तित्व और सामंजस्य। इसकी मूल प्रपत्तियों को लेकर उनकी निष्पति है[35]–

1. व्यक्ति सत्य ही समष्टि सत्य है, इसलिए पर्सनल इज पॉलिटिकल।

2. समता, स्वतन्त्रता और भाईचारा ये सारे प्रजातान्त्रिक मूल्य स्त्रियों की दृष्टि से नये मूल्यांकन की अपेक्षा रखते हैं।

3. सारे आर्ष ग्रन्थ, क्लासिकल, रीति-रिवाज, शास्त्रीय और लोक-कला के स्तम्भ, साहित्य, दर्शन, इतिहास, मिथक, अर्थशास्त्र, यहाँ तक की भूगोल आदि की वे मान्यताएँ भी जो स्त्री के शोषण को प्रकृति पर्यावरण दोहन के समकक्ष देखती हैं और बहुत कारगर ढंग से नये मूल्यांकन की अपेक्षा रखती हैं।

इन प्रपत्तियों के साथ ही अधिवक्ता अरविन्द जैन के वे विचारोत्तेजक सवाल भी समकालीन स्त्री परिदृश्य की चर्चा में बने हुए हैं जिसमें स्त्री बाजारवाद की चपेट में पुरुषसत्तात्मक मानसिकता की बेड़ियों के चलते पिस रही हैं। स्त्री की छवि बदली है, बदल रही है लेकिन इस बदलाव में कैसा घिनौना षड्यन्त्र छिपा है, इसे बेपर्दा करते हुए जैन साहब कहते हैं, "यह बदलती हुई स्त्री छवि या बदली गयी छवि सिर्फ सुन्दर, शिक्षित और शहरी स्त्री की छवि ही है जो मर्दों के मनोरंजन, सौन्दर्य और सेवा उद्योग को चलाने-फैलाने के लिए निर्मित, निर्धारित और नियन्त्रित की जाती रही है। नये पूँजीवाद ने स्त्री की गोपनीयता को उघाड़कर बेपर्दा कर दिया है।'

स्त्री साहित्य के विधायक तत्त्व

अस्मिता

हमारी परम्परा में कहा गया है 'अहम् ब्रह्मास्मि्'। सम्भवतः यह इसलिए कहा गया होगा क्योंकि दर्शन का मूल प्रश्न ही यहीं से शुरू होता है कि 'कोऽहं' अर्थात मैं कौन हूँ। इस प्रश्न को व्यावहारिक-सामाजिक धरातल पर देखा जाये तो यही कहना होगा कि यह सवाल मूलतः अस्मिता से जुड़ा हुआ है। सृष्टि ने सभी जीवधारियों की निर्मिति के साथ उनकी अपनी कुछ विशिष्ट पहचान भी तय कर रखी है, उदाहरण के लिए जलचर, नभचर, थलचर, सभी जीवधारी अपनी विशिष्ट पहचान रखते हैं, इनमें भी प्रजाति, लिंग, व्यवस्थागत अस्मिताएँ भिन्न-भिन्न हैं। मनुष्य एक सामाजिक प्राणी है।

मनुष्य की पहचान सृष्टि के एक उन्नत-बौद्धिक जीव के रूप में अन्य जीवधारियों से अधिक विवेकवान, संवेदनशील प्राणी के रूप में की गयी है। यद्यपि उसकी जातिगत—लिंग आधारित—व्यवस्थाजनति अस्मिताएँ प्रायः भिन्न-भिन्न होती हैं।

मनुष्य सभी एक हैं, यह तो एक सार्वभौमिक सच है। लेकिन सामाजिक रूप में मात्र यह पहचान काफी नहीं है। अर्थात् एक सार्वभौमिक अस्मिता के बावजूद अनेकानेक कारणों से व्यक्ति की अस्मिताएँ खण्ड-खण्ड हैं। यानी व्यक्ति को जन्मतः एक अस्मिता प्राप्त अवश्य होती है लेकिन अन्य अस्मिताएँ अर्जित की जाने के बाद ही वह उसकी अपनी बनती हैं। कहने का आशय यह है कि लैंगिक, जातीय और धार्मिक-सामाजिक अस्मिताओं के बावजूद व्यक्ति को अपनी पहचान अर्जित करनी पड़ती है। 'मैं एक क्षत्रिय हिन्दू पुरुष हूँ' कहने से जाति, धर्म और लिंग का बोध तो होता है, लेकिन व्यक्ति की पहचान के ये आयाम होने के बावजूद उसके समग्र व्यक्तित्व का बोध नहीं करा पाते। अपने व्यक्तित्व की निर्मिति के लिए व्यक्ति को समाज में अपने बोध के विस्तार के साथ, संघर्ष करते हुए जो अर्जित करना पड़ता है वास्तव में वही उसके व्यक्तित्व का नियामक और पैमाना बनता है। इसलिए यह कहा जाता है कि व्यक्ति के पास एकाधिक अस्मिताएँ होती हैं और यह उसके अस्तित्व ही नहीं, व्यक्तित्व के अनेक आयामों से परिचय कराती हैं।

कमोबेश बीसवीं सदी के प्रारम्भ से पूरी दुनिया में किसी-न-किसी रूप में यह चर्चा और चिन्तन का विषय बनने लगा। स्वत्व बोध दुनिया के विविध समाजों में जैसे-जैसे प्रबल होता गया वैसे-वैसे अस्मिता विमर्श बहस का केन्द्रीय मुद्दा बनता गया। अश्वेत, दलित, स्त्री, आदिवासी अदि इसके मुख्य विषय बने। स्त्री लैंगिक रूप से पुरुष से भिन्न 'अपोजिट सेक्स' है। पुरुषसत्तात्मक समाज में स्त्री को कमतर और कमनीय मानकर आँकने की परम्परा-सी बना दी गयी। उसे मानव के समक्ष 'मानवी' का दर्जा दिया ही नहीं गया। स्त्री विमर्श का केन्द्रीय बोध ही इसीलिए अस्मिताबोध—स्वत्व बोध से जुड़ा और पनपा। बकौल अर्चना वर्मा, "अस्मिता विमर्श के व्यापक स्वभाव अर्थात् भारतीय अस्मिता के काल में पिछली सदी की शुरुआत से ही स्त्री स्वर सुनायी देने लगा था। स्त्री के सन्दर्भ में यह दोहरा संघर्ष था। एक ओर यह राजनैतिक, आर्थिक दासता के विरुद्ध लड़ते हुए समूचे समाज के हैसियत से संघर्ष में अपना योगदान था तो दूसरी ओर समाज के भीतर अपनी दीन-हीन दशा के विरुद्ध 'शृंखला की कड़ियाँ' तोड़ देने का आह्वान था।"

औपनिवेशिक दौर में विश्व स्तर पर जो बड़ी घटनाएँ घटी उसका भी असर स्त्री अस्मिता पर पड़ा। अनामिका का मानना है, "दो विश्वयुद्धों के बाद जब पश्चिमी समाज में युद्ध में मारे गये पुरुषों का प्रतिशत घटा, ज्यादातर घर पुरुषविहीन हो गये,

घर चलाने के लिए स्त्रियाँ सड़क पर आयीं और शेक्सपियर की प्रसिद्ध पंक्ति चरितार्थ हुई 'sweet are the uses of adversity' प्रसाद से शब्द उधार लेकर कहें तो मंगलमय विभु अपने अमंगल में भी मंगल के बीज छुपाये रहता है। स्त्री अस्मिता के विकास का यह निर्णायक मोड़ था।''[36] पश्चिम में स्त्री के अस्तित्व को, उसके व्यक्तित्व को वास्तव में इसी समय एक नयी पहचान मिलनी शुरू हुई। दूसरे शब्दों में, "स्त्री अस्मिता का महत्त्व स्त्री ही नहीं पुरुषों के द्वारा भी महसूस किया जाने लगा। परिणामस्वरूप स्त्री सशक्तीकरण बहस का विषय बना। समूचे विश्व में यह वह दौर है जब स्त्री आन्दोलन चले। स्त्री को मानवाधिकार हासिल होने प्रारम्भ हुए। उन दिनों अस्मिता विमर्श समाज के हर समूह में, सुविधा सम्पन्नता के पैमाने पर देखें तो लघुत्तम से उच्चतम तक तथा सामाजिक समूहों के पैमाने पर देखें तो सारी देशिक, प्रादेशिक, भाषिक, धार्मिक जातीय सामूहिकताओं की हर इकाई में वंचित की हैसियत से मौजूद हैं। और स्त्रीवादी आन्दोलन उसे सारी अस्मिताओं के आर-पार एक विराट वैश्विक समूह में संगठित करने का अभिलाषी है। यह स्त्री बनाम पुरुष का प्रतिपक्ष है।"

कहना न होगा अस्मिता विमर्श की शुरुआत ही इस अहसास के साथ होती है कि स्त्री को समाज में दोयम दर्जा दिया गया है जबकि एक इन्सान के रूप में वह पुरुष के समान ही बराबर की हकदार है। उत्तर औपनिवेशिक दौर में यह समझ दृढ़ होने लगी। स्त्री अपनी भूमिका के साथ अपनी अस्मिता को पुनर्परिभाषित करने की माँग भी करने लगी। भारतीय समाज में यह संघर्ष पश्चिम की अपेक्षा अधिक जटिल था। सुधीश पचौरी का यह कथन बिल्कुल सही है कि, ''पश्चिम के समाज में स्त्री अपनी पहचान के ऐसे प्रश्नों से उलझी है जो विकसित समाजों के प्रश्न हैं जबकि भारतीय स्त्री एक पिछड़े हुए समाज और अगड़े, दोनों समाजों के प्रश्नों से दो चार है।''[37] भारतीय समाज वर्ण, वर्ग, लिंग, धर्म आदि के रूप में बहुविध स्तरों पर विभक्त रहा है। स्त्री को इन सबसे लोहा लेना पड़ा है। प्रो. जगदीश्वर चतुर्वेदी स्त्री अस्मिता हेतु किये गये संघर्षों और उनके जिम्मेदार कारकों में 'परिवार' की सत्ता को रेखांकित करते हुए कहते हैं, ''स्त्री की अस्मिता को परिवार ने हजम किया था, अतः अस्मिता की पहचान स्थापित करने की लड़ाई पश्चिम की पुरानी अवधारणा पर ही चोट करती है। परिवार की सामन्ती धारणा बनाये रखकर स्त्री अस्मिता को अर्जित करना सम्भव नहीं था, इस तथ्य को लेखिकाओं ने गम्भीरता से महसूस किया है।''[38]

यह मानी हुई बात है कि स्त्री का जीवन पुरुष की अपेक्षा अधिक संघर्षपूर्ण है। उसे पग-पग पर अपनी अस्मिता सिद्ध करनी पड़ती है। घर के अन्दर भी, बाहर भी, मन के अन्दर भी और बाहर भी, उसका यह संघर्ष सतत् चलता रहता है। पुरुषों

ने स्त्री की पहचान को या तो रेखांकित नहीं किया है या उसे दबाने-कुचलने का उपक्रम किया है। इतिहास गवाह है जिन महिलाओं ने पुरुषसत्ता से लोहा लिया वे ही अपनी पहचान बना सकी, लेकिन इसके लिए उन्हें पुरुषसत्ता ने अनेकों अपमानसूचक शब्दों से विभूषित किया। जिन स्त्रियों ने उन लांछनों, अपमानों की परवाह नहीं की वही इस समाज व्यवस्था में अपना स्थान न सिर्फ हासिल कर सकी बल्कि सिद्ध कर पायी। लेकिन ऐसे नाम अपवाद मात्र हैं। बहुसंख्यक स्त्री समाज उन्हीं बेड़ियों में जकड़ा रहा जिसकी नियन्ता पुरुषसत्ता रही। पुरुषसत्ता ने स्त्री की स्वतन्त्र पहचान को कभी स्वीकार ही नहीं किया। 'अर्द्धनारीश्वर' की संकल्पना हमारी परम्परा में रही है लेकिन समाज में कितने प्रतिशत पुरुष हैं जो नारी को मात्र उपभोग की वस्तु से परे कुछ और भी समझने-मानने को तैयार हैं? सच्चाई यह है कि आज भी नारी उसी प्रकार परावलम्बी जीवन जी रही हैं। नारी की सीमा रेखा सदैव पुरुषों ने तय की। इस क्रम में उसे दया, ममता, करुणा, मर्यादा का बोध तो सदैव कराया गया लेकिन स्वतन्त्रचेता स्त्री के रूप में उसकी अपनी कोई पहचान है या हो सकती है, ऐसा उल्लेख नहीं मिलता। स्त्री की पहचान पुरुष मात्र से है चाहे वह बहन हो, माँ हो, पत्नी हो, बेटी हो या कोई और नाते में। प्रो. चतुर्वेदी पितृसत्ता की इस हकीकत को रेखांकित करते हुए कहते हैं, "किसी स्त्री का पति पण्डित है तो पत्नी पण्डितानी कहलायेगी चाहे वह अनपढ़ ही हो। पति वैद्य हो तो वह वैद्यानी कहलायेगी चाहे वह वैद्यकशास्त्र से अनभिज्ञ हो। जब तक पिता के यहाँ रही तब तक उसने अपनी पृथक् सत्ता स्थापित नहीं की और पति के घर आयी तो सबको छोड़कर चली आई। अपने पिता का गोत्र भी त्याग दिया। यहाँ भी उसने पति में अपने को मिला दिया। परिणाम यह निकला कि उसकी स्वतन्त्र पहचान बनी ही नहीं।"[39]

इसलिए एक लेखिका की यह माँग मुझे जायज लगती है कि पुरुषसत्ता के साथ ही स्त्री सत्ता के महत्त्व को बराबरी के बुनियादी सिद्धान्तों के आधार पर स्वीकारा जाना चाहिए। भारतीय परम्परा और पर्यावरण चिन्तन का हवाला देते हुए स्त्री अस्मिता के सम्बन्ध में वे कहती हैं, "पितृसत्ता भी नहीं, मैं तो इसे पितरसत्ता कहना चाहूँगी क्योंकि इसकी जड़ें बरगद की जड़ों की तरह हमारी अन्तश्चेतना पर संस्कार रूप में बैठी हैं। बरगद उखाड़ना इतना आसान इसलिए भी नहीं होता कि उससे हमारा संस्कारगत जुड़ाव होता है, उससे हमें छाँह और आक्सीजन भी मिलता है। उखाड़ फेंकना हमारी प्रस्तावना में शामिल भी नहीं, लेकिन बरगद की बराबरी में पीपल बोने की परम्परा का स्त्रीवादी विश्लेषण तो हम कर ही सकते हैं। आम के बगल में महुआ, बरगद के पास पीपल परम्परा भी बोती है। एक ही ऊँचाई के हैं ये दोनों पेड़। एक 'मेल

प्रिन्सिपल' है, एक 'फीमेल प्रिन्सिपल'। पूरब की शादियों में दोनों पेड़ों का विवाह भी रचाते हैं। वररुचि के पर्यावरण विज्ञान से प्रेरणा लेकर पुरुष के समानान्तर स्त्री की ऊँचाई क्यों नहीं बर्दाश्त की जाती है?"[40] बेशक पुरुषसत्तात्मक समाज को इससे बढ़िया सीख और कहाँ से मिल सकती है। प्रकृति और परम्परा के इस महत्त्व को समझा जा सके तो स्त्री और पुरुष के बीच की सारी दूरियाँ, सारी झंझटें ही मिट जायें।

वर्तमान समय में स्त्री अस्मिता का प्रश्न अधिक जटिल हो गया है, एक तरफ समाज, देश प्रगति कर रहा है दूसरी तरफ स्त्री के सन्दर्भ में देखें तो अस्मिता के संकट नये-नये रूपों में उपस्थित हो रहे हैं। पहले व्यक्ति की अस्मिता के कुछ निश्चित आधार थे यथा राष्ट्र, परिवार, समाज, जाति, लिंग, धर्म, वर्ग आदि आज के उत्तर-आधुनिक दौर में अस्मिता के अन्य अनेक सोपान जुड़ चुके हैं। नये सन्दर्भ पुराने आधारों को छिन्न-भिन्न भी कर रहे हैं। भूमण्डलीकरण के बाद आयी बहुलतावादी सोच अब ऐसी सार्वभौम पहचान की दलील पेश कर रही है जो पूर्व की सारी स्थितियों को खारिज करता है। यह वैश्विक परिवर्तन का दबाव ही है जो स्त्री अपनी अस्मिता को नये सन्दर्भों में न सिर्फ देख रही है बल्कि खुलकर उस पर चर्चा भी कर रही है। इधर के स्त्री लेखन में स्त्री अस्मिता को जो नयी पहचान मिली है वह इसी का नतीजा है। सुधीश पचौरी के शब्दों में, "यह ऐतिहासिक संयोग ही कहा जायेगा कि एक खास किस्म की हिन्दी लेखिका का जन्म हुआ है जो पिछली लेखिका से थोड़ी भिन्न है। कामकाजी महिलाओं के श्रम के दृश्यमान होने से समाज में महिलाओं के अवदान की पहचान के चिह्न प्रकट और व्यवस्थित हुए हैं। जनसंचार, पत्रकारिता, शिक्षा, तकनीकी क्षेत्र, व्यापार के क्षेत्र में पढ़ी-लिखी महिलाओं ने एक महत्त्वपूर्ण उपस्थिति दर्ज की है। शाहबानों और सती रूपकुँअर के मसलों ने ऐसे बुनियादी प्रश्न उठाये जो अब तक न उठे थे। ...नया स्त्री लेखन इस वातावरण का हिस्सा है।"[41]

स्त्री अस्मिता को स्वाभिमान से जोड़कर देखा जाना चाहिए। समकालीन स्त्री-विमर्श ने नारीवादी आन्दोलनों से यह सीख ली है कि स्त्री का अस्तित्व, उसकी अस्मिता, उसकी पहचान का संकट ही सबसे बड़ी चुनौती है। स्त्री की स्त्री के रूप में पहचान न सिर्फ समय की माँग है बल्कि पितृसत्तात्मक समाज के समक्ष एक चुनौती भी है। कारण यह कि पितृसत्ता ने सिरे से ही स्त्री की पहचान को गायब करने का षड्यन्त्र रचा था। स्त्री आज इस षड्यन्त्र को भली-भाँति पहचान चुकी है। स्त्री लेखन में विगत सदी से पहले की अपेक्षा जो बदलाव के स्वर सुनायी दे रहे हैं, उसकी वजह यही है। 'हिन्दी साहित्य का आधा इतिहास' प्रकाशित करते हुए सुमन राजे ने सही प्रश्न उठाया है कि, "उन्नीसवीं सदी के उत्तरार्द्ध एवं बीसवीं सदी के

पूर्वार्द्ध के महिला लेखन और समकालीन स्त्री विमर्श में एक मौलिक अन्तर है जिसे साफ किये जाने की जरूरत है। वहाँ स्त्री का प्रतिपक्ष पुरुष नहीं है जड़ीभूत रूढ़ियाँ हैं जिनके विरुद्ध वे स्वयं भी खड़ी होती हैं, और अपनी बहनों को जागृत करती हैं। इतिहास में यह पहला अवसर है जब स्त्री अपनी रचना के माध्यम से पूरे स्त्री समाज को सम्बोधित करती है।" स्त्री अस्मिता के संकट के लिए पुरुषसत्ता को जिम्मेदार मानते हुए प्रो. जगदीश्वर चतुर्वेदी ने भी कहा है, "पुरुषसत्ता के नजरिये का ही यह प्रभाव है कि स्त्री अपने को स्वतन्त्र रूप में देखने में असमर्थ है। ...दोनों मानव समाज के अंश हैं किन्तु दोनों को समान रूप से जीने, बड़े होने, संस्कार हासिल करने, निजी इच्छा एवं आकाक्षाओं को पूरा करने का सैकड़ों वर्षों से समाज ने कभी अवसर ही नहीं दिया।" यह ऐतिहासिक सच्चाई है कि स्त्रियों को सृजन के उन सभी क्षेत्रों से बेदखल किया गया जिनसे उनकी अस्मिता जाहिर हो सकती थी या कि उनमें अस्तित्वबोध पनप सकता था। ऐसा परिवेश और ज्ञान का दबदबा कायम किया गया कि स्त्रियाँ उसमें प्रवेश ही न कर सकें। समाज का पुरुषमय हो जाना, साहित्य एवं समाज का पुरुषमय हो जाना इस बात का का द्योतक है कि सदियों तक स्त्री एवं पुरुष को समान रूप से मानवीय प्राणी के रूप में देखने की परम्परा ही नहीं डाली गयी। पुरुषों ने अपनी सुविधा के अनुरूप जो निर्मित किया स्त्रियों को उनके हित एवं संरक्षण का हवाला देकर वही समझा दिया गया। परिणाम यह हुआ कि सदियों तक स्त्री दृष्टि का स्वतन्त्र विकास ही नहीं हो पाया। समाज की आधी आबादी का हिस्सा होते हुए भी उनमें स्वत्व बोध का अभाव रहा। वे जानी और पहचानी गयी तो पुरुष से जोड़कर चाहे वह पहचान माँ के रूप में हो, पत्नी के रूप में हो, बेटी के रूप में हो, बहन के रूप में हो या ऐसे ही किसी अन्य रूप में हो।

आज स्त्री की स्वतन्त्र अस्मिता इसीलिए स्त्री लेखन का प्रधान स्वर है। जैसे-जैसे स्त्री अपनी पहचान के प्रति जागृत होती गयी है, वैसे-वैसे ही वह संगठित होती गयी है और अपने-आप को प्रस्तुत करने की दिशा में कदम बढ़ाती गयी है। हाँ, यह जरूर हुआ है कि इस डगर पर वह लड़खड़ायी भी है। अर्चना वर्मा स्त्री की स्वतन्त्र, स्वायत्त पहचान से जुड़े खतरों के प्रति उसे आगाह करते हुए कहती हैं, "स्वतन्त्र, स्वायत्त की इस परिकल्पना में अस्मिता को केवल मैं के रूप में प्रस्तुत करने का आग्रह स्त्री को केवल देह में बदल देता है और देह को पण्य में, इस ओर उसका ध्यान जाता ही नहीं और यदि जाता भी है तो अब उसके लिए इसमें शायद आपत्तिजनक कुछ रह नहीं गया है। सम्बन्धों ने समाज और परिवार के सम्बन्ध में उसकी अस्मिता को इतने लम्बे अरसे तक कुचले रखा है कि स्वतन्त्रता का उल्लास

सबसे पहला विद्रोह इन्हीं के प्रति कराता है। और उनसे मिलनेवाली सुरक्षा तथा आश्वासन की जरूरत महसूस होने तक बहुत देर हो चुकती है।''[42]

स्त्री देह के प्रति बढ़ती जागरुकता, सौन्दर्य-प्रसाधन और फैशन के प्रति स्त्रियों में बढ़ता आकर्षण इस बात का द्योतक है कि अपनी अस्मिता को वे कई बार भटककर मात्र देह में तलाशने लगती हैं। जबकि वास्तव में देखा जाये तो देह स्त्री के लिए हथियार नहीं, बल्कि अधिकार है। लेकिन स्वतन्त्र अस्मिता के नाम पर जो भ्रामक स्थिति निर्मित की गयी उसी ने स्त्री की छवि बनाने के फेर में उसे एक पण्य वस्तु बना दिया। यह कहना सही है कि स्त्री की नयी छवि बनानेवालों ने स्त्री को अतिरिक्त मूल्य पैदा करनेवाली बनाया है। उसकी छवि धन उपार्जित करती है। वह अर्थव्यवस्था को गति देनेवाली है। वह अब एक उद्योग है। उदारीकरण के परिणामस्वरूप निर्मित बाजारू संस्कृति ने स्त्री की स्वतन्त्रता को 'कैश' करने में कोई कसर नहीं रख छोड़ी। यह इस संस्कृति का परिणाम है कि औरत आज एक दूसरी भूमिका में पुनः मर्द के हाथ का खिलौना बन बैठी है। आजाद होने के बावजूद स्त्री पुरुष की कृपाकांक्षी बनी हुई है। यह कहना गलत नहीं होगा कि स्त्री की यह नयी आदर्श ग्लोबल छवि उस सामाजिक-सांस्कृतिक सोच का परिणाम है जो वस्तुतः पुरुषसत्ता द्वारा निर्मित और संचालित है। इसलिए यह विचारणीय है कि स्त्री छवि मूलतः मर्दों की दुनिया द्वारा लगातार गढ़ी गयी और बढ़ती गयी छवि है और यह धन्धा सदियों से जारी है। तात्पर्य यह कि स्त्री अस्मिता पर विचार करते समय इस तथ्य को नजरअन्दाज नहीं किया जा सकता कि स्त्री छवि के निर्माण में वर्तमान में भी पितृसत्ता का षड्यन्त्र किसी-न-किसी रूप में जारी है।

यदि दीगर बात है कि सामाजिक सचेतनता ने स्त्री की इस बदलती छवि के प्रति स्त्री समाज को भी सचेत किया है। स्त्री मात्र 'बोल्ड ऐण्ड ब्यूटीफुल' ही नहीं है या 'सेलिब्रिटी' और देह बेचती 'मॉडल' मात्र नहीं है। इधर के स्त्री लेखन में यह स्पष्ट हो चुका है कि स्त्री अस्मिता का तात्पर्य महत्त्व दैहिक स्वातन्त्र्य नहीं है और न ही मीडिया द्वारा गढ़ी गयी एकमात्र छवि की आकांक्षा है। स्त्री आत्मकथाओं ही नहीं, उपन्यासों और कहानियों में भी स्त्री अस्मिता के प्रश्न को उसके व्यक्तित्व के मूल सरोकारों से जोड़कर देखा गया है। मैत्रेयी पुष्पा, चित्रा मुद्गल, अनामिका, प्रभा खेतान, गीतांजली, कात्यायनी, कमल कुमार, मृदुला गर्ग, कृष्णा सोबती, क्षमा शर्मा, अल्का सरावगी, जया जादवानी इत्यादि लेखिकाओं ने स्त्री अस्मिता को शिद्दत से उभारा है। इनके लेखन में स्त्री की पहचान का संकट केन्द्रीय प्रश्न है। रेखा कश्तवार की मानें तो, "यद्यपि नयी नैतिकता के परिप्रेक्ष्य में नयी स्त्री ने अपने व्यक्तित्व, अपनी अस्मिता को पहचान देने का प्रयत्न किया है पर अब भी व्यक्तित्व को

भूमिकाओं में तलाशने का सिलसिला थमा नहीं है।" यह सच्चाई है कि रूढ़ियों की सर्जरी करने के बावजूद स्त्री की पहचान के मानक कमोबेश वहीं हैं। भारतीय सन्दर्भ में यह स्वीकारने में कोई हर्ज नहीं कि व्यक्तित्व की पहचान किसी-न-किसी रूप में हमारे पारिवारिक सन्दर्भों से जुड़ी होती है। स्त्री को इस तथ्य से शायद वाकिफ कराते हुए ही कभी महादेवी वर्मा ने कहा था, "भविष्य में भारतीय समाज की क्या रूपरेखा हो, उसमें नारी की कैसी स्थिति होगी, उसके अधिकारों की क्या सीमा हो आदि समस्याओं का समाधान आज की जागृत और शिक्षित नारी पर निर्भर है। यदि वह अपनी दुरावस्था के कारणों को स्मरण रख सकें और पुरुष की स्वार्थपरता को विस्मरण कर सके तो भावी समाज का स्वप्न सुन्दर और सत्य हो सकता है।"[43]

छिन्नमस्ता (प्रभा खेतान) में प्रिया के माध्यम से प्रभा खेतान ने एक ऐसी स्वतन्त्रचेता, अपने अस्तित्व को निर्मित करनेवाली नायिका का चरित्र गढ़ा है, जिसने भारतीय पितृसत्तात्मक समाज व्यवस्था को चुनौती देते हुए अपने महत्त्व का बोध कराया है। प्रिया का चरित्र बहुत कुछ प्रभा खेतान से मेल खाता है जो अपने दकियानूसी समाज से विद्रोह कर एक स्वतन्त्र इमेज बनाती हैं और समूचे स्त्री समाज को अपने ढंग से सोचने का एक प्लेटफार्म तैयार करती है। बकौल, अरविन्द जैन, "शायद पहली बार हिन्दी उपन्यास की नायिका परिवार, पूँजी और परम्परा की चौखट लाँघ देशी-विदेशी सभी सीमाओं के उस पार तक स्त्री के पक्ष में वकालत के साथ-साथ एक खतरनाक बौद्धिक विमर्श का जोखिम भी उठाती है।"[44] राजेन्द्र यादव ने भी माना है कि, "प्रतिभा और अस्मिता से लैस प्रिया पहली नारी है जो सामाजिक चुनौतियों की तरह उभरती है।" 'आंवा' में चित्रा मुद्गल भी स्त्री की परम्परागत छवि और पितृसत्तात्मक सोच में बदलाव को उभारती हैं। परिवार में या समाज में स्त्री के स्थान, अधिकार को चित्रा तर्क के साथ उठाती हैं। स्त्री-पुरुष में भेद तथा एक स्त्री का ही कई बार स्त्री के प्रतिपक्ष में खड़े होने को वे रेखांकित करती हैं। और यह दिखाती हैं कि किस प्रकार परिवार भी स्त्री के लिए सुरक्षित जगह नहीं है। यहाँ तक कि स्त्री का अपनी देह पर स्वतन्त्र अधिकार तक नहीं है। संजय कनोई, नमिता पर एकाधिकार तो चाहता है लेकिन उसे कोई अधिकार देना उसे मंजूर नहीं। यहाँ तक कि उसके गर्भ में पल रहे बच्चे पर भी संजय कनोई अपना अधिकार जताता है। वह औरत को मात्र निजी मिल्कियत समझता है। "मैं रण्डियों से बाप नहीं बनना चाहता था, मुझे नहीं गँवारा थी ऐसी किस्म की कोख। मुझे सिर्फ उस लड़की से औलाद चाहिए थी जो पेशेवर न हो, पवित्र हो, जो मुझे प्रेम कर सके। सिर्फ मेरे लिये माँ बने।"[45] यह अवश्य विचारणीय है कि नमिता संजय की मनमानी को इस हद तक क्यों बर्दाश्त करती है? इससे कहीं न कहीं यह संकेत ध्वनित होता है कि

वह अपनी अस्मिता के प्रति लापरवाह है, यद्यपि यह पूरी तरह सच नहीं है क्योंकि अपने परिवार में जन्म लेने के बाद से ही वह जिन परिस्थितियों में पली-बढ़ी, उसमें अन्याय और अत्याचार को सहन करने की सीख ही सदैव दी गयी। जाहिर है इसीलिए उसमें अस्मिताबोध जनित विद्रोह की क्षमता क्षीण होती गयी। कहीं सम्बन्धों की दुहाई देकर, तो कहीं मान-मर्यादा का हवाला देकर, उसे स्त्री होने के जिस साँचे में ढाला गया उसमें विद्रोह की गुंजाइश वैसे भी कहाँ बचती? इसलिए यह चरित्र इस प्रश्न को भी विचारणीय बनाता है कि आखिर पुरुष के समक्ष स्त्री की अस्मिता को कब तक कुचला जाता रहेगा।

अन्त में अनामिका के शब्दों में कहना होगा कि, "एक स्त्री आन्दोलन ही है जो ठीक से समझता है कि वैश्वीकरण का सही समाधान सार्वभौमीकरण है। वैश्वीकरण एक ध्रुवीय विश्व का उत्पाद है। इसका दर्शन संक्षेप में यह है कि एक दर्शन, एक बिम्ब, एक विश्व दृष्टि दुनिया के विशिष्ट कोने से उठे और पूरी दुनिया पर छा जाये। जस का तस। अस्मिता आन्दोलन द्वारा प्रस्तावित सार्वभौमीकरण मानता है कि दुनिया के हर कोने से अपना विशिष्ट अनुभव खण्ड उठे और वह छन-छनाकर मानव मात्र का उभयनिष्ठ अनुभव बने। कोई किसी पर दादागिरी न छाँटे। जो हो, साझा हो। कोई पदानुक्रम न हो कायम, और चीजें परिवर्तन को प्रस्तुत रहें। संवाद सबका सबसे हो।"[46]

अनुभूति

साहित्य जीवन का पुनर्सृजन है और आलोचना इस सृजन की व्याख्या-विवेचना अर्थात् विश्लेषण और अर्थान्वेषण। इस अर्थ में आलोचना की सैद्धान्तिकी पर विचार करते हुए यह कहना होगा कि आलोचना वस्तुतः जीवन की व्याख्या है। जीवन की सुख-दुखात्मक अनुभूतियों का उद्घाटन आलोचना के माध्यम से साहित्यिक सन्दर्भ में होता है। स्त्री लेखन की मुख्य समस्या भी अनुभूति से जुड़ी हुई है। स्त्री जीवन की अनुभूतियाँ विशिष्ट और अलग होती हैं। एक ही समाज और सृष्टि में रहते हुए भी अपने प्रतिपक्षी की अनुभूतियों से उनका अनुभवबोध अलग होता है। एक ओर स्त्री की सामाजिक अस्मिता ही उसकी पहचान तय करती है, तो दूसरी ओर लैंगिक स्थिति उसके स्थान का निर्धारण करती है। समूचा स्त्री विमर्श स्त्री की स्थिति पर जिन भी कोणों से विचार-विमर्श करता है उसमें यह केन्द्रीय प्रश्न अवश्य समाहित रहता है। चाहे कथात्मक लेखन हो या आत्मकथात्मक अथवा आलोचनात्मक सर्वत्र, स्त्री की अनुभूति का मसला केन्द्र में दिखता है।

प्रो. जगदीश्वर चतुर्वेदी का भी कहना है, "अनुभूति की समस्या स्त्रीवादी चिन्तन की प्रमुख समस्या है। अनुभूति एक जैसी नहीं होती, अनुभूतियों का

वैविध्यपूर्ण जगत् इस बात का संकेत है कि मनुष्य एक जैसा नहीं होता। प्रत्येक अनुभूति का अपना अलग आधार होता है।''[47] महादेवी वर्मा ने अनुभूति की व्याख्या करते हुए लिखा है ...''जहाँ तक अनुभूति का प्रश्न है वह तो स्थूल और गोचर जगत् में भी सामन्य नहीं। प्रत्येक व्यक्ति की दृष्टि फूल को ग्रहण कर ले यह स्वाभाविक है, परन्तु सबके अन्तर्जगत् में अनुभूति एक सी स्थिति नहीं पा सकती। ...जिसने अंगारे उठा-उठाकर हाथ को कठोर कर लिया है उसकी अँगुलियाँ अँगारे पर पड़कर भी जलने की तीव्र अनुभूति नहीं उत्पन्न करेंगी। पर जिसका हाथ अचानक अंगारे पर पड़ गया है, उसे छाले का तीव्र मर्मानुभव करना पड़ेगा।''[48] इन कथनों से भी यही ध्वनित होता है कि जीवन में अनुभूति का महत्त्वपूर्ण अभिधान होता है।

जहाँ तक स्त्री विमर्श का सवाल है जिस प्रकार स्त्री का संघर्ष बहुस्तरीय होता है उसी प्रकार उसका अनुभव बोध भी व्यापक और बहुआयामी होता है। स्त्री और पुरुष के अनुभव में अन्तर यही है कि पुरुष औरत के बनिस्बत एकायामी होता है। स्त्री 'घरे-बाहिरे' दोनों धरातल पर संघर्ष करती है। उसके अनुभव का संसार प्रथम बोध से शुरू होता है, जो उम्र के साथ बहुआयामी होता जाता है। परिवार और समाज में उसकी जगह, स्त्री को क्या करना चाहिए, क्या नहीं की हिदायत पग-पग पर दी जाती रहती है। समाज में पैदा होते ही उसे लैंगिक असमानता के साथ-साथ स्त्री होने के गुण-अवगुण से परिचित करा दिया जाता है। सिमोन द बोउवा का यह कहना सही है कि स्त्री पैदा नहीं होती है, बल्कि समाज में उसे बना दिया जाता है। स्त्री बनने का यह बोध उसे जीवन में कई त्रासदियाँ उपहार स्वरूप दे जाता है। स्त्री का यह बोध सकारात्मक और नकरात्मक दोनों स्तरों पर नजर आता है। यही वजह है कि यह माना जाता है कि स्त्री जगत् के यथार्थ को समझने के लिए उसके अनुभवों की बुनियादी स्थितियों को समझा जाना चाहिए। स्त्री अनुभूतियों को इसीलिए आलोचकों ने अधिक महत्त्व दिया है। स्त्रीवादी आलोचना ने भी अनुभूति की प्रामाणिक अभिव्यक्ति को महत्त्वपूर्ण माना है।

कहना न होगा, अनुभूति प्रधान होने के नाते ही स्त्रीवादी साहित्य मनोरंजनात्मक या उपदेशात्मक न होकर आत्मकथात्मक है। स्त्री जीवन के अनुभव को प्रमुख मानने के कारण ही स्त्री साहित्य में यथार्थवादी जैसी आलोचकीय शब्दावली का प्रयोग प्रायः न के बराबर है। स्त्री अनुभूति का दायरा पुरुषवादी अनुभूति से विशिष्ट है। स्त्री साहित्य में पुरुषवादी सार्वभौमिकता के बजाय छोटे-छोटे अनुभव के टुकड़ों को वरीयता दी जाती है। स्त्री अनुभव उसकी सामाजिक स्थिति के अनुरूप कोनों और कतरों में बिखरा होता है। स्त्री साहित्य में उन्हें समेटने का प्रयास विमर्शकारों ने किया है। इसकी उपादेयता यह है कि इससे न सिर्फ एक स्त्री के अनुभव संसार

से समाज वाकिफ होता है, बल्कि वह समूचा समुदाय प्रेरित और लाभान्वित भी होता है। स्त्री के जीवन को बताना या कि उद्घाटित करना ही लेखिका का लक्ष्य नहीं होता है, बल्कि इस बहाने अपनी पीड़ाओं, समस्याओं, असह्य त्रासदियों, सामाजिक षडयन्त्रों का पर्दाफाश करना भी होता है। इसलिए यह कहा जाता है कि स्त्री की अनुभूतियों में साधारणीकरण की बजाय विशिष्ट तत्त्व का बोलबाला होता है। वहाँ आत्मकथा होती है, इसे आत्मकथन की शैली के माध्यम से सहज ही अभिव्यक्त करने में उसे सफलता मिलती है। अनुभूति, आत्मकथन और स्मृति इन तत्त्वों के सह सम्बन्ध के जरिये स्त्री अपना रूपान्तरण करने में सफल होती है।

साहित्येतिहास इस बात का साक्षी है कि स्त्री और पुरुष का अनुभवबोध भिन्न रहा है। स्त्री का पाठ पुरुष की पठन शैली से नहीं किया जा सकता। उदाहरण के लिए विरहानुभूति का चित्रण हिन्दी साहित्य में प्रारम्भिक काल से लेकर आज तक मिलता है। लेकिन विरह की अभिव्यंजना में एकरूपता नहीं मिलती। यहाँ तक कि मध्यकालीन साहित्य में भक्ति विषयक जो विरह-व्यंजना हुई है उसमें भी पुरुष और स्त्री दृष्टि में साफ अन्तर नजर आता है। विरह की पीड़ा को सूर ने भी अभिव्यक्त किया है और मीरा ने भी, लेकिन दोनों की अभिव्यंजना में पर्याप्त अन्तर है। एक का विरह बोध और अभिव्यंजना परकाया प्रवेश की चेष्टा है या कहें अनुमान और कल्पना से उद्भूत है जबकि दूसरे का अनुभव, मर्म और पीड़ा की तीव्र व्यंजना है। कहने का तात्पर्य यह है कि अनुभूति कल्पनाजन्य नहीं होती, बल्कि भोगी हुई होती है। तभी उसकी अभिव्यक्ति भी उत्कृष्ट और मार्मिक हो पाती है। स्त्री साहित्य के समूचे विन्यास में अनुभूति की– प्रामाणिक अनुभूति की तीव्रता मिलती है। उत्तर आधुनिक विमर्शों का अधिकांश लेखन इसीलिए आत्मकथात्मक है, क्योंकि उसमें अनुभूति की अभिव्यक्ति की उत्कण्ठा प्रबल है। चाहे स्त्री विमर्श हो या दलित इसमें इसीलिए आत्मकथात्मक स्वानुभव अधिक लिखे गये। व्यक्तिगत अनुभव की पूँजी पर रचे गये ये साहित्य-रूप चर्चा और चिन्तन की अलग जमीन भी तैयार करते हैं।

सुभद्रा कुमारी चौहान ने अपनी पीड़ा व्यक्त करते हुए कभी लिखा था, "ये सब एक ही सीप से नहीं निकले हैं। रूढ़ियों और सामाजिक बन्धनों की शिलाओं पर अनेक निरपराध आत्माएँ प्रतिदिन ही चूर-चूर हो रही हैं। उनके हृदयबिन्दु जहाँ-तहाँ मोतियों के समान बिखरे पड़ें हैं। मैंने तो उन्हें केवल बटोरने का ही प्रयत्न किया है। मेरे इस प्रयत्न में कला का लोभ है और अन्याय के प्रति क्षोभ भी। ...आपकी और किसी विशेष की न होने पर सब की हैं ...समाज और उनकी यह प्रतिध्वनियाँ मात्र हैं, उन्हें आपने सुना होगा। मैंने कोई नयी बात नहीं लिखी है, केवल उन प्रतिध्वनियों को अपने भावुक हृदय की तन्त्री के साथ मिलाकर ताल स्वर में बैठाने का ही प्रयत्न किया है।"[49] आधुनिक काल की एक प्रखर कवयित्री का यह अनुभव

इस बात का प्रमाण है कि स्त्री कितने घात-प्रतिघात झेलती हुई अपने अनुभव की पूँजी को समृद्ध करती है और उसे साझा करने की ललक रखती है।

यह दीगर बात है कि रचनात्मक धरातल पर स्त्री पुरुष में भेद नहीं होना चाहिए। स्वयं कुछ स्त्री लेखिकाएँ जैसे निर्मला जैन, मृदला गर्ग, ममता कालिया आदि भेद मानती भी नहीं हैं। सबके अपने-अपने अनुभव हैं। साहित्य उसकी रंगशाला है, लेकिन यह मानना होगा कि स्त्री जीवन से जुड़े कुछ पक्ष ऐसे जरूर होते हैं, जिन्हें यदि साहित्यिक कलेवर में साझा करने की बात की जाये तो वे स्त्री लेखनी से ही मौलिक रूप में अंकित हो सकते हैं। यह कहना ठीक है कि, "वस्तुतः रचनाकार की न जाति होती है, न धर्म और न वर्ग' लेकिन बकौल प्रभा खेतान यह मानना होगा कि, "स्त्री लेखन और पुरुष, आज भी इस पितृसत्तात्मक समाज में जैविक, आर्थिक, सामाजिक धरातल पर भिन्न है।"[50] यह कहना बेवजह नहीं कि स्त्री और पुरुष के लेखन में फर्क की मुख्य वजह वे अनुभूतियाँ ही हैं, जो उन्हें अलग करती हैं।

यही नहीं, स्त्री पाठ और पुरुष पाठ तो भिन्न होता ही है, एक ही पाठ का अनुभव भी भिन्न होता है। पाठानुभव की यह स्थिति भी इसीलिए होती है, क्योंकि दोनों के पठन का दृष्टिकोण भिन्न होता है। स्त्री का अनुभवबोध किसी पाठ को जिस दृष्टि से देखता है, जरूरी नहीं की पुरुष दृष्टि भी वहीं हों। उदाहरण के लिए बलात्कार की किसी वृत्ति या रिपोर्ट को लेकर जब कोई स्त्री पढ़ती है तो उसका पाठानुभव किसी मर्द के उस पाठानुभव अंश से न केवल भिन्न होगा बल्कि विपरीत होगा। दहेज का वृत्तान्त भी मर्द के लिए एक अलग पाठ बनता है और औरत के लिए पूर्णतया अलग। अभिप्राय यह है कि स्त्री और पुरुष का अनुभव संसार को देखने का उनका नजरिया न केवल काफी अलग होता है, बल्कि भिन्न होता है।

इसी प्रकार अनुभूति की प्रामाणिकता को स्त्री लेखन और पठन दोनों ही दृष्टि से महत्त्वपूर्ण कहा जा सकता है। स्त्री का अनुभव, उस अनुभव का ताप और अभिव्यक्ति सभी कुछ विशिष्ट और भिन्न होती है। स्त्री का अनुभवकोश ही मुख्यतः उनके साहित्य का हिस्सा बनता है। वे जिस सामाजिक संरचना की निर्मिति हैं, उसमें स्त्री होने का एहसास ही उन्हें नहीं कराया जाता, बल्कि उनकी चेतना में पितृसत्तात्मक समाज यह बात भर देता है कि उनकी स्थिति पुरुष पर ही निर्भर है। स्त्री का भावबोध, जीवनदृष्टि और चेतना का स्वरूप इस लिंगभेदी पुरुषसत्ता में निर्मित होता है। जाहिर है बचपन से लेकर मरणावस्था तक एक स्त्री को जो बोध कराया जाता है, उस पर पुरुष दृष्टि हावी होती है। इसलिए स्त्री का अनुभव भिन्न होता है। और उसकी रचना का निहितार्थ अलग एवं विशिष्ट होता है। स्त्री-विमर्श

पर विचार करते समय इसलिए मुझे लगता है कि स्त्री के अनुभव को उसकी लेखनी के एक मानक के बतौर तरजीह देना चाहिए।

पितृसत्तात्मक संस्कृति और उसकी चुनौतियाँ

स्त्री विमर्श ने पितृसत्तात्मक संस्कृति की अवधारणाओं, मूल्यों, मानदण्डों, वर्जनाओं, षड्यन्त्रों पर प्रहार किया है, जिनके अन्तर्गत सदियों से स्त्री समाज को कैद रखने की कोशिशें की जाती रही हैं। पितृसत्ता ने जिसे अनामिका जी ठीक ही पितरसत्ता कहती हैं, आधी-आबादी के स्वत्व को नजरअन्दाज करते हुए जो अमानुषिक व्यवस्था निर्मित की– स्त्री विमर्श उसका खण्डन करता है, उसे चुनौती देता है। इस विमर्श ने पितृसत्तात्मक संस्कृति के ढकोसलावादी मूल्यों, धारणाओं को खारिज करते हुए यह दलील प्रस्तुत की है कि स्त्री पुरुष का अन्तिम उपनिवेश नहीं है। पुरुष समाज ने स्त्री को सदैव अपनी निजी जागीर माना है और मनचाहे तरीके से उसका शोषण किया है। बदले में उसे जो अलंकारिक उपहार दिये गये जैसे दया, ममता, करुणा की साम्राज्ञी घोषित करना, वे दरअसल स्त्री शोषण के छद्म अस्त्र कहें जा सकते हैं। पितृसत्ता ढोल, गँवार, शूद्र, पशु और नारी को एक ही जंजीर से बाँधने का उपक्रम करती रही है। स्त्री उसकी सहचर है, इस नाते मानवी के रूप में उसकी सामाजिक भूमिका भी है– पुरुष प्रधान समाज इसे कभी भी स्वीकार नहीं करता। यह विश्व इतिहास की सच्चाई है कि स्त्री को समाज में सदैव हीन दृष्टि से देखा गया है। उसे मानवोचित अधिकारों तक से सदैव वंचित रखा गया। भारत ही नहीं, दुनिया के अन्य मुल्कों में स्त्री की स्थिति में जो बदलाव आया है, वह महज पिछली शताब्दियों में आया है। ऐसा उल्लेख मिलता है कि बीसवीं शताब्दी के प्रारम्भ तक दुनिया के कई प्रगत राष्ट्रों में भी स्त्री को मताधिकार तक की आजादी नहीं थी।

पितृसत्ता ने नैतिकताओं की दुहाई देकर सदैव अपना वर्चस्व कायम रखा है। मर्यादा, संस्कार, चरित्र, कर्त्तव्यपरायणता, समर्पण, मातृत्व जैसी आदर्शमूलक शब्दावली स्त्री पर प्रभुत्व कायम रखने के लिए ही गढ़ी गयी। स्त्री विमर्श इन्हें स्त्री को कैद रखने की सलाखें मानता है, और यह मानता है कि जब तक ऐसी विचारणाओं को ध्वंस नहीं किया जायेगा तब तक स्त्री को पुरुष के समक्ष बराबरी का दर्जा नहीं मिल सकता। मल्लिका सेनगुप्ता ने पितृसत्ता की हकीकत बयां करते हुए कहा है कि– "पितृसत्तात्मक समाजों ने जितनी जिन्दगियों को आज तक तबाह किया है उसकी संख्या आणविक युद्ध में मरनेवालों की संख्या से कई गुना बड़ी है, क्योंकि इस व्यथित दुःख झेलते समूह की संख्या मनुष्य जाति की ठीक आधी है। इसलिए इस दुनिया का सबसे बड़ा संकट लिंगभेद है जिसकी चपेट में आकर सिर्फ आधी मानव

जाति ही नहीं, बल्कि समूची मानवता को खतरा है।" पारिवारिक मूल्यों और अनुशासन की दुहाई देकर पितृसत्ता ने लैंगिक असमानताओं को सदैव पालने-पोसने का कार्य किया है। स्त्री विमर्श इस व्यवस्था को इसीलिए चुनौती देता है और साहित्यिक स्तर पर नारी मुक्ति की बात करता है। इस विमर्श ने लिंग केन्द्रित व्यवस्था को ललकारा है और पितृसत्ता को चुनौती दी है। यहाँ तक कि परम्परागत स्त्री लेखन को प्रश्नांकित करते हुए उसमें व्याप्त अन्तर्विरोधों, विरोधाभासों का पर्दाफाश किया है।

राकेश कुमार का यह कथन विचारणीय है कि, "दुनिया के इतिहास में आज भी औरत वह चाहे पश्चिम के विकसित राष्ट्रों की हो अथवा पूरब के विकासशील राष्ट्रों की, पितृसत्तात्मक समाज में वह उपनिवेश ही है। वह लिंगभेद की राजनीति में बुरी तरह से जकड़ी हुई है। अन्तरराष्ट्रीय श्रमसंगठन की रिपोर्ट के अनुसार भी समाज का औरत के बारे में दृष्टिकोण पितृसत्तात्मक, उपनिवेशवादी एवं उत्पीड़नकारी है।"[51] जिस प्रकार और जैसे ही उपनिवेशों को अपनी गुलामी का बोध होता है, प्रतिरोध के स्वर उठने लगते हैं। उसी प्रकार स्त्री विमर्श भी उभरा है। स्त्री को जैसे-जैसे अपनी मानसिक, शारीरिक गुलामी का अहसास होने लगा वैसे-वैसे वह पितृसत्ता के विरुद्ध लामबन्द होने लगी। नारीवादी आन्दोलन का इतिहास यह बताता है कि पुरुषवादी, वर्चस्ववादी संस्कृति के विरुद्ध अपने हक के लिए आवाज उठाना ही एकमात्र रास्ता है, जिसे स्त्री विमर्श ने चुना है। सांस्कृतिक, सामाजिक, राजनैतिक वर्चस्व को समाप्त कर लिंगभेद, जातिभेद को मिटाना ही इसका लक्ष्य है।

पितृसत्तात्मक समाज की सच्चाई को बेनकाब करते हुए कभी महादेवी वर्मा ने नारीत्व को अभिशाप मानकर कहा था, "चाहे हिन्दू नारी की गौरव-गाथा से आकाश गूँज रहा हो, चाहे उसके पतन से पाताल काँप उठा हो, परन्तु उसके लिए 'न सावन सूखे न भादो हरे' की कहावत ही चरितार्थ होती रही है। उसे अपने हिमालय को लजा देनेवाले उत्कर्ष तथा समुद्रतल की गहराई से स्पर्द्धा करनेवाले अपकर्ष दोनों का इतिहास आँसुओं से लिखना पड़ा है और सम्भव है भविष्य में लिखना पड़े। प्राचीन से प्राचीनतम काल में उसने त्याग, संयम तथा आत्मदान की आग में अपना सारा व्यक्तित्व, सारी सजीवता और मनुष्य स्वभावोचित इच्छाएँ तिल-तिल गलाकर उन्हें कठोर आदर्श के साँचे में ढालकर एक देवता की मूर्ति गढ़ डाली तब भी क्या संसार विस्मित हुआ या मनुष्यता कातर हुई? क्या नारी के बड़े-बड़े त्याग को, आत्मनिवेदन को, संसार ने अपना अधिकार नहीं किन्तु उसका अद्‌भुत दान समझकर नम्रता से स्वीकार किया है? कम-से-कम इतिहास तो यही बताता कि उसके किसी बलिदान को पुरुष ने उसकी दुर्बलता के अतिरिक्त कुछ और समझने का प्रयत्न किया।"[52]

यहाँ तक कि कानूनी रूप से भी स्त्री, पुरुष की अनुचरी ही रही है। जितने भी कानून हैं, वे स्त्री अधिकार की बात भले करते हों, मगर व्यवहार में उनका पालन कितना होता है यह बताने की जरूरत नहीं। हमारे धर्मग्रन्थों में भी न्याय की बेदी पर स्त्री को पुरुष से कमतर माना गया है— कुछेक अपवादों को छोड़कर। इसीलिए स्त्री की सोच कहीं भी नजर नहीं आती। आधुनिक भारतीय कानून व्यवस्था भी पितृसत्ता के समक्ष लाचार-सी है। विगत कुछ वर्षों में यद्यपि स्त्री आन्दोलनों के परिणामस्वरूप कानूनी ढाँचे में भी कुछ हलचल हुई है, लेकिन पुरुष संस्कृति की बुनियाद इतनी ठोस है कि उस पर आज भी बहुत असर नहीं पड़ा है। पितृसत्ता कानून पर आज भी पूरी तरह हावी है। औरत चाहे वह अधिकार की मारी हो, बलात्कार की शिकार हो, अपमान और अत्याचार से जूझ रही हो, पितृसत्तात्मक कानून उसकी सुरक्षा की कोई गारण्टी नहीं देता। इधर दिल्ली में निर्भया काण्ड जैसे कुछेक घोर अमानुषिक कृत्यों के फलस्वरूप जरूर हमारा समाज और कानून अपने गिरेबान में झाँकने को विवश हुआ है और नए-पुराने कानूनी प्रावधानों को अमलीजामा पहनाने की कोशिशें बढ़ी हैं। बावजूद इसके, यह देखा जा सकता हैं कि पितृसत्तात्मक मानसिकता औरत को सुरक्षा की गारण्टी के नाम पर नसीहतें ही अधिक दे रही है। कभी कपड़े पहनने का सलीका बताया जाता है, तो कभी रात, अँधेरे में और जोखिम भरे जगहों पर जाने पर प्रश्नचिह्न लगाया जाता है। कहने का तात्पर्य यह है कि समाज अपनी मानसिकता बदलने में वैसी तत्परता नहीं दिखाता जैसी कि स्त्रियों को नसीहतें देने में दिखाता है। दुर्भाग्यपूर्ण है कि हमारे समाज में जन्म से ही लड़की को इस तरह याचक और पराश्रित बना दिया जाता है कि उसकी अपनी सत्ता का अस्तित्व ही नहीं रह जाता।

पुरुष प्रधान समाज में दम तोड़ते स्त्री सम्बन्धी कानूनों की नियति को रेखांकित करते हुए अरुण कुमार त्रिपाठी लिखते हैं, "स्त्री अधिकारों के प्रति बढ़ती चेतना के इस दौर में पास हुए तमाम कानून उपयोगी होने की बजाय सजावट की वस्तु साबित हुए हैं। उन्होंने स्त्रियों को अधिकार सम्पन्न बनाने के बजाय राज्य को अधिकार सम्पन्न बनाया है। नतीजतन स्त्री स्वतन्त्र होने की बजाय और लाचार हुई है।" बेशक, भारतीय स्त्री सम्बन्धी कानून हाथी के दाँत साबित हुए हैं। और इसकी वजह यह है कि स्त्री अधिकारों के बहाने कभी-कभी पारम्परिक और आधुनिक समाज इन कानूनों को हथियार बनाकर एक-दूसरे पर हमला करते नजर आते हैं और इस दौरान स्त्री अधिकारों पर व्यापक समाज में विवाद खड़ा होता है। ज्यादातर मामलों में पारम्परिक और आधुनिक समाज में व्यापक साँठ-गाँठ है। जो काम पारम्परिक समाज नैतिकता के तर्कों के सहारे करता है, वही काम आधुनिक समाज उत्पादकता,

विकास और लोकतान्त्रिक अधिकारों के बहाने कर डालता है। आखिर हैं तो दोनों पुरुष प्रधान।

स्त्री लेखन में यह सच्चाई पूरी शिद्दत के साथ उभरी है कि पितृसत्तात्मक मूल्यों, अवधारणाओं, मान्यताओं, वर्जनाओं को ध्वस्त किये बिना स्त्री-अधिकार के लक्ष्य को नहीं हासिल किया जा सकता। स्त्री लेखन में कमोबेश सभी रूपों में पितृसत्ता के दोहरे चरित्र को उद्घाटित किया गया है, और स्त्री को लेकर निर्मित सामाजिक पूर्वाग्रह पर जबरदस्त प्रहार किया गया है। स्त्री आत्मकथाओं में जो सामाजिक, पारिवारिक दंश बयां हुए हैं, कविताओं में जिस प्रकार पितृसत्ता के प्रति तिरस्कार के स्वर मुखरित हुए हैं, उन्हें देखते हुए यह कहना होगा कि साहित्य की परिधि में स्त्री लेखन का अपना वजूद न सिर्फ बढ़ रहा है, बल्कि उसने अपना एक निश्चित स्वरूप अख्तियार कर लिया है। स्त्री लेखन को यह भलीभाँति पता है पुल्लिंग-सोच, स्त्री सोच को आसानी से स्वीकार नहीं करनेवाली। यही वजह है कि स्त्री चिन्तन के तमाम पुरुष हितैषियों तक ने यह राय जाहिर की है कि नारी मुक्ति के सवाल को सजग राजनीतिक एजेण्डे के तौर पर लाया जाये।

सामाजिक न्याय का यह संघर्ष महज सत्ता की हिस्सेदारी का नहीं है, बल्कि मानसिकता में परिवर्तन का है। उस घृणित मानसिकता में बदलाव का है, जो औरत को आज भी अपना उपनिवेश बनाये हुए है। पितृसत्तात्मक संस्कारों का ही परिणाम है, जो आज तक स्त्री को पुरुष के समान स्वीकार नहीं किया जाता। स्त्री की पहचान को पुरुष के परे नहीं देखा जाता। तस्लीमा नसरीन की यह बेबाक राय काबिलेगौर है, ''नारी यह दुनिया तुम्हारी है, इस दुनिया में तुम अपनी इच्छा से जियो। यह दुनिया यदि एक नदी है, तुम उस पूरी नदी में तैरती रहो। यह दुनिया यदि एक आकाश है, तुम पूरे आकाश में विचरण करती रहो। जीवन जो तुम्हारा है, जो दरअसल तुम्हारा ही है, तो वह जीवन तुम जैसी इच्छा हो जियो। नारी तुम अपना हक खुद हासिल करो।''[53]

स्त्री देह : मुक्ति का सपना

राजेन्द्र यादव ने अपने एक साक्षात्कार में कभी कहा था, "स्त्री की मुक्ति देह से ही प्रारम्भ होगी। स्त्री मुक्ति का पहला चरण देह मुक्ति है।" यादव जी की यह राय सम्भवतः मीडिया में मुक्त स्त्री की छवि, जिसे नामवर सिंह 'छद्म छवि' कहते हैं, के आधार पर बनी होगी– ऐसा लगता है। स्त्री की स्वतन्त्र छवि और विशेषकर देह मुक्ति के प्रसंग को लेकर हिन्दी लेखन में काफी बहसें हुई हैं। इसके अलग-अलग अर्थ निकाले गये हैं। इसे महज 'ग्लैमर' और एक हथियार के तौर पर इस्तेमाल करने की दृष्टि से देखा गया है। स्त्री को निजी मिल्कियत या माल अथवा

अपना उपनिवेश मानने की पुरुष मानसिकता इस प्रश्न से प्रायः या तो कतराती रही है या इसे परिवार और समाज की दुहाई देकर खतरनाक सिद्ध करने की कोशिश करती रही है। बूर्जुआ समाज मुक्त स्त्री की छवि को छद्म मानकर अस्वीकार करता रहा है। मगर 'ब्यूटी विद ब्रेन' का नारा देनेवाली स्त्री इसको खारिज करती है। अरविन्द जैन, सुधीश पचौरी के हवाले से बदलती स्त्री छवि का जिक्र करते हुए कहते हैं, "मीडिया, इलेक्ट्रॉनिक मीडिया, उससे जुड़े बाजार, बहुराष्ट्रीय निगमों और इस सबके पीछे ईश्वर की तरह सर्व शक्तिमान् नये पूँजीवाद ने स्त्री की गोपनीयता को उघाड़कर बेपर्दा कर दिया है। स्त्री अपमानों की कैद से निकल, नाना रूपों में साक्षात् हमारे समक्ष उपस्थित होने लगी है। वह हर वक्त है, हर जगह है। लगभग उतनी ही होने को है, जितना की पुरुष सर्वत्र उपलब्ध है। पुरुष जगत में इतनी स्त्री और उसकी छवि के आने से हड़कम्प है। स्त्री की नित नयी छवि उसे चिढ़ाती है, क्योंकि वह उसके उपमानों, उसके विचारों की कैद से बाहर निकली जा रही है बल्कि उसे मुँह भी चिढ़ाती है, मुकाबला भी करती है। समकालीन जगत् की समूची सांस्कृतिक बहसों की जड़ में कहीं-न-कहीं यही कैद से आजाद होती हुई स्त्री छवि ही है।"[54]

स्त्री आलोचना की सैद्धान्तिकी में निश्चय ही स्त्री देह को सीधे एक मानक के तौर पर भले ही न माना जाये परन्तु उसे दरकिनार कर कोई भी 'फार्मूला' नहीं बन सकता। इसकी वजह यह है कि स्त्री की मुक्ति से जुड़े सवालों में देह भी एक जरूरी पहलू है। स्त्री का शोषण महज मानसिक, आर्थिक स्तर पर ही नहीं, शारीरिक स्तर पर भी हुआ है बल्कि शारीरिक स्तर पर किन्हीं मायनों में अधिक ही हुआ है। स्त्री काया पुरुष सत्ता के लिए न सिर्फ लुभावनी गोश्त के रूप में रही है बल्कि इसी नाते वह तमाम पुरुषोचित ज्यादतियों का शिकार भी रही है। अतः स्त्री मुक्ति के प्रसंग में देह मुक्ति की चर्चा लाजिमी है। पर सवाल यह है कि देह-मुक्ति के मायने क्या हैं? क्या सिर्फ उन्मुक्त 'सेक्स' की आजादी, देह-प्रदर्शन, बिकनी में यदा-कदा कुछेक स्त्रियों का आना ही देह मुक्ति है और ऐसा करना उनका शौक है या मजबूरी। दूसरे शब्दों में स्त्री देह उसके लिए हथियार है या कि उसका अधिकार? कुछेक विचारकों को स्त्री देह पर बात करना या देह का प्रदर्शन उनका एक हथियार भर नजर आता है। उनकी दृष्टि में वे उसकी कीमत वसूल कर रही हैं। एक विचारक के शब्दों में, "उसे भी सत्ता में हिस्सा चाहिए था। और उसके पास हथियार के रूप में सिर्फ उसकी देह थी। चूँकि देह उसकी थी, इसलिए वह उसका इस्तेमाल करने के लिए स्वतन्त्र थी– वह फिल्मों में, राजनीति में, उद्योग में, सौन्दर्य प्रतियोगिता में देह की कीमत वसूल रही थी– वही पुरुषों के खेल में अपनी राजी से शामिल हो गयी थी और उनके नियमों के हिसाब से खेल रही थी।"[55] यह है एक मर्दवादी

नजरिया जो औरत को उसकी देह तक की छूट नहीं देता और फिर भी जब वह विकल्प के रूप में उसका इस्तेमाल करती नजर आती है तो इसे उसका अस्त्र कहकर खिल्ली उड़ाता है।

सोचना यह है कि औरत अपनी देह को क्या वाकई हथियार के रूप में इस्तेमाल करने के लिए लालायित है या उसके पास सिवाय इसके कोई विकल्प नहीं, इसलिए वह चाहे-अनचाहे इसका प्रयोग करने के लिए विवश होती है। कारण यह कि अगर देह उसकी थी और वह उसका इस्तेमाल करने के लिए स्वतन्त्र थी तो वह अपने अधिकार का इस्तेमाल कर रही है न कि हथियार के रूप में अपनी देह का। वह अपनी 'देह की कीमत वसूल' नहीं कर रही है बल्कि सिर्फ 'देह की छवि' ही बेच रही है— निर्धारित मजदूरी के बदले में। इस खेल में शामिल होना उसकी सहमति नहीं बल्कि विवशता है या विकल्पहीनता। यह इसलिए विचारणीय है क्योंकि स्त्री छवि को सही और स्वस्थ दृष्टि से देखे जाने की जरूरत है। साथ ही इस बात की अपेक्षा है कि पुरुषसत्ता स्त्री देह को अपनी मिल्कियत मानता है या स्त्री का आभूषण। सुधीश पचौरी का तो यहाँ तक मानना है कि, "नारी केन्द्रण के लिए यह महत्त्वपूर्ण है क्योंकि देह का दावा, देह का उत्सव स्त्रीत्ववादी अनुभव और रचनाओं की वह चौंकानेवाली ताकत है, जहाँ से स्त्रीत्ववादी रचना स्त्री के बलीकरण तक जाती है। देह के स्वीकार से ही देह राजनीति या कहें 'बायो-पॉलिटिक्स' शुरु होती है।"

यह भी गौरतलब है कि पुरुषों की बनिस्बत नारीवादी चिन्तकों ने (नारियो ने) स्त्री के दैहिक प्रश्नों पर अधिक गम्भीरता और संजीदगी से विचार किया है, क्योंकि एक स्त्री ही स्त्री का दुःख पूरी तरह से समझ सकती है। यह सर्वविदित सच है कि स्त्रियों का सर्वाधिक उत्पीड़न देह के स्तर पर ही होता है। स्त्री देह को ही पुरुषसत्ता उसकी अस्मिता का केन्द्र मानती है और इसीलिए उसकी पवित्रता, मर्यादा, शील, नैतिकता को रेखांकित करती रही है। स्त्रियों को देह के प्रति अधिक सतर्क बनाया ही पुरुषसत्ता ने है। सदियों से स्त्री को लज्जालु, सहनशील, समर्पणशील एवं मर्यादा में रहना सिखाया जाता है। पुरुष स्त्री देह को निजी मिल्कियत मानकर उसका उपभोग करता रहा है। कुछ मायनों में उसके लिए स्त्री देह से अधिक कुछ नहीं है। पितृसत्ता ने सदियों से स्त्री के बारे में यही धारणा प्रचारित की है। इसीलिए सिमोन को यह कहना पड़ा कि, "अब तक औरत के बारे में पुरुष ने जो कुछ भी लिखा, उस पूरे पर शक किया जाना चाहिए, क्योंकि लिखनेवाला न्यायाधीश और अपराधी दोनों है। हर जगह और हर समय में पुरुष ने अपनी सन्तुष्टि का यह कहकर प्रदर्शन किया है कि वह जगत् का सर्जक है। साहित्य में औरत के विरुद्ध जो बर्बर दोषारोपण हुआ है उससे हम सब परिचित हैं।"[56]

स्त्री देह से जुड़े प्रश्नों को स्त्री विमर्श में प्रधानता के साथ उठाया गया है। आज यह चर्चा और चिन्तन का एक मुख्य बिन्दु है कि स्त्री देह पर अधिकार किसका है? स्त्री देह क्या मात्र उपभोग की वस्तु है या उसका अपना कोई और वजूद है? स्त्री देह से मुक्ति के सवालात पर विचार के पक्ष क्या होने चाहिए? क्या स्त्री की देह की मुक्ति के बगैर स्त्री स्वातन्त्र्य के लक्ष्य को पाया जा सकता है? इत्यादि प्रश्नों पर स्त्री विचारकों ने ध्यानाकर्षित कराया है। स्त्री साहित्य में आज यह चर्चा का केन्द्र बिन्दु बन चुका है। स्त्री मुक्ति का सवाल देह-मुक्ति से परे नहीं है, आज यह सवाल लेखन में प्राथमिकता से शामिल हो रहा है। अतः लेखन की परख-पड़ताल में भी इसकी भूमिका को खारिज नहीं किया जा सकता।

बाजार संस्कृति और स्त्री

बाजार संस्कृति के चलते आज पूरा विश्व अपनी निहित चौहद्दियों को पार करते हुए एक मार्केट में तब्दील हो गया है। भूमण्डल एक ही है यह जागतिक सच्चाई है, लेकिन इस मण्डल को निहित स्वार्थों के चलते या व्यवस्थागत दबावों के चलते राष्ट्रों की संज्ञा में देखने की जो परिपाटी रही है आज वह बाजार के कारण टूट रही है। संचार के साधन इस व्यवस्था को प्रसारित करने में मददगार साबित हो रहे हैं। जाहिर है इससे एक नयी संस्कृति भी 'डेवलप' हो रही है जो पूर्व की समस्त अवधारणाओं को ध्वस्त करते हुए व्यावसायिक नफे-नुकसान तक अपना हित देख रही है। यह नवनिर्मित बाजार संस्कृति जीवन में किसी भी वस्तु, विचार, मूल्य को महज एक पण्यवस्तु के रूप में देखने पर बल देती है। यहाँ आकर सारे विवेक, विचार, दर्शन, सिद्धान्त विगलित हो जाते हैं और मात्र खरीद-फरोख्त की भावना ही शेष बचती है।

इस संस्कृति ने स्त्री-पुरुष सम्बन्धों को भी नये सिरे से परिभाषित किया है। क्योंकि यह अर्थाधारित व्यवस्था है इसलिए इसमें सारे सम्बन्ध अर्थ केन्द्रित हैं। बकौल प्रभा खेतान इस भूमण्डलीकरण से स्त्री का एक तरफ शोषण बढ़ा है, उसके शोषण के नये-नये तरीके ईजाद किये गये हैं, दूसरी तरफ इसके फलस्वरूप ही स्त्री सशक्तीकरण सम्भव हो सका है। उनके शब्दों में, "हमें उत्तर औपनिवेशिक समाज से निकलकर भूमण्डलीकृत समाज को समझने के लिए लैंगिक सन्दर्भ को अपनाना होगा ताकि राजनीतिक जनतन्त्र और पूँजीवादी बाजार के भूमण्डलीकृत फैलाव से स्त्रियों को स्थानीय संस्थाओं के संवाद और समझौते के बारे में यह पता चल सके। इससे यह भी पता चलेगा कि भूमण्डलीय प्रभाव से स्त्री कैसे एक साथ शोषित और सबलीकृत होती है।"[57]

बेशक, भूमण्डलीकरण पूँजीवादी व्यवस्था का एक नया संस्करण है, जिसमें स्त्री के हितों के लिए कोई 'स्पेस' नहीं है। यह पूँजीवादी शोषण केन्द्रित दर्शन है। इसके दायरे में वह समूचा शोषित समाज आता है, जो किसी-न-किसी रूप में सदियों से गुलामी झेलता रहा है। स्त्री जीवन तो वह सच है, जिसका निर्माण ही शोषण के लिए हुआ है। सदियों से इस मान्यता से समाज उबर नहीं पाया है। कहने का आशय यह है कि स्त्री इस समाज का वह सच है, जो कभी आजाद या आर्थिक रूप से कभी स्वतन्त्र मानी ही नहीं गयी, अर्थोपार्जन का जरिया भी रही, तो खर्च करने का अधिकार उसके पास नहीं रहा, उस पर पितृसत्ता काबिज रही। इसलिए मौजूदा भूमण्डलीकृत बाजार व्यवस्था ने जो खुली अर्थव्यवस्था पेश की है, उसमें स्त्री शोषण की शिकार न बनकर शक्ति का प्रतीक बन सके ऐसी कोई गारण्टी नहीं है। आर्थिक स्वातंत्र्य के नाम पर इसके विपरीत उसे तन-मन-धन से खोखला करने का षड्यन्त्र ही यह नयी व्यवस्था भी कर रही है। बाजार संस्कृति ने उसे पूरी तरह यौन वस्तुकरण में तब्दील कर दिया है। बाजार स्त्री दमन को रोकने की कोई गारन्टी नहीं देता, बरक्स इसके वह यौन-उत्पीड़न और हिंसा को बढ़ावा देता है– बहुराष्ट्रीय बाजार व्यवस्था के कारण यौन वस्तुकरण और राष्ट्रेतर यौन बाजार में स्त्री का जींस की तरह बिकना वास्तव में भारतीय जनतन्त्र में एक शोषणकारी परिणाम के रूप में उभरा है। दूसरी ओर लैंगिक सम्बन्ध और पहचान पर उठी बहस का विधेयक पहलू यह है कि नये आदर्श और संस्कृति ने स्त्री को मीडिया में एक व्यक्ति और नारी के रूप में सशक्त किया है।

भूमण्डलीय बाजार व्यवस्था में– कोलोनियल और कैनोनियल– दोनों पर स्त्री से जुड़े सरोकारों ने करार प्रहार किया है। अब स्त्री की सोच, उसकी अस्मिता की पहचान एक ऐसी स्त्री के रूप में हो रही है, जो बाजार में सिर्फ विक्रय की वस्तु नहीं है, बल्कि बाजारवादी ताकतों को अपने इशारों पर घुमाने की क्षमता भी रखती है। स्त्री की यौन अस्मिता को लेकर इस व्यवस्था में सवाल उठे हैं। लेकिन उनकी परवाह न करते हुए स्त्री ने अपनी तर्कशीलता के आधार पर पक्ष रखा है। अनामिका इन स्थितियों को मद्देनजर रखते हुए ठीक कहती हैं, "इस नव उपनिवेशवाद द्वारा प्रायोजित ट्रैफिकिंग, पिछड़े देशों की नन्हीं गरीब बच्चियों का माल असबाब की तरह एड्सभित उन्नत देशों में निर्यात, ब्यूटी प्रेजेण्टी की अन्तरराष्ट्रीय स्पॉन्सरशिप, सौन्दर्य मिथ के अक्ष पर स्त्रीत्व का, बम (और बोलबम) के अक्ष पर पौरुष का ध्रुवीकरण विश्व बाजार से जुड़े कई प्रश्न हैं जिनके बृहत्तर आयाम खोले जाने हैं।"[58] जाहिर है ऐसे प्रश्नों को बहस के दायरे में लाना होगा जिनसे स्त्री का सीधे सरोकार है। मसलन श्रम, सशक्तीकरण, यौनकर्म की कीमत इत्यादि पर भूमण्डलीय व्यवस्था

के तहत विमर्श की जरूरत है। इसका कारण यह है कि भूमण्डलीकृत समाज में स्त्रियों की स्थिति में थोड़ा बदलाव तो आया है, उनमें जागृति तो आयी है, लेकिन पुरुषसत्ता के समक्ष उनकी स्थिति अभी भी दोयम बनी हुई है। अनामिका से ही शब्द उधार लेते हुए यह कहना होगा कि भूमण्डलीय व्यवस्था में अर्थशास्त्र जिसे 'फ़ेमिनिज़ेशन ऑफ सर्टेन जॉब सेगमेण्टस्' कहता है, उससे एक तरह के सारवाद के खतरे तो उभर ही रहे हैं, यह भी हो रहा है कि स्त्रियाँ पदानुक्रम में लगातार नीचे ही बैठी हुई छवि के साथ रूढ़ हो रही हैं। कहने का तात्पर्य यह है कि खुली अर्थव्यवस्था और समान अवसर की गारण्टी का दावा करनेवाली भूमण्डलीय व्यवस्था में भी स्त्रियाँ पुरुष के हाथ की कठपुतली ही बनी हुई हैं। कुछेक प्रतिशत अपवादों को छोड़कर सामान्य तौर पर उनकी उपस्थिति 'सेकेण्डरी' है। उनका 'एक्सपोजर' तो हो रहा है, लेकिन उनके श्रम की कीमत आँकने के मानदण्ड वही पुराने ही हैं। अर्थात् पुरुष के बनिस्बत उनकी कीमत कमतर बनी हुई है। इस हकीकत की चश्मदीद गवाह बनकर प्रभा खेतान ने उन सच्चाइयों का पर्दाफाश किया है, जो स्त्री के सम्बन्ध में प्रायः अन्तिम मान ली गयी थी। विश्व बाजार के दादा अमेरिका के दावे को झुठलाते हुए प्रभा लिखती हैं, "अमेरिका के अनुसार बाजार की अर्थव्यवस्था सारी बुराइयों को मिटाने में समर्थ है। इस व्यवस्था में लोगों के जीवन में स्वतः सुधार होगा और वंचित स्त्री वर्ग भी इससे लाभान्वित होगा। जबकि इसका बिल्कुल उल्टा घट रहा है। पितृसत्ता की आक्रामक नीतियाँ स्त्री को छद्म विचारों की आड़ में दिन-पर-दिन और अधिक जकड़ती जा रही हैं।"[59] इस बात से सहमति जताते हुए मात्र इतना ही कहना होगा कि अर्थव्यवस्था की उन्नति को समाज के ऐसे किसी भी वर्ग की उन्नति का पैमाना नहीं माना जा सकता, जो बुनियादी शिक्षा और प्रशिक्षण से महरूम हो। कारण यह कि शिक्षा ही व्यक्ति को रोजगार के योग्य बनाती है, उसे सक्षम बनाती है। इसलिए आर्थिक सबलीकरण महज बाजार संस्कृति से नहीं आ सकता।

यह जरूर हुआ है कि भूमण्डलीय बाजार-ब्राण्ड-संस्कृति की चकाचौंध ने स्त्री को इतना लुभाया है कि वह एक उपभोक्ता बनकर रह गयी है। स्त्री उपभोक्ता बाजार को निर्देश नहीं दे रही है, बल्कि यह तो बाजार है जो स्त्री को मनचाहा सामान परोस रहा है और जिसे भोगने को स्त्री बाध्य है। चिन्ता की बात यह है कि स्त्री बाजार के इस षड्यन्त्र को नहीं समझ रही है और खुद को बाजार की गिरफ्त से बचाने के प्रति बेपरवाह है। वह बाजार की लोकलुभावन नीतियों की शिकार है— सिर्फ उपभोक्ता के तौर पर नहीं, बल्कि समाज को उसके प्रति आकर्षित और उत्प्रेरित करनेवाली मॉडल के तौर पर उसमें शामिल भी है। साबुन की टिकिया से लेकर

'लग्ज़री' कारों तक ऐसी कोई भी उपभोक्ता वस्तु नहीं बची है, जिसकी बिक्री को बढ़ाने में स्त्री की देह का प्रदर्शन न किया जा रहा हो। बाजार अपनी दोहन संस्कृति के नाते स्त्री की छवि पर अंग्रेजी की इस कहावत को चरितार्थ कर रहा है– 'ह्वेन वेल्थ इज लॉस्ट नथिंग इज लॉस्ट, ह्वेन हेल्थ इज लॉस्ट समथिंग इज लॉस्ट, ह्वेन कैरेक्टर इज लॉस्ट, एवरिथिंग इज लॉस्ट।' और मजे की बात यह है कि भूमण्डलीय बाजार संस्कृति 'वेल्थ', 'हेल्थ' और 'कैरेक्टर' जीवन से जुड़ी इन तीनों सच्चाइयों की नयी परिभाषा गढ़ रहा है जिसके तहत 'मनी इज़ एवरिथिंग' वाली अवधारणा प्रचारित की जा रही है। और बाजार के सामने स्त्री मजबूर खड़ी है।

भूमण्डलीय संस्कृति के तमाम नकारात्मक पक्षों के बावजूद कुछ ऐसी विशिष्टताएँ हैं, जिनका स्त्री के जीवन में महत्त्वपूर्ण योगदान है। मिसाल के तौर पर यह भूमण्डलीकरण का ही परिणाम है या कहें मुक्त अर्थव्यवस्था का नतीजा है कि स्त्री के सपनों को एक नया आकाश मिला है। घर की ड्योढ़ी के आगे की दुनिया में उसका हस्तक्षेप बढ़ा है। प्रतिशत भले ही कम हो, लेकिन उसकी स्थिति में परिर्वतन की लहर उठ चुकी है। इससे इनकार नहीं किया जा सकता। यह कहना सही है कि, "जहाँ तक बाहर की दुनिया का सवाल है, स्त्री की उपस्थिति से उसकी संरचना ही बदल गयी है। स्त्री पुरुष सम्बन्धों को नये आयाम भी मिल रहे हैं। साथ पढ़ना, या साथ काम करना, दिन के सबसे सक्रिय घण्टों में साथ रहना, साथ घूमना-फिरना इस परिवेश में सम्बन्धों के औपचारिक निर्वाह से काम नहीं चल सकता। बरबस कहीं ज्यादा निकटता आती है, वह निकटता जो पारम्परिक नैतिक मूल्यों की परिधि से बाहर है। ...मगर इस सम्पर्क से अब बचा नहीं जा सकता।"[60]

इस हकीकत को भी झुठलाया नहीं जा सकता कि आर्थिक स्वातन्त्र्य को भी इससे बल मिला है। आज स्त्रियों में भी स्वावलम्बी बनने की प्रबल भावना देखी जा सकती है। स्त्री अब पुरुष की अनुगामिनी नहीं है, बल्कि अपनी नियन्ता खुद है। शिक्षा के प्रसार और रोजगार के अवसरों से यह सम्भव हो सका है कि सामाजिक, आर्थिक, राजनैतिक सभी क्षेत्रों में स्त्री की अपनी स्वतंत्र पहचान बनने लगी है। भूमण्डलीय व्यवस्था का भी इसमें बड़ा योगदान है। हिन्दी कथा साहित्य में स्त्रियों का यह सबलीकरण तार्किक रूप में सामने आया है। कुछेक स्त्री लेखिकाएँ स्वयं इसका सशक्त उदाहरण बनी हैं। उनके लेखन में स्त्री की जो नयी छवि गढ़ी गयी है, वह पारम्परिक छवि को ध्वस्त करती है। प्रभा खेतान, मैत्रेयी पुष्पा, अनामिका, कृष्णा अग्निहोत्री, मृदुला गर्ग, चित्रा मुद्गल, कात्यायनी, अलका सरावगी, जया जादवानी, कमलकुमार जैसी तमाम स्त्री लेखिकाओं का लेखन इस भूमण्डलीय समाज व्यवस्था में स्त्री की नयी तस्वीर प्रस्तुत करता है।

स्त्री भाषा का सवाल

स्त्री की भाषा पुरुष की भाषा से प्रायः भिन्न होती है। कारण यह है कि भाषा यदि व्यक्ति के विचारों की वाहिका है, भावों-संवेदनाओं, अनुभवों को व्यक्त करने का माध्यम है, जो कि है ही, तो यह मानना होगा कि स्त्री का अनुभव कोश अलग होने के कारण उसकी भाषा भी अलग, भिन्न और विशिष्ट होती है। पुरुष और स्त्री की भाषा में अन्तर होने के अनेक कारण गिनाये जा सकते हैं।

जाहिर है जब स्त्री की भाषा पुरुष की भाषा से भिन्न होती है तो उसके भाषिक विधान-वितान तथा मानदण्ड भी भिन्न होंगे। इस बात से असहमति का कोई कारण नहीं कि, "स्त्रियों की कृतियों को पढ़ते समय भिन्न किस्म की भाषिक संरचना और पठन शैली की जरूरत होती हैं। स्त्री भाषा को आमतौर पर पुरुष भाषा के मानदण्डों से ही देखा गया है। ...पुरुष की भाषा को स्त्री भाषा का आदर्श बताया गया है।"[61] कहना न होगा, यह पुरुषसत्तात्मक सोच के हावी होने का ही परिणाम रहा है। पुरुषसत्ता के समक्ष स्त्री की सत्ता, व्यवस्था, उसके भावबोध, अनुभवबोध, उसकी भाषिकी को कभी महत्त्व ही नहीं दिया गया। फलतः स्त्री को, उसकी भाषा को अलग से देखने की वह दृष्टि ही नहीं पनप सकी। स्त्री विमर्श में इसलिए आज यह प्रश्न गम्भीर चिन्तन का विषय है और इस पर सैद्धान्तिक रीति से विचार की शुरुआत हो चुकी है।

स्त्री की सामाजिक स्थिति को देखते हुए यह कहना होगा कि रस, छन्द, अलंकार के बेलबूटे सजाने में उसकी रूचि प्रायः नहीं रही है। स्त्री के लिए भाषा संवाद का जरिया रही है, वह एकायामी नहीं बहुआयामी संवाद स्थापित करने का व्यवहार भाषा के माध्यम से करती रही है। इसलिए स्त्री पाठ का अपना अलग और विशिष्ट कलेवर है, रंग-ढंग है। स्त्री, जिसे सदियों से लेखन-पठन से दूर रखा गया, उन्हें वक्ता बनने ही नहीं दिया गया, मात्र मौन श्रोता बनाकर रखा गया। जाहिर है जब उसकी भाषा बनने लगी तो उसमें भाषा के विभिन्न पहलुओं पर विचार आरम्भ हुआ। स्त्री पाठ को पढ़ते समय इसलिए उन तमाम पक्षों को दृष्टिगत रखा जाना चाहिए जो उसकी निर्मिति के कारक बने हैं। अनामिका की यह बात इस सन्दर्भ में ध्यान रखने योग्य है कि, "यह बात अपनी जगह दुरुस्त है कि भाषा एक लीलाभूमि है तो एक युद्धभूमि भी। अस्मिता की लड़ाई हो या कोई अन्य मनोसामाजिक संघर्ष—उसकी सबसे महीन और सार्थक अनुगूँजें भाषा में ही दर्ज होती हैं।"[62]

स्त्री भाषा की यह विशेषता है कि उसमें उसका व्यक्तित्व और अनुभूति मण्डल दोनों अन्तर्ग्रन्थित है। कहने की गरज नहीं, स्त्री की भाषा पुरुष की अपेक्षा अधिक सुकुमार, कोमल और लचीली होती है। इसकी वजह यह है कि स्त्रियों में पुरुषों की

अपेक्षा झिझक, संकोच और गोपनभाव अधिक होता है, वे अधिक मर्यादित और संयमी होती हैं, उनमें ममता और करुणा तो पुरुष की अपेक्षा अधिक होती ही है। इन सब गुणों का प्रभाव स्त्री की भाषा पर पड़ता है। यह भी सच्चाई है कि स्त्रियाँ अमूमन पुरुषों की तुलना में ज्यादा खामोश, कम-से-कम दखलन्दाजी करनेवाली, ज्यादातर इशारों की भाषा में बोलनेवाली और पुरुषों से ज्यादा क्रियायों का प्रयोग करती हैं, बातचीत में प्रतिस्पर्द्धा की बजाय सहयोग की राजनीति पर जोर देती हैं। यही वजह है कि स्त्री की भाषा अधिक मृदु, संयमित और प्रभावी होती है। स्त्री माँ है, जाहिर है उसकी भाषा में मातृवत स्नेह और संस्कार प्रधान होता है, पौरुष का अहं प्रायः नहीं होता है।

पश्चिम में इस प्रश्न को सबसे पहले उठाया गया। वर्जीनिया वुल्फ ने 1926 में सर्वप्रथम स्त्री भाषा की समस्याओं पर प्रकाश डाला और इसे चिन्तन का विषय बनाया। उनके अलावा ऐरीगैरी, सान्द्रा, गिलबर्ट, गुएतरी, मेरी हाईट, मेरी रिचिकी आदि ने स्त्री भाषा पर विचारक्रम को आगे बढ़ाया। इन विचारकों ने यह स्पष्ट किया कि भाषा के स्तर पर लिंगभेदीय शब्दावली का प्रयोग गर्भ से नहीं बल्कि समाज की निर्मिति है। पुरुषसत्ता ने जो भाषा व्यवस्था बनायी है वह लिंगभेद पर आधारित है। स्त्रियों को स्त्री बनने और बनाये रखने के लिए भाषा को बतौर हथियार इस्तेमाल किया गया है। स्त्री को वह भाषा दी ही नहीं गयी जो उसमें विवेक, स्वातन्त्र्य और स्वाभिमान का बीजारोपण करे। हिन्दी के सुधीश पचौरी का तो साफ कहना है, "हिन्दी साहित्य का इतिहास पुल्लिंग केन्द्रित भाषा का इतिहास है, चाहे वह रामचन्द्र शुक्ल का ही क्यों न हो, या हजारी प्रसाद द्विवेदी का मध्यकालीन विमर्श ही क्यों न हो, यदि कोई स्त्री उसे लिखे तो निश्चय ही उसमें अब तक प्रच्छन्न शिश्न केन्द्रिकता प्रकट हो। समकालीन साहित्यिक परिदृश्य में हिन्दी का स्त्री लेखन एकदम हाशिये पर है तो इसीलिए कि प्रचलित वर्चस्ववादी भाषा स्त्री की वाणी नहीं बन पाती और बहुत कम लेखिकाएँ स्त्री के लिए निजी भाषा खोजने की चिन्ता करती हैं।"[63]

मानना होगा कि औरत को जो भाषा मिली है वह शिश्न केन्द्रित है, इसलिए उसके अनुभव बोध का अधिकांश अंश वर्णित ही नहीं हो पाया है। "जीवन और भाषा की शिश्न केन्द्रिकता के कारण ही स्त्री अनुभवों पर अंकुश लगा रहता है। भाषा की यह शिश्न केन्द्रिकता औरत को निर्वाक बनाती है। दुनिया की तमाम बड़ी लेखिकाओं को प्रचलित भाषा अपूर्ण और लिंगभेदी लगी है, और नयी भाषा को आसानी से नहीं बना सकते हैं। इसलिए एक ऐसा विमर्श पैदा हुआ है जो 'खामोशियों' से अर्थ देता है। एक स्त्री की खामोशी, आत्मनिर्वासन और आत्मकैंसर का दूसरा नाम है। स्त्रियों के शब्दकोश में गालियों की मात्रा बहुत कम अथवा शून्य

होती है तो इसलिए कि 'गालियाँ' मूलतः शिश्न केन्द्रिक व्याकरण से उद्भूत होती है।"[64] निश्चित रूप से जिन सामाजिक परिस्थितियों में स्त्री भाषा गढ़ी गयी उसमें स्त्री की स्थिति ही चूँकि नगण्य अथवा शून्य थी, इसलिए स्त्री दृष्टिकोण का सर्वथा लोप था। शब्द संरचना, वाक्य विन्यास, प्रस्तुतीकरण की शैली आदि सभी कुछ पर उन परिस्थितियों का प्रभाव विद्यमान है जो वर्षों से पुरुषों के द्वारा संचालित होता रहा है।

बावजूद इसके, आधुनिक काल में जैसे-जैसे स्त्री सचेत होती गयी है, उसमें स्वतन्त्र व्यक्तित्व का भाव पनपने लगा है, वैसे-वैसे ही उसकी भाषा भी निर्मित होने लगी है। खामोशी को तोड़कर वह अभिव्यंजना की नयी शैलियाँ ईजाद करने लगी हैं। स्त्री के मनोमयकोश में ऐसे शब्द पनपने लगे हैं जो गहन अर्थ व्यंजना लिये हुए हैं। भाषिक रचना के प्रायः सभी स्तरों पर स्त्री भाषा की अपनी विशिष्ट पहचान बनी है। शब्दकोश के स्तर पर उसमें ऐसे अनेक नये शब्द आये हैं जो अभी तक या तो प्रचलन से बाहर किये गये थे या अप्रचलित थे पर अब वाक्य-विन्यास का कलेवर बदल रहा है। अनामिका की मानें तो, "आज स्त्री लेखन में भाषा के रचनात्मक अन्यथाकरण के अनेक सजग यत्न हो रहे हैं। शब्दों और वाक्यों के बीच की दरारों, स्खलनों, फाँकों, अनुगूँजों का यानी प्राक्भाषा संवेदनाओं का ऐसा संकेतात्मक सतर्क विनियोग हो रहा है जो सब्जेक्ट पोजीशन पलट सके।"[65] कहना न होगा कि विशेषकर सत्तर के दशक के बाद जो स्त्री लेखन आया है उसमें भाषा के प्रायः प्रत्येक पहलू पर नयी सोच दिखती है। स्त्री ने अपनी भाषा स्वतः गढ़ने का सिलसिला शुरू कर दिया है। इसकी निशानी चित्रा मुद्गल के 'आंवा' की काव्यात्मक पंक्तियों में मिलती है–

तुम्हारे जन्मदिन पर क्या दूँ?
सुबह की दूब पर झूलते सैकड़ों ओस कण!
सैकड़ों ओसकणों में झिलमिलाते सैंकड़ों इन्द्रधुनष!
आओ...
इन सैकड़ों-सैकड़ों इन्द्रधनुषों को अंजुरी में समेट
मैं तुम्हारी उनींदी पलकों पर टाक दूँ;
ताकि रोज रात
तुम्हारे सपनों में खिलते रहें सतरंगी इन्द्रधुनष
और सुबह आँखें खुलते ही
फिर से जा चढ़े दूब की कोपलों में
सुबह के सच होते सपनों से ...।

स्त्री के शब्द विन्यास ही नहीं, उसके वाक्य की बनावट-बुनावट, प्रतीक, मिथक, बिम्ब-विधान, शैली सभी स्तरों पर जो नये अनुप्रयोग दिख रहे हैं वे भाषा की सर्जनात्मकता को तो अभिव्यंजित कर ही रहे हैं, स्त्री की सोच का 'ग्राफ' भी उनसे निर्मित हो रहा है।

संक्षेपतः यह कहना होगा कि स्त्री विमर्श की सैद्धान्तिकी के विविध पक्ष उसके लेखन के विधायक तत्त्वों के आधार पर समझे-परखे जा सकते हैं। स्त्री विमर्श महज एक आन्दोलन नहीं है बल्कि सामाजिक सचेतनता का प्रमाण भी है। स्त्री लेखन में समाज की चिन्ता का वह जरूरी पक्ष शामिल है जिसका सम्बन्ध सीधे तौर पर आधी आबादी के हितों, अधिकारों से जुड़ा है। इस विमर्श ने स्त्री लेखन की पहचान-परख के लिए नये मूल्य और मानदण्ड स्थापित किये हैं। इन पर विचार किये बगैर स्त्री लेखन की वैचारिकी को नहीं समझा जा सकता।

सन्दर्भ

1. सिमोन द बोउवा – स्त्री उपेक्षिता (अनु. प्रभा खेतान), पृ. 23
2. वही पृ. 23
3. राकेश कुमार – नारीवादी विमर्श, आधार प्रकाशन, पंचकूला, 2011, पृ. 9
4. अनामिका – स्त्रीत्व का मानचित्र, सारांश प्रकाशन, प्रा. लि. दिल्ली, 2001, पृ. 53
5. अनुपमा राय – नारीवादी राजनीति : सन्दर्भ और मुद्दे, हिन्दी माध्यम कार्यक्रम निदेशालय, दिल्ली विश्वविद्यालय, दिल्ली पृ. 70
6. पीटर बेरी – बिगनिंग थ्योरी, मैन्चेस्टर यूनिवर्सिटी प्रेस, न्यूयार्क, दूसरी आवृत्ति, पृ. 121
7. अर्चना वर्मा – अस्मिता विमर्श का स्त्री स्वर, वाणी प्रकाशन, दिल्ली, पृ. 157
8. डॉ. सुमित पी.वी. – अनामिका के साहित्य : स्त्री विमर्श, के. एल. पचौरी प्रकाशन, गाजियाबाद, 2012, पृ. 24
9. सुधीश पचौरी – उत्तर आधुनिक साहित्यिक विमर्श, वाणी प्रकाशन, नयी दिल्ली, 2000, पृ. 123
10. अर्चना वर्मा – अस्मिता विमर्श का स्त्री स्वर, वाणी प्रकाशन, दिल्ली, पृ. 150
11. अनामिका – स्त्रीत्व का मानचित्र – सारांश प्रकाशन, प्रा. लि. दिल्ली 2001, पृ. 42
12. सरला माहेश्वरी – नारी प्रश्न, राधाकृष्ण प्रकाशन, नयी दिल्ली, 1998, पृ. 15
13. वहीं, पृ. 41
14. मल्लिका सेनगुप्ता – पूर्वाग्रह (पत्रिका) अंक, 104, पृ. 97
15. विनोद मिश्र – नारी मुक्ति का सवाल : मार्क्सवाद के परिप्रेक्ष्य में, वसुधा (सं. कमला प्रसाद) अंक 59-60, 2004, भोपाल, पृ. 188
16. अनामिका – स्त्रीत्व का मानचित्र, सारांश प्रकाशन, प्रा. लि. दिल्ली, 2001 पृ. 27
17. जगदीश्वर चतुर्वेदी – स्त्रीवादी साहित्य विमर्श, अनामिका पब्लिशर्स ऐण्ड डिस्ट्रीब्यूटर्स, नयी दिल्ली, पृ. 44

18. वहीं पृ. 46
19. सुमन राजे – हिन्दी साहित्य का आधा इतिहास, भारतीय ज्ञानपीठ, नयी दिल्ली, 2004, पृ. 44
20. रेखा कस्तवार – स्त्री चिन्तन की चुनौतियाँ, राजकमल प्रकाशन, नयी दिल्ली, 2009, पृ. 68
21. सावित्री सिन्हा – मध्यकालीन हिन्दी कवयित्रियाँ, आत्माराम ऐण्ड सन्स् दिल्ली, 1953, पृ. 103
22. जगदीश्वर चतुर्वेदी – स्त्रीवादी साहित्य विमर्श, अनामिका पब्लिशर्स एण्ड डिस्ट्रीब्यूटर्स, नयी दिल्ली, 2011, पृ. 47
23. वही, पृ. 60 - 61
24. रेखा कस्तवार – स्त्री चिन्तन की चुनौतियां, राजकमल प्रकाशन,, नयी दिल्ली, 2009, पृ. 69
25. जगदीश्वर चतुर्वेदी – स्त्रीवादी साहित्य विमर्श, अनामिका पब्लिशर्स नयी दिल्ली, पृ. 78
26. सुमन राजे – हिन्दी साहित्य का आधा इतिहास, भारतीय ज्ञानपीठ, नयी दिल्ली, 2004, पृ. 250
27. सुधा चौहान – मिला तेज से तेज, हंस प्रकाशन,, इलाहाबाद 1982, पृ. 83
28. अमृतराय – नई समीक्षा, हंस प्रकाशन, इलाहाबाद, 1982, पृ. 83
29. महादेवी वर्मा – साहित्यकार की आस्था और अन्य निबन्ध, लोकभारती प्रकाशन,, इलाहाबाद सं. 1962, पृ. 169
30. महादेवी वर्मा – मेरे प्रिय निबन्ध, नेशनल हाउस, नयी दिल्ली, 1986, पृ. 56
31. वही, पृ. 55
32. अनामिका – त्रियाचरित्रं : उत्तरकाण्ड, आधार प्रकाशन, पंचकूला, 2012, पृ. 52
33. हंस, जून 1994, पृ. 67
34. प्रभा खेतान - हंस की नारीवादी उड़ान, पितृसत्ता के नये रूप : स्त्री और भूमण्डलीकरण, सं. राजेन्द्र यादव, राजकमल प्रकाशन, नयी दिल्ली, 2010, पृ. 19
35. अनामिका – स्त्रीत्व का मानचित्र – सारांश प्रकाशन, दिल्ली 2001, पृ. 11
36. अनामिका – त्रियाचरित्रं : उत्तरकाण्ड, 2012, पृ. 19
37. सुधीश पचौरी – उत्तर आधुनिक साहित्यिक विमर्श, वाणी प्रकाशन,, नयी दिल्ली, पृ. 116
38. प्रो. जगदीश्वर चतुर्वेदी – स्त्रीवादी साहित्य विमर्श, अनामिका पब्लिशर्स नयी दिल्ली, पृ. 19
39. वहीं, पृ. 198
40. अनामिका – त्रियाचरित्रं : उत्तरकाण्ड, आधार प्रकाशन, पंचकुला, 2012, पृ. 20 - 22
41. सुधीश पचौरी – उत्तर आधुनिक साहित्यिक विमर्श, वाणी प्रकाशन, नयी दिल्ली, पृ. 116
42. अर्चना वर्मा – अस्मिता विमर्श का स्त्री स्वर, वाणी प्रकाशन, 2010, पृ. 40
43. महादेवी वर्मा – महादेवी साहित्य समग्र (सं. निर्मला जैन), वाणी प्रकाशन, 2000, पृ. 331
44. अरविन्द जैन – औरत : अस्तित्व और अस्मिता, पृ. 56
45. चित्रा मुद्गल – आंवा, सामयिक प्रकाशन, नयी दिल्ली, 1999 पृ. 539

46. अनामिका – त्रियाचरित्रं : उत्तरकाण्ड, आधार प्रकाशन, पंचकूला, 2012, पृ. 127
47. जगदीश्वर चतुर्वेदी – स्त्रीवादी साहित्य विमर्श, अनामिका नयी दिल्ली, 2011, पृ. 104
48. महादेवी वर्मा – साहित्यकार की आस्था तथा अन्य निबन्ध, लोकभारती प्रकाशन, इलाहाबाद, 1962, पृ. 44
49. सुभद्रा कुमारी चौहन – बिखरे मोती, हंस प्रकाशन, इलाहाबाद, 1992, आत्मनिवेदन
50. प्रभा खेतान – हंस, जून 1999, पृ. 65
51. राकेश कुमार – नारीवादी विमर्श, आधार प्रकाशन, पंचकूला, 2011, पृ. 23
52. महादेवी वर्मा – महादेवी साहित्य समग्र 3 (निर्मला जैन) वाणी प्रकाशन, 2002, पृ. 332
53. राकेश कुमार – नारीवादी विमर्श, आधार प्रकाशन, पंचकूला, 2011, पृ. 31-32
54. अरविन्द जैन – देह हथियार नहीं अधिकार है स्त्री का, वसुधा, अंक 59-60 अक्टूबर 2003, मार्च, पृ. 522
55. वहीं, पृ. 524 से उद्धृत
56. सिमोन द बोउवा – स्त्री उपेक्षिता (अनु. प्रभा खेतान) पृ. 28
57. प्रभा खेतान – बाजार के बीच बाजार के खिलाफ, वाणी प्रकाशन, 2010, पृ. 58
58. अनामिका – त्रियाचरित्रं : उत्तरकाण्ड, आधार प्रकाशन, पंचकूला, 2012, पृ. 123
59. प्रभा खेतान – बाजार के बीच बाजार के खिलाफ, वाणी प्रकाशन, 2010, पृ. 96-97
60. सुमिता – सम्बन्धों का नया व्याकरण, स्त्री के लिए नयी जगह, सं. राजकिशोर, वाणी प्रकाशन, 2009, पृ. 155
61. जगदीश्वर चतुर्वेदी – स्त्रीवादी साहित्य विमर्श, अनामिका पब्लिशर्स, दिल्ली, पृ. 267
62. अनामिका – त्रियाचरित्रं : उत्तरकाण्ड, आधार प्रकाशन, 2012, पृ. 97
63. सुधीश पचौरी – उत्तर आधुनिक साहित्यिक विमर्श, वाणी प्रकाशन, नयी दिल्ली, 1996, पृ. 121
64. वही, पृ. 122
65. अनामिका – स्त्रीत्व का मानचित्र, सारांश प्रकाशन, दिल्ली, 2001, पृ. 163

●

आदिवासी विमर्श की सैद्धान्तिकी

आदिवासी का शाब्दिक अर्थ है आदिम युग में रहनेवाली जातियाँ। मूलतः यह वे जातियाँ हैं जो 5000 वर्ष पुरानी भारतीय सभ्यता को संजोये हुए हैं। यह पूरे भारतवर्ष में पायी जाती हैं, कहीं बस्ती के सीमान्त क्षेत्रों में तो कहीं दूरस्थ जंगलों, पहाड़ों, मैदानों में। यह जातियाँ घुमन्तू मानी जाती रही हैं। एक अनुमान के मुताबिक देश की आबादी का आठवाँ भाग आदिवासी है। यानी हर आठ भारतीय में एक आदिवासी है। यह भी प्रमाण मिलता है कि, औपनिवेशिक युग के पूर्व आदिवासियों की अपनी स्वतन्त्र सत्ता थी। जल, जंगल, जमीन और प्रकृति के संसाधनों पर उनका अधिकार था। परन्तु जैसे-जैसे साम्राज्यवादी ताकतें बढ़ती गयीं, औपनिवेशिक सत्ताएँ मजबूत होती गयीं, वैसे-वैसे आदिवासियों का शोषण और उन पर अत्याचार बढ़ता गया। उनके संसाधनों पर जबरन कब्जा किया जाने लगा, उन्हें अपनी जमीन से बेदखल किया जाने लगा। यह भी कि, अपनी स्वायत्तता और अस्मिता के लिए जितना और जिस व्यापक पैमाने पर आदिवासियों ने विद्रोह किया, उतना देश के किसी अन्य तबके ने नहीं किया। पूर्वोत्तर में सात राज्यों का गठन और कुछ ही वर्षों पूर्व गठित झारखण्ड, छत्तीसगढ़, उत्तराखण्ड सभी आदिवासी बहुल राज्यों का गठन आदिवासी अस्मिता की लड़ाई का सबूत है। स्वतन्त्र भारत के संविधान में भी आदिवासी समुदाय के लिए ढेरों योजनाएँ बनायी गयीं। उनकी कला को तो तथाकथित सभ्य समाज ने सराहा, परन्तु दुर्भाग्यवश उनकी सभ्यता और संस्कृति को समझने, उनके अधिकारों के औचित्य को समझने का प्रयास न के बराबर हुआ। परिणामस्वरूप संवैधानिक प्रावधानों के बावजूद इस समुदाय की समुन्नति का सपना साकार नहीं हो सका।

यह हकीकत है कि इस धरा का मूल निवासी (इण्डिजिनस) आदिवासी होने के बावजूद तथाकथित सभ्य समाज की बर्बरता से यह समुदाय जंगलों, कन्दराओं की ओट में रहने के लिए विवश रहा। प्रकृति से साहचर्य स्थापित कर यह समुदाय

जल, जंगल और जमीन के किसी कोने में दुबका रहा। विकास और सुविधा-संसाधन से वंचित रहा। परन्तु दर-ब-दर विस्थापित होने के बावजूद इस समुदाय ने अपनी संस्कृति, सभ्यता, भाषा को कभी त्यागा नहीं। लाभ-लोभ की प्रवृत्ति से दूर रहकर आदिवासी समुदाय ने सदियों से जंगलों में कन्द-मूल-फल खाकर, पोखरों, झरनों का पानी पीकर जीवनयापन किया– पूरे आत्माभिमान सहित अपनी भाषा, संस्कृति और जीवन शैली को जिन्दा रखते हुए। आदिवासी विमर्श की अग्रणी संयोजिका डॉ. रमणिका गुप्ता के शब्दों में, "अस्तित्व, अस्मिता और आत्मसम्मान उनके लिए अनिवार्य है। अस्मिता की रक्षा के लिए उनकी भाषा और संस्कृति का जिन्दा रहना जरूरी है तो अस्तित्व के लिए जरूरी हैं जल, जंगल और जमीन का होना। जल, जंगलविहीन आदिवासी की कल्पना करना ही असम्भव है।"[1]

लगातार शोषण और विस्थापन के शिकार रहने के कारण ही इस समुदाय में आक्रोश का भाव तीव्र होता रहा। जैसे-जैसे आदिवासी वर्ग शिक्षा और नागरी परिवेश से परिचित हुआ, उसे अपने मूल्य और वजूद का एहसास सालने लगा। आदिवासी अपने को छला हुआ, विकास की मुख्यधारा से वंचित और समाज का बहिष्कृत हिस्सा समझने लगा। उसमें अपने शोषण का बोध जैसे-जैसे बढ़ता गया, वैसे-वैसे उसने सभ्य जातियों के अत्याचार के विरुद्ध बगावत का रास्ता अख्तियार किया। आदिवासी साहित्य में विद्यमान वेदना, पीड़ा, आक्रोश का भाव इसका प्रतीक है। इस कथन की प्रामाणिकता पर सन्देह नहीं किया जा सकता कि, "दरअसल आदिवासियों का शोषण केवल बाहरी शक्तियों ने ही नहीं किया बल्कि भारत के आन्तरिक उपनिवेशवादियों ने उनका अधिक शोषण किया। उनकी जमीनें और रोजगार के साधन तो बाहरी लोगों ने हड़पे ही, साथ ही साथ इतनी अधिक संख्या में मैदानी लोग वहाँ आकर बस गये कि आदिवासी अपने ही घर में अल्पसंख्यक हो गये– निज घरे परदेशी। ...आज यह आक्रोश उनकी कविता, कहानी या उपन्यासों में तो दर्ज हो ही रहा है, वह लोककथाओं व लोकगीतों में भी सुनाया-गाया जा रहा है। इसी के फलस्वरूप वहाँ उग्रवाद भी पनपा, जिसका दंश वे ही झेल रहे हैं और उस पर लिख भी रहें हैं।"[2]

गौरतलब है कि अपनी उपेक्षा और अन्याय के विरोध में आदिवासी समुदाय प्रतिरोध करता रहा है। देश के अनेक हिस्सों में आदिवासी विद्रोह की लम्बी परम्पराएँ रही हैं। मिशन विद्रोह जैसे आन्दोलन से आदिवासी समाज की तड़प, बेचैनी और संघर्ष का अन्दाजा लगाया जा सकता है। तीर और कमान आदिवासी की पहचान रहे हैं, आज यह पहचान कलम की शक्ति के रूप में उद्घाटित हो रही है। जैसे-जैसे जागरूकता और चेतना बढ़ रही है, ज्ञान की रोशनी से जंगलवासी परिचित हो रहे हैं, वैसे-वैसे उनमें अपने स्वत्व का बोध और अस्मिता का भान दृढ़ होता जा रहा है। जीवन

के बुनियादी हकों के लिए वे संगठित हो रहे हैं, कलम की ताकत उनके संगठन में महत्त्वपूर्ण भूमिका अदा कर रही हैं। आज आदिवासी लेखन अपनी सामाजिक, सांस्कृतिक विशिष्टताओं का उद्घाटन कर उस समूची व्यवस्था को प्रश्नांकित कर रहा है जिस पर सभ्य कही जानेवाली सभ्यता गुमान करती रही है। यह भी कि, यह विमर्श समूची सांस्कृतिक परम्परा के पुनर्पाठ की आवश्यकता भी जता रहा है।

आदिवासी विमर्श अस्तित्व और अस्मिता का विमर्श है। यह ऐसा विमर्श है जिससे इस समुदाय की परम्परा, रूढ़ियाँ, अन्याय, अत्याचार, अपमान, शोषण सभी कुछ बयान हो रहा है। लोककला, संगीत, नृत्य, संस्कृति, भाषा, बोली और लिपि आदि विभिन्न धरातलों पर आदिवासी लेखन एक व्यापक विमर्श का हिस्सा बन रहा है। चूँकि इसकी लिपि और भाषा को लम्बे अरसे तक पहचान ही नहीं मिल सकी इसलिए उनका संरक्षण और विकास भी बाधित हुआ। पर इसके बावजूद, इस समुदाय ने अपनी संस्कृति, सभ्यता और अस्मिता के प्रतीकों को जीवित रखा। प्रतिष्ठित मराठी आदिवासी साहित्यकार वाहरू सोनवणे का यह कहना ठीक है कि, "लिखित ही केवल साहित्य होता है, यह कहना ही आदिवासियों की दृष्टि से असंगत है। साहित्य और कला, साहित्य और जीवन के बीच जो दीवारें समाज में खड़ी हैं, उन दीवारों का आदिवासी समाज में कुछ भी स्थान नहीं है। इन व्याख्याओं को बदलना जरूरी है क्योंकि आज आदिवासी समाज में कई प्रथाएँ लोकगीत और नाटक तथा अनेक अन्य कलाएँ विद्यमान हैं जिसे शब्दबद्ध नहीं किया गया है। हजारों वर्षों से चली आ रही परम्पराएँ कभी थमी नहीं। वे परम्पराएँ आज भी मौलिक रूप में आदिवासी जीवन का अभिन्न अंग हैं। फिर इसे साहित्य कैसे नहीं कहेंगे।"[3] ऐसी दलीलें इस बात की आवश्यकता जता रही हैं कि आदिवासी साहित्य को सही परिप्रेक्ष्य में देखने की जरूरत है। यह सच्चाई है कि लोककला आदिवासी जीवन का प्राण है। आज भी बहुत-सी लोककलाएँ लिपिविहीन भाषाओं में होने के कारण संरक्षित नहीं हो सकी हैं। यदि इन्हें भाषा और लिपि दी जा सके तो निश्चय ही न सिर्फ इससे धरती के मूलनिवासियों की संस्कृति, सभ्यता के अनछुये पहलुओं से परिचय प्राप्त हो सकेगा। अपितु भारतीय संस्कृति के समग्र परिदृश्य को जानने-समझने का मार्ग भी प्रशस्त हो सकेगा।

यह एक प्रश्न के तौर पर चर्चा का विषय रहा है कि आदिवासी साहित्य क्या है? कारण यह कि इस साहित्य के बहाने जो तथ्य सामने आ रहे हैं उसमें सभ्य समाज की बर्बरता, अमानुषिकता का उल्लेख मात्र नहीं है अपितु मानव सभ्यता के इतिहास की जमीनी हकीकत को मटियामेट करने की कहानी भी अभिव्यक्त हो रही है। यह साहित्य समूची साहित्य दृष्टि, संस्कृति दृष्टि को प्रश्नांकित नजर से देख

रहा है और महज देख ही नहीं रहा है बल्कि उनके पुनर्लेखन और पुनर्पाठ की दरकार भी जता रहा है। प्रसिद्ध आदिवासी विमर्शकार डॉ. विनायक तुकाराम के अनुसार "आदिवासी साहित्य वन संस्कृति सम्बन्धित साहित्य है। आदिवासी साहित्य उन वन जंगलों में रहनेवाले वंचितों का साहित्य है जिनके प्रश्नों का अतीत में कभी उत्तर ही नहीं दिया गया। यह ऐसे दुर्लक्षितों का साहित्य है जिनके आक्रोश पर मुख्यधारा की समाज व्यवस्था ने कभी कान ही नहीं धरे। यह गिरि, कन्दराओं में रहनेवाले अन्यायग्रस्तों का क्रान्ति साहित्य है। सदियों से जारी क्रूर और कठोर न्याय व्यवस्था ने जिनकी सैकड़ों पीढ़ियों को आजीवन वनवास दिया, उस आदिम समूह की मुक्ति का साहित्य है आदिवासी साहित्य।"[4]

आदिवासी साहित्य जीवनवादी साहित्य है। इसमें लक्षित विद्रोह जीवन के बुनियादी हकों से महरूम करनेवाली व्यवस्था के विरोध की अभिव्यक्ति है। आदिवासी साहित्यिक के मन में उठनेवाली टीस विचारणीय है, "जब इतिहास के झरोखें में झाँका और अपने समक्ष खड़े वर्तमान का अवलोकन किया तो एक बात समझ में आयी कि इतिहास या अतीत में हमें राक्षस करार देकर हमारा कत्लेआम किया गया। चातुर्वण की रक्षा के लिए श्रीराम ने 'ताड़का' का वध किया। शिक्षा का अधिकार 'एकलव्य' को नहीं दिया गया। इतना ही नहीं, गुरुदक्षिणा के नाम पर एकलव्य का अँगूठा काटकर आदिवासियों की कलम को अपमानित किया गया। स्वतन्त्रता संग्राम में अंग्रेजों के विरोध में बिहार में लड़नेवाले बिरसा मुण्डा, मध्यप्रदेश में तण्टया भील, महाराष्ट्र में खाज्या नाईक, रामदास महाराज, भागोजी नाईक, उमाजी नाईक जैसे वीरों ने अपना जीवन न्योछावर कर दिया लेकिन इन क्रान्तिवीरों के पराक्रम की गाथा इतिहास में नहीं आयी। इतिहास में हमें नकार दिया। एक तरफ यह इतिहास बोध है तो दूसरी तरफ समाज में कोढ़ स्वरूप व्याप्त रूढ़ियों, अन्धविश्वासों, परम्पराओं के प्रति गहरी वितृष्णा का भाव है। आदिवासी साहित्य में बिरसा मुण्डा का नारा उलगुलान अर्थात् सभी क्षेत्रों में एक साथ जन उभार का लक्ष्य विद्यमान है। स्वतन्त्रता, समानता और बन्धुता के पक्षधर आदिवासी विमर्श के विद्रोही और क्रान्तिकारी स्वर में उनके दमन और शोषण का इतिहास अंकित हुआ है। आदिवासी कवयित्री उषाकिरण आत्राम की पंक्तियों में इन भावों की व्यंजना को देखा जा सकता है–

मूक पशुओं को छोड़
अन्यायी सेठों पर निशाना लगा
जंग चढ़ी तलवारों को तेज करके
समय देखकर चलना भी सीख

वैचारिकी के प्रमुख पक्ष

अपने अस्तित्व और अस्मिता की खोज आदिवासी विमर्श की मुख्य अपील है। धर्म, जाति, समाज, संस्कृति के नाम पर आदिवासियों के साथ कैसे-कैसे छलावे किये गये, कैसे उन्हें बहिष्कृत किया गया, उनकी अस्मिता को खत्म करने की साजिशें रची गयी, इसकी प्रतिध्वनि आदिवासी लेखन में मिलती है। कभी 'वनवासी' कहकर तो कभी हिन्दू अथवा क्रिश्चयन रीति से धर्म संस्कार करके उन्हें गुलाम बनाने के लिए की गयी कोशिशों का पर्दाफाश भुजंग मेश्राम की इन पंक्तियों में हुआ है-

वे हमें सौ टक्का सब्सिडी इसलिए दे रहे हैं
ताकि उसके बदले में
आदिवासियों का नामकरण
वनवासी किया जाये
वे आये, तब
उनके हाथ में थी बाइबल
और हमारे हाथ में जमीन।
वे बोले ईश्वर के पास भेद नहीं
कोई काला या गोरा, करे प्रार्थना
बन्द करो आँखें, हमने बन्द की आँखें
जब आशा से आँखें खोली तो
देखा उनके हाथ में जमीन थी
और हमारे हाथ में बाइबल।

आदिवासी समाज की मुक्ति के लिए संघर्षरत आदिवासी वीर पुरुषों का राजनीतिक, सामाजिक विद्रोह इसकी मूल प्रेरणा है। यह साहित्य केवल शब्दबद्ध रचना नहीं है बल्कि मुद्दों पर आधारित, शोषित, उपेक्षित, बहिष्कृत वर्ग की आवाज उठानेवाला प्रतिबद्ध, परिवर्तनकारी और संकल्पबद्ध साहित्य है। आदिवासी विमर्श के सवालों को उचित परिप्रेक्ष्य प्रदान करने की गरज से डॉ. गणेश देवी की यह अपील उल्लेखनीय है– "अगर गुजरात में भील शराब पीये तो यह गैरकानूनी है। परन्तु वहाँ चार हजार लोग जला दिये गये, वह गैर कानूनी नहीं है। आदिवासी के पास अगर उनकी जमीन के कागज-पत्र नहीं है तो उसका अपनी जमीन पर, उसके पूर्वजों की अस्थियाँ जहाँ दफनायी गयी हैं– उस पर उसका हक गैर कानूनी है। आदिवासी की भाषा भी गैरकूनी है। उनकी भाषा तो संविधान की अष्टम अनुसूची में अभी तक नहीं आयी। अगर वह कुछ बोले तो गुनाह है। इस प्रकार जिस समाज के दायरे में आदिवासी खड़ा है उसे वह कैसे बदले, साहित्य के लिए यह भी एक बड़ी चुनौती

है।''[5] दरअसल ब्लैक लिटरेचर से भी बड़ी और कड़ी है यह चुनौती। आदिवासी विमर्श आज चिन्तन की अलग विधा बन रहा है, उसके अपने 'कैनान' अलग निर्मित हो रहे हैं। वाहरू सोनवणे, भुजंग मेश्राम, रोज केरकेट्टा, मधुराय बोडो, स्वर्णप्रभा चैनारी, निर्मला पुतुल, चामुलाल राठवा, पृथ्वी माँझी, सुमन्यु सतपथी, नन्दकुमार, देववर्मा, फुकनचन्द्र आदि लेखक विभिन्न आदिवासी समूहों की वाणी को अभिव्यक्त कर रहे हैं। प्रस्थापितों का यह साहित्य परिवर्तनकारी है; क्रान्तिकारी है। इसमें प्रतिरोध का भाव है, विरोध का भाव है। अस्वीकार का साहस है। स्वीकार की दलीलें हैं। अनुभव की पूँजी है। आदिवासियों के बारे में इतिहासवेत्ताओं, समाजचिन्तकों, साहित्यकारों ने सैकड़ों वर्षों से जो कलुषित धारणाएँ बना रखी थीं उसके प्रति तीव्र प्रतिरोध का भाव आदिवासी लेखन में प्रकट हो रहा है। लेखक की कविताओं, कहानियों में व्यवस्था विरोध और हिन्दू संस्कृति के प्रति जो विरोध का भाव है, उसका कारण यही है, और यही वजह है कि आदिवासी लेखन में वे मिथक, बिम्ब, प्रतीक प्रायः नहीं मिलते जो कि तथाकथित सभ्य और सुसंस्कृत साहित्यिकों के लेखन के हिस्से हैं। बनिस्बत इसके इनके लेखन में जंगल है, केचुआ है, मिट्टी है, पक्षी हैं, पेड़-पौधे हैं, सूर्य-चन्द्रमा हैं, पानी, बिजली, झरने और पोखर हैं।

यहाँ आदिवासी और दलित लेखन के रिश्ते की पड़ताल भी अपेक्षित है। कारण यह कि आदिवासी लेखन को जाने या अनजाने दलित लेखन में डालने की पुरजोर माँग दलित लेखन द्वारा उठायी जाती रही है। बेशक आदिवासी साहित्य की मूल प्रेरणा का सह सम्बन्ध दलित चेतना के उभार से रहा है, इसमें कोई दो मत नहीं। फुले-आम्बेडकर के विचार-दर्शन से जिस प्रकार दलित लेखन प्रभावित और उद्वेलित हुआ, उसी प्रकार आदिवासी साहित्य भी। परन्तु सामाजिक बहिष्कृति और उपेक्षा तथा अमानवीय व्यवहारगत समानता के बावजूद दलितों और आदिवासियों के समुदायिक जीवन में कुछ ऐसे मूलभूत अन्तर हैं जिन्हें एक ही चश्में से नहीं नहीं देखा जा सकता और सामाजिक दृष्टि से उन्हें देखा भी नहीं गया। यह सच्चाई है। दलितों के प्रति जो दृष्टिकोण रहा, आदिवासियों के प्रति वह नहीं रहा। रमणिका गुप्ता के शब्दों में, "दलित गाँव से बाहर रहकर भी हिन्दू संस्कृति का हिस्सा रहा है। उसे सामाजिक बहिष्कृति के बावजूद उस संस्कृति की अधीनता स्वीकार करनी पड़ी है जबकि आदिवासी को तो निरन्तर खदेड़ा जाता रहा है। डायन, भूत, असभ्य आदि कहकर मानव सभ्यता से बाहर किया जाता रहा। इसलिए दलितों और आदिवासियों की पीड़ा एक नहीं हो सकती।"[6] गाँव के बाहर पराधीन होकर रहने और सभ्यता से ही बहिष्कृत कर दिये जाने दोनों की वेदना एक नहीं हो सकती। साहित्यकार कमलेश्वर के शब्दों में, ''आदिवासी साहित्य के आन्तरिक स्वर को

समझा जाना चाहिए। इसका स्वर हमारी भारतीय भाषाओं के दलित स्वर से आगे का स्वर है। दलितों और आदिवासियों के इस मूलभूत अन्तर को रेखांकित करना जरूरी है। हाँलाकि आदिवासियों के बीच दलित भी मौजूद हैं पर दलितों और आदिवासियों की स्थिति में जमीन-आसमान का अन्तर है।''[6] आदिवासी विमर्शकार राजाराम भादू ने भी इस तथ्य को रेखांकित करते हुए कहा है, ''आदिवासी साहित्य के उद्भव और परिप्रेक्ष्य निर्माण में मराठी के दलित साहित्य के सम्बन्ध को जोड़कर देखा गया है जो सही भी है, लेकिन आदिवासी अस्मिता और उनकी संघर्षधर्मी चेतना के विकास और प्रतिरोधी संगठनों के निर्माण में नक्सलवादी आन्दोलन के प्रेरणा, प्रयासों को वहाँ लगभग नजरअन्दाज कर दिया गया है। जबकि तेलंगाना-तेभागा आन्दोलन से ही आदिवासी स्त्री-पुरुषों की गोलबन्दी आरम्भ हो गयी थी। यह प्रक्रिया नक्सलवादी श्रीकाकुलम, दण्डकारण्य और भोजपुर में आगे परवान चढ़ी और भयंकर दमन और उत्पीड़न के बावजूद आज भी आदिवासी अंचलों में फैलती जा रही है।''[7]

बेशक आदिवासी अंचलों में नक्सली आन्दोलनों के उभार को भी इस पृष्ठभूमि में देखना जरूरी है। यह विचारणीय है कि आखिर क्यों आदिवासी अंचल नक्सली बनने पर मजबूर हो रहा है। बहरहाल, आदिवासी विमर्श के मुद्दों और पृष्ठभूमि की पड़ताल के साथ यह कहा जा सकता है कि इससे वंचित, बहिष्कृत समुदाय की चेतना को केन्द्र में लाने की पहल हो रही है। समय और समाज की स्थिति को देखते हुए यह स्वीकारना होगा कि वर्ण, वर्ग, जाति, लिंग भेद की दूरियों को पाटकर ही सामाजिक न्याय व्यवस्था और समुन्नत समाज की स्थापना हो सकती है।

आदिवासी साहित्य मूलतः अस्मितावादी साहित्य है। आदिवासी धरा के मूल निवासी हैं। जाहिर है धरा के निवासियों की समस्या का उद्घाटन और समाधान ही इस साहित्य का मुख्य सरोकार है। आदिमों के सर्वांगीण उत्थान का सवाल ही इसके केन्द्र में है। इस साहित्य का सपना है कि आदिम समूहों में वर्ग रहित, जाति रहित, समाज व्यवस्था रची जाये। जो जीवन मूल्य आदिवासियों के हैं, उनके जीवन से जुड़े हुए हैं, उन पर व्यापक विमर्श की वकालत यह विमर्श करता है। आदिवासी विमर्श के मुख्य सरोकारों को निम्न बिन्दुओं के तहत वर्गीकृत किया जा सकता है–

1. अस्मिता 2. अस्तित्व 3. संघर्ष और चुनौतियाँ

अस्मिता

आदिवासी भाषा, साहित्य और संस्कृति में अस्मिता का सवाल सबसे अहं सवाल है। धरा का मूल निवासी होने के बावजूद उन्हें पग-पग पर अपनी अस्मिता का भान तथाकथित सभ्य समाज को कराना पड़ता है। इसकी वजह यह है कि उनकी अपनी भाषा और संस्कृति को सभ्यता ने कभी स्वीकार ही नहीं किया, वे केवल

नुमाइश की वस्तु बनाकर रखे गये। गौरतलब है कि जिस समाज की भाषा और संस्कृति के समक्ष संकट के बादल मँडरा रहा हो उसकी अस्मिता भला कैसे सुरक्षित रह सकती है? आदिवासियों के साथ सभ्यता ने सदैव दुर्व्यवहार किया, उन्हें असभ्य और जंगली समझकर सदा दुत्कारा और निर्वासित जीवन जीने को बाध्य किया। गरज यह कि तथाकथित सभ्यता से दूर गिरि, कन्दराओं में रहने के बावजूद उन्हें हमेशा खदेड़ा जाता रहा। उनकी अपनी अस्मिता को सदैव तार-तार किया जाता रहा।

यही नहीं जल, जंगल और जमीन का वह टुकड़ा जो उन्हें नसीब हुआ था वहाँ से भी वे दर-ब-दर की ठोकरें खाने के लिए हमेशा मजबूर किये जाते रहे। जबकि देखा जाये तो उसी में उनकी अस्मिता के सूत्र रचे बसे हैं। कमलेश्वर जी सही कहते हैं कि आज के आदिवासी की अस्मिता ही जल, जंगल और जमीन से आबद्ध है। उनकी सम्पूर्ण सामाजिक संरचना और जीवनयापन का साधन जल, जंगल और जमीन ही है। यही और जीवन के इन्हीं तत्त्वों के साथ आदिवासी समुदायों की भाषा, शिक्षा, संस्कृति और जीवनशैली विकसित हुई है।

आदिवासी समुदाय के साथ सरकारी-गैरसरकारी स्तर पर होनेवाले अमानुषिक अत्याचार को इस विमर्श के अन्तर्गत उठाया जा रहा है। बढ़ते औद्योगिकीकरण और बाजारीकरण के फलस्वरूप अगर कोई समुदाय सर्वाधिक पीड़ित और त्रस्त हुआ है तो वह आदिवासी है। आदिवासियों को विकास के नाम अंग्रेजी हुकूमत के समय से ही न जाने कितने विस्थापन झेलने पड़े हैं, खानाबदोश का जीवनयापन करने के लिए उन्हें मजबूर किया जाता रहा है। जंगलों का अन्धाधुन्ध कटाव और आदिवासियों की जमीन पर, उनकी शरणस्थली पर बेजा कब्जा आदिवासी को उसकी पहचान से ही महरूम करता रहा है। दरअसल आदिवासियों के पास जंगल, जमीन न हो तो उस आदिवासी की पहचान ही खत्म हो जाती है। अंग्रेजों ने यही किया और हमारी सरकार नें भी यही नीति जारी रखी। अंग्रेजों ने अपनी राजस्व की नीति में स्थायी बन्दोबस्ती थोपकर जमीन के अधिकार जमींदारों के हाथों में दे दिये और आदिवासी जो सामूहिक रूप से पूरे गाँव के मालिक हुआ करते थे, वे उन जमींदारों के रैयत-दर-रैयत बन गये। यही सच्चाई है। आदिवासियों की जीवन चर्या में उनका हस्तक्षेप, उन्हें जीवनोपयोगी न्यूनतम वस्तुओं से भी वंचित करने-रखने की प्रवृत्ति के कारण आदिवासी की अस्मिता पर संकट के बादल तो मँडरा ही रहे हैं उसकी एक भिन्न पहचान भी बनायी जाने लगी है। अपने हिस्से की धूप के लिए उसके संघर्ष को माओवाद, नक्सलवाद का नाम देकर आदिवासियों की एक विकृत पहचान निर्मित की जा रही है।

आदिवासी अस्मिता की स्थिति पर खेद व्यक्त करते हुए पृथ्वी माँझी ने बिल्कुल ठीक कहा है, "साहित्य समाज का दर्पण है। भारतीय साहित्य के जिस दर्पण में हजारों सालों से आदिवासी समाज का जो विकृत रूप दिखाया गया है, उस विकृत रूप को हटाकर उसके वास्तविक प्राकृतिक रूप को हमारे देश और संसार को दिखाना ही आदिवासी साहित्यकारों का सबसे बड़ा दायित्व है।"[8] कहना न होगा आज आदिवासी समुदाय सचेत हो गया है और व्यवस्था के इस षड्यन्त्र को समझ रहा है, वह अपनी अस्मिता की रक्षा के लिए कलम को हथियार बना रहा है। क्योंकि उसे यह अहसास हो गया है कि बिना अपनी भाषा और संस्कृति की रक्षा किये अपनी अस्मिता को सुरक्षित नहीं रखा जा सकता। जाहिर है इसलिए कहीं-कहीं आदिवासियों ने सशस्त्र संघर्ष भी किया है, जबकि स्वभाव से वे लड़ाकू नहीं होते। इधर जो आदिवासी लेखन आ रहा है उसमें आदिवासी के हितों की रक्षा का प्रयास सर्वप्रथम है, साथ ही उसमें जागृति लाने का प्रयास भी जारी है। आज यह आदिवासी ही नहीं उनके हितैशी अन्य समुदायों के विचारकों के लिए भी विमर्श का मुद्दा है कि आदिवासी अस्मिता को कैसे सुरक्षित रखा जा सकता है, किस प्रकार आदिवासी अपनी पहचान को धूमिल होने से बचा सकते हैं।

दरअसल आदिवासी साहित्य की सामुदायिक सोच ही उसे साहित्य के उच्चादर्शों से जोड़ती है। अपनी पहचान को कायम रखने का दर्द क्या होता है– इसका आदिवासियों ने बखूबी वर्णन किया है। उन्होंने अपनी प्रकृति-परिवेश-संस्कृति और परम्परा को अक्षुण्ण रखने का बीड़ा उठाया है। इतिहास के अन्तर्गत सदियों से होता आया आदिवासियों का विस्थापन, अन्याय और शोषण तथा उनके शौर्य और विद्रोह की गाथाएँ भरी पड़ी हैं। आज आदिवासी लेखन उन्हें प्रकाश में लाने का उपक्रम कर रहा है। बकौल रमणिका गुप्ता आज 90 भाषाओं में आदिवासी साहित्य लिखा जा रहा है और सभी का केन्द्र है अस्मिताबोध। आदिवासी प्रकृतिवादी है, उसकी अस्मिता प्रकृति से जुड़ी हुई है। प्रकृति ही उसके लिए भगवान् है। प्रकृति के प्रत्येक अंग में उसके देवी-देवताओं का वास है, उनका उसके पर्व-त्योहार से सीधा सम्बन्ध है, उनकी संस्कृति से उसका अटूट रिश्ता है। गौरतलब है कि आदिवासी को अपनी इस पहचान से काटा जा रहा है, उन्हें प्रकृति की कोख से बाहर आकर शहरी बस्तियों में मजूरी करने और खानाबदोश जिन्दगी जीने के लिए बाध्य किया जा रहा है। नगरीकरण के नाम पर, विकास के नाम पर पर उन्हें उस प्रकृति-परिवेश से अलगाया जा रहा है जो उनकी पहचान रही है, उनकी अस्मिता का प्रतीक रही है। आदिवासी लेखन का इसीलिए आज यह प्रमुख स्वर है।

अस्तित्व

आदिवासी जंगलवासी रहा है। जंगल उसके लिए परिहास का नहीं बल्कि अस्तित्व को सुरक्षित रखने का माध्यम रहा है। तथाकथित सभ्य समाज से दूर वह जंगलों में वास करता रहा, अपनी पहचान को कायम रखते हुए। जंगल उसके अस्तित्व के साक्षी रहे। मगर जिस कदर विकास की आँधी ने जंगलों को तहस-नहस कर डालने का बीड़ा उठाया उससे आदिवासी सबसे ज्यादा प्रभावित हुए। आदिवासियों का अस्तित्व सुरक्षित रह सके इसके बहुत जरूरी है कि उन्हें उनके जंगल, जल और जमीन से बेदखल न किया जाये। क्योंकि बिना जल, जंगल और जमीन के उनका कोई अस्तित्व अकल्पनीय है।

रमणिका गुप्ता पूर्वोत्तर के आदिवासी जीवन की पड़ताल करते हुए वहाँ के एक विचारक चरण नर्जारी का हवाला देते हुए लिखती हैं, "दुःख की बात यह है कि भारत के कई राज्यों विशेषकर आसाम में जंगल की कटाई अभी भी जारी है। यह वन कानूनों को प्रभावी रूप से लागू करने में सरकार की विफलता और इस सम्बन्ध में उसके ढुलमुल रवैये का ही परिणाम है। जंगलों की योजनाबद्ध अनवरत कटाई तथा अधिकारियों द्वारा जनजातीय लोगों के बार-बार निष्कासन के साथ पूर्वी पाकिस्तान, जो अब बांग्ला देश बन गया है, से सन्दिग्ध राष्ट्रीयतावाले लोगों का बड़ी संख्या में आ जाने के परिणामस्वरूप राज्य की जनसंख्या में आयी भयावह वृद्धि से मैदानी क्षेत्र की जनजातीय आबादी पर जबरदस्त प्रभाव पड़ा है, जिससे उनके सामने अस्तित्व का संकट खड़ा हो गया है।"[9] पूर्वोत्तर के जनजातीय समुदाय पर सदियों से आक्रमण होते रहे हैं। कमलेश्वर के अनुसार, "पूर्वोत्तर के असम राज्य में भाषा, संस्कृति और जीवन शैली पर प्रागैतिहासिक काल से लेकर आज तक सांस्कृतिक हमलों का काफी प्रभाव बोड़ो जनजाति पर दिखाई देता है। यहाँ तक कि वे लोग कई क्षेत्रों में अपनी बोली, भाषा और संस्कृति तक खो बैठे हैं।"[10]

कहना न होगा कि आज आदिवासी व्यवस्था के इस षड्यन्त्र को पहचान चुका है उसे पता चल चुका है कि उसके अस्तित्व के लिए खतरा कहाँ से है। जिस कदर उसे उसके अस्तित्व से काटा जा रहा है उससे वह अपने उन पितरों को याद कर संगठित होने का प्रयास कर रहा है जिन्होंने 'उलगुलान' की राह दिखायी। भुजंग मेश्राम बिरसा को याद करते हुए यही कहना चाहते हैं—

बिरसा तुम्हें कहीं से भी आना होगा
घास काटती दराती हो या लकड़ी काटती कुल्हाड़ी
यहाँ-वहाँ से पूरब-पश्चिम, उत्तर दक्षिण से
कहीं से भी आ मेरे बिरसा

खेतों की बयार बनकर
लोग तेरी बाट जोहते।

आदिवासी साहित्यकार को यह बात सालती है कि उसकी पहचान को, महत्त्व को ठीक से समझा ही नहीं गया। उषा किरण आत्राम की टीस बेवजह नहीं है। वे कहती हैं, "इस देश में पत्थरों की कीमत है लेकिन मानवता का कोई मूल्य नहीं। आदिवासियों का आक्रोश इस देश के प्रस्थापित लोग कभी समझ ही नहीं सके। मानवेत्तर प्राणियों के लिए तो इस देश में सम्मानजनक स्थान है लेकिन इस देश के भूमिपुत्र आदिवासी व दलित तथा बहुजन अत्यन्त ही भयानक जीवन जी रहे हैं।"[11] आदिवासियों को यह भी अफसोसजनक लगता है कि जंगल का राजा जंगल में ही रहा। प्रस्थापितों ने सुविधा की मिठाई चुरा ली। विकास योजनाओं की लकीरें कागज पर ही रह गयी। आदिवासियों का दुःख सिर्फ उन्हीं का रहा।

इस प्रकार आदिवासी समाज के समक्ष विद्यमान अस्तित्व का संकट आज भी बरकरार है। आदिवासी महज अपनी अस्मिता नहीं बल्कि अस्तित्व के लिए संघर्षरत हैं। आदिवासी जीवन और साहित्य में जो जिजीविषा देखने को मिलती है वह इसका प्रमाण है कि आदिवासियों में अपने अस्तित्व का भान ही नहीं बल्कि उसको सुरक्षित और संयोजित करने का लगातार प्रयास भी जारी है।

संघर्ष और चुनौतियाँ

आदिवासी साहित्य में आज जो विद्रोह और संघर्ष का तेवर दिखायी पड़ रहा है वह समाज में आये बदलाव का ही सूचक है। आदिवासी साहित्य में नित दाखिल हो रहे विद्रोह और संघर्ष के तेवर को लक्षित कर आदिवासी विमर्शकार विनायक तुकाराम सही कहते हैं, "आदिवासी साहित्य के रूप में नया विद्रोह दिन-ब-दिन आकार ले रहा है। वनवास मुक्ति का नया संकल्प इस साहित्य के बहाने आदिमों के मन में दृढ हो रहा है। आदिम भारत के नवनिर्माण का स्वप्न बीज आदिवासी साहित्य के बहाने अंकुरित हो रहा है। पहाड़ों की गोद में और कँटीली झाड़ियों में, बस्ती-बस्ती में जिनके जीवन का हर क्षण शृंखलाबद्ध हुआ है, ऐसे जंगलवासियों को मुक्ति की आशा दिलानेवाला है यह साहित्य। जिनके वनवास का अन्धकार कभी हटाया ही नहीं गया उस वर्ण व्यवस्था से निर्णायक युद्ध करनेवाला यह साहित्य आदिमों की सारी शिकायतों, फरियादों को साथ लेकर युग की यात्रा पर निकल पड़ा है।"[12]

कहना न होगा आदिवासी समाज और साहित्य में जो विद्रोह और संघर्ष के तेवर दिखायी पड़ रहे हैं उनकी वजह मात्र और मात्र वही है कि इस समाज को सदियों तक ऐसी यातना भुगतनी पड़ी है, ऐसा जीवन जीना पड़ा है जिसकी मिशाल इतिहास में कोई दूसरी नहीं मिलती। आदिवासी अपने ही घर में जिस प्रकार गुलाम बनाये

गये, उनके साथ अमानुषिक बर्ताव किया जाता रहा, उन्हें सभ्य कहलाने का हक ही नहीं दिया गया– इस सबसे आदिवासी के मन में क्षोभ पैदा होना स्वाभाविक था। विकास की रोशनी, शिक्षा की चमक जब उन्हें मिली तो इस बात का एहसास हुआ कि उन्हें किस कदर सदियों तक छला जाता रहा है। सुविधा-साधन सम्पन्न होने के बावजूद उन्हें दर-ब-दर की ठोकरें खाने के लिए मजबूर किया जाता रहा। और यह सब सुनियोजित ढंग से वर्षों से जारी रहा। इसी कारण कभी आदिवासियों को 'उलगुलान' (झारखण्ड में), कभी 'फितूरी' (आन्ध्र में) कभी धुनियाँ (बाँसवाड़ा में) के लिए मजबूर होना पड़ा। आदिवासियों का संघर्ष और विद्रोह ऐतिहासिक क्रम से इस बात का सूचक है कि आदिवासी स्वाभिमानी और कर्मठ रहे हैं। उन्होंन सदैव अन्याय और अत्याचार का डटकर मुकाबला किया। लक्ष्मण कावड बस्तर के आदिवासी विद्रोह को रेखांकित करते हुए कहते हैं–

ये भी चूम लेंगे आसमान
चीर डालेंगे अन्धकार
अक्षरों पर सवार होकर लायेंगे तारे
आसमान से तोड़कर
आज नहीं कल जरूर
क्योंकि बस्तर की रगों में दौड़ रहा है,
अब भी गुण्डधूर का खून
बस्तरिया आदिवासी भी अब जानने लगे हैं
चुप्पी का दर्द-विद्रोह का सुख
वे समझने लगे हैं
अनपढ़ असंगठित रहने की पीड़ा
वे कर डालेंगे तब्दील अपने सपनों को
रोटियों और सुख में।

विद्रोह और संघर्ष इस समाज के जागरण के आवश्यक हिस्से हैं। आदिवासी स्वर आज जितने स्तरों पर और जितने स्वरों में सुनायी पड़ रहा है उसमें विद्रोह और संघर्ष प्रमुख है। रमणिका जी उनके विद्रोह और संघर्ष के बुनियाद की पड़ताल करते हुए लिखती हैं, ''वह एक शान्त झील की तरह रहा जिसके अन्तर में जल के स्रोत हैं जो उसे ताजा और भरा-भरा रखते हैं। वह स्वावलम्बी भी है। मिठास भी भरी है उसमें। आज तक वह अपने भीतर-भीतर ही लहराता रहा है समुद्र की तरह। बस नदी की धारा बनकर बहने नहीं दिया गया कभी उसे। जब-जब भी उसने इस ठहराव की साजिश को समझा और अपने दोहन के षड्यन्त्र को जाना तो समुद्र की तरह

उसमें भी ज्वार उठे हैं जो बिरसा, श्री सीताराम राजू, सिदद्, कान्हू, सिनगी दई, मकी, तांतियाँ टोप्पे, गोविन्द गुरु के रूप में सर्वव्यापी रूप धारण कर तूफान उठाते रहे हैं। ...महादेव टोप्पे की कविता उनके विद्रोह की ही रचनात्मक चुनौती है–

इससे पहले कि वे पुनः तुम्हारा
अपने ग्रन्थों में बन्दर भालू या किसी अन्य जानवर
के रूप में करें वर्णन
तुम्हें अपने आदमी होने की
तलाशनी होगी परिभाषा
उनके सिद्धान्तों, स्थापनाओं के विरुद्ध
उनके बर्बर वैचारिक हमलों के विरुद्ध
रचने होंगे स्वयं ग्रन्थ।''[13]

इतिहास से मिटाये गये आदिवासी चिह्न, स्वर आज भी अपनी आवाज उठा रहे हैं। आदिवासी अब अपनी भाषा और संस्कृति ही नहीं, बल्कि अस्तित्व के लिए, अस्मिता के लिए संघर्ष कर रहा है। उसमें संचेतना जैसे-जैसे आती जा रही है, वैसे-वैसे ही वह अमानुषिक व्यवस्था के विरुद्ध अपने हक के लिए खड़ा हो रहा है। आज आदिवासी स्वर को देखकर यह कहा जा सकता है कि आनेवाले समय में आदिवासी आवाज न सिर्फ प्रखर होती जायेगी बल्कि उनकी पहचान और भूमिका को समझना और स्वीकारना भी पड़ेगा।

कहा गया, आदिवासी साहित्य मूलतः लोक का साहित्य है। यह मूलतः प्रकृतिपूजक और लोकवादी साहित्य है। लोक परम्परा से प्राप्त आदिवासी पुरखौती जिसकी हजारों साल की मौखिक परम्परा मानी जाती है, उसमें प्रकृति के प्रति लगाव स्पष्ट दृष्टिगत होता है। आदिवासी समाज प्रकृति के साहचर्य में रहा है। प्रकृति प्रदत्त संसाधनों जल, जंगल और जमीन को वह अपना आश्रयदाता मानता है, इनको अपने जीवन का मूल आधार मानता है। उसकी प्रकृति और संस्कृति में इन्हें ही पूज्य बताया गया है। जल, जंगल और जमीन के हितार्थ उसका विद्रोह सर्वविदित है। गंगा सहाय मीणा का यह कहना गौरतलब है कि, "यह उस परिवर्तनकामी चेतना का रचनात्मक हस्तक्षेप है जो देश के मूल निवासियों के वंशजों के प्रति किसी भी प्रकार के भेदभाव का पुरजोर विरोध करती है तथा उसके जल, जंगल, जमीन और जीवन को बचाने के हक में उनके आत्मनिर्णय के अधिकार के साथ खड़ी होती है।[14] समूचे आदिवासी साहित्य में अपने अस्तित्व, अस्मिता और आत्मसम्मान की रक्षा का भाव प्रबल है। कहना न होगा, चूँकि धरा के मूल निवासियों को विकास के नाम पर जल, जंगल और जमीन से बेदखल किया जाता रहा है, अतः ये सामूहिक रूप

से इसके खिलाफ सशस्त्र संघर्ष करते रहे हैं। ये कभी मूकदर्शक नहीं रहे। प्रकृति की गोद में पला-बढ़ा आदिवासी समाज आज भी प्रकृति को ही सर्वोपरि मानता है जो सबको समान भाव से देखता है, जिसके यहाँ कोई भेदभाव नहीं है। रामदयाल मुण्डा प्रकृति देव को पुकारते हुए कहते हैं-

हे स्वर्ग के परमेश्वर/पृथ्वी की धरती माता/दूध की तरह उठानेवाले/दही की तरह डूबनेवाले/चारों कोने, दशों दिशाएँ ... पहाड़ के पहाड़ी देवता/वन की वनदेवी/दह के जल देवता/ नाग-नागिन और अन्य/ हमारी खेती देखनेवाले/ हमारी लक्ष्मी अगोरनेवाले/ हमारा शिकार सफल करनेवाले/रोग-दुःख दूर करनेवाले/ ... गाँव के ग्राम देवता/ घर के गृह देवता/हमारे बूढ़े-पुरखे/हमारे पितृ-पूर्वज... तुम्हारे बनाये रस्ते का/तुम्हारे दिखाये मार्ग का/ हम अनुगमन करते हैं।[15]

आदिवासी समाज समूहवादी रहा है, वह सदैव समूह हित को सर्वोपरि मानता रहा है, उनके यहाँ सुख-दुख भी व्यक्तिगत नहीं, सामूहिक माने जाते हैं। उसका दर्शन समता, स्वतन्त्रता, बन्धुता और सर्वहितवाद को मानता है। वह निरीश्वरवादी नहीं है, लेकिन उसके आराध्य का स्वरूप अगोचर नहीं है, न ही वह कल्पनावादी है, उसका देवता प्रकृति है, पूर्वज हैं, प्रकृति प्रदत्त वे समस्त संसाधन हैं जो मनुष्य को नैसर्गिक रूप से प्राप्त हैं और जिनके बगैर जीवन की कल्पना भी नहीं की जा सकती। वह परलोक के बजाये समूचे जीव-जगत् को महत्त्वपूर्ण मानता है इसलिए सबकी रक्षा का भाव उसके अन्तस्तल में विद्यमान है। आदिवासी दर्शन जीव ही नहीं, बल्कि हर उस जीवनवादी लक्षण को बचाने की जद्दोजहद करता है जिनके बगैर जीवन सम्भव ही नहीं है चाहे वे नदी-नाले हों, पर्वत हों, जंगल हों, जीव-जन्तु हों या पेड़-पौधे। वह सह-अस्तित्व, समता, सामूहिकता और सामंजस्य की तरफदारी करता है। इसीलिए उसमें दम्भ नहीं है और न ही सहानुभूति या स्वानुभूति की कोरी कसक है बल्कि सामूहिक अनुभूति की तड़प है। रमणिका जी ने आदिवासी स्वर को समझते हुए सही रेखांकित किया है– "वह एक शान्त झील की तरह रहा जिसके अन्तर में जल के स्रोत हैं जो उसे ताजा और भरा-भरा रखते हैं। वह स्वावलम्बी भी हैं। मिठास भी भरी है उसमें। आज तक वह अपने भीतर-भीतर ही लहराता रहा है समुद्र की तरह। बस नदी की धारा बनकर बहने नहीं दिया गया कभी उसे। जब-जब भी उसने इस ठहराव की साजिश को समझा और अपने दोहन के षड्यन्त्र को जाना तो समुद्र की तरह उसमें भी ज्वार उठे हैं, जो बिरसा, सीताराम राजू, सिद्दू-कान्हू, सिनगी दई, मकी, तातियाँ, टोप्पे, गोविन्द गुरु के रूप में सर्वव्यापी रूप धारण कर तूफान उठाते रहे हैं।"[16] उसका विद्रोह पहले तीर-कमान से जाहिर होता रहा, आज वह कलम के हथियार से तथाकथित सभ्य समाज को प्रश्नांकित कर रहा है। ग्रेस कुजूर ललकारते हुए कहती हैं–

हे संगी!/ तानो अपना तरकस/ नहीं हुआ है भोथरा अब तक/ बिरसा आबा का तीर/ कसकर थामो/ टहनी पर अटके हुए/सूरज के लाल गोढ़ा को/ गला दो अपनी हथेलियों की/ गर्मी से/ और फैला दो, झारखण्ड की/ फुनगियों पर/ भिनसरिया में उजास/ चटकने से पहले/ बेध डालो/ हाँ, बेध डालो।[17]

आदिवासी कविता में विद्रोह की सशक्त अभिव्यक्ति मिलती है। वह अपने अस्तित्व के खातिर अपने समाज को अगाह करता है सामुहिक संघर्ष के लिए। उसे पता है कि सभ्यता के नाम पर फैलायी जा रही अमरबेल उसके अस्तित्व को मिटाने की साजिश है। वह विकास के भीतर निहित विनाश को भाँपकर ही कहता है-

'दिकू आये हैं/ हमें विस्थापित करने आये हैं/ भाइयो यही है/ हमारी बड़ी लड़ाई का कारण यही है/ होशियार बनो भाइयों/ शक्तिमान् बनो बहनों/ बचा पायेंगे हम तभी इस राज्य को/ बचा पायेंगे हम तभी देश को/ वो है रे छोटा नागपुर— छेछाड़ी/ भाइयों-बहनों आओ चलें लड़ाई करने/ हम विजयी होकर लड़ाई में/ खत्म करें सदा की लड़ाई।[18]

खड़िया कवयित्री नुअस केरकेट्टा आदिवासी समाज के दुश्मनों को लक्षित कर आह्वान करती हैं कि वीरों उठो और खड़िया जन की जयकार करो। कहना न होगा कि कवि हो या कवयित्री आदिवासी समुदाय की प्रत्येक कलम अपने समुदाय के अस्तित्व पर मँडराते संकट को भाँपकर समाज की भलाई के लिए उन्हें सशस्त्र क्रान्ति के लिए प्रेरित करती है। ऐसा इसलिए भी है क्योंकि आदिवासी जन सभ्य समाज के दुहरे रवैये का शिकार रहा है, उसके सीधेपन के कारण बार-बार उसके साथ विश्वासघात किया गया, बार-बार सभ्यता के नाम पर उसे छला गया, उसे बेदखल कर सभ्यता की मीनारें खड़ी की जाती रहीं मगर उसके आर्द्र स्वर को कभी नहीं सुना गया। यही वजह है कि आज कलमकार अधिक प्रखरता से अपने बुनियाद हक के लिए वीरों को तनकर खड़े होने की अपील कर रहे हैं, जैसे केरकेट्टा कहती हैं—

जागो नींद त्यागो ऐ खड़िया वीरों!/ ...बैरी दुश्मन अनाथ देखकर/ चाहते हैं रौंदना/ खनकाओ अपनी तलवारें ऐ खड़िया वीरों/ ऐ खड़िया वीरो!/ ...माथा ऊँचा रखो/ हाथ उठाओ/ और करो जय-जयकार/ खड़िया जन की जय-जयकार करो।'[19]

यह हकीकत है कि सभ्यता की जाजम पर कभी आदिवासी समाज को, मानवता के नाते भी बैठने की इजाजत नहीं दी गयी। उसे सदैव खदेड़ा जाता रहा, सदैव उसे असभ्य और जंगली कहकर दुत्कारा जाता रहा, चोर-उचक्का कहकर तथाकथित सभ्यता की परिधि से परे—धकेला जाता रहा। उसके बारे में जो भी फैसले लिये सभ्य समाज ने एकतरफा लिये। यहाँ तक कि, उसके हित से जुड़े फैसलों में भी उसकी राय की दरकार नहीं समझी गयी। परिणामस्वरूप न सिर्फ उसकी अस्मिता चोटिल

होती रही बल्कि विद्रोह की आग सुलगती रही। मराठी के कवि वाहरू सोनवणे ने सही कहा है कि हमारी स्थिति उँगली के इशारे से तय होती रही, हमने पूछना चाहा तो कान पकड़कर धकियाया और धमकाया जाता रहा—

हम स्टेज पर गये ही नहीं
और हमें बुलाया भी नहीं/ उँगली के इशारे से
हमारी जगह/ हमें दिखायी गयी/ हम वहीं बैठे
हमें शाबासी मिली/ और वे स्टेज पर खड़े हो
हमारा दुःख/ हमें ही बताते रहे/ हमारा दुःख अपना ही रहा
कभी उनका हुआ ही नहीं/ हमारी शंकाएँ/
हम बड़बड़ाये/ कान देकर वे सुनते रहे/
और निःश्वास छोड़ा/ और हमारे कान पकड़कर/
हमें ही धमकाया माफी माँगो नहीं तो ... ।[20]

आदिवासी साहित्य सौन्दर्य और आनन्द की मनोरम अनुभूति करानेवाला साहित्य नहीं है बल्कि यह मुद्दों पर आधारित है तथा वंचित, उपेक्षित और कमजोर लोगों के अधिकारों की आवाज उठानेवाला प्रतिबद्ध, परिवर्तनकामी और संकल्पबद्ध साहित्य है। बस्तर के आदिवासी कवि लक्ष्मण काम्बडे बदलती आदिवासी चेतना को रेखांकित करते हैं—

ये भी चूम लेंगे आसमान
चीड़ डालेंगे अन्धकार
अक्षरों पर सवार होकर लायेंगे तारे
आसमान से तोड़कर
आज नहीं कल जरूर
क्योंकि बस्तर की रगों में दौड़ रहा है
अब भी गुण्डधुर का खून
बस्तरिया आदिवासी भी अब जानने लगे हैं
चुप्पी का दर्द—विद्रोह का सुख
वे समझने लगे हैं
अनपढ़ असंगठित रहने की पीड़ा
वे कर डालेंगे तब्दील अपने सपनों को
रोटियों और सुख में।"[21]

अस्तित्व के लिए संघर्ष ही आदिवासी साहित्य की मूल चिंता है। अपने अस्तित्व को बचाये और बनाये रखना प्राणिमात्र का धर्म है। आदिवासी साहित्यकार

साहित्य को एक परिवर्तनकारी शस्त्र के रूप में इस्तेमाल करता है। हरिराम मीणा आदिवासियों के शौर्य को उनके साहस और पराक्रम को याद दिलाते हुए, उनमें आ रही भीरूता को ललकारते हुए आह्वान करते हैं–

देखो! तुम देख रहे हो कि वो आ रहे हैं
तुम्हारी नसें तन रही हैं
तुम्हारी भुजाएँ फड़क रही हैं
तुम्हारे तीर-कमान तने हैं
तुम एकजुट हो
मगर तुम कुछ नहीं कर रहे?
देखो! वे तुम्हारे टापू के तीरे पर हैं
अब आ चुके हैं वे
तुम्हारे टापू पर
तुम छिप क्यों रहे हो?
तुम आक्रमण कर सकते हो
मगर तुम डर रहे हो आखिर क्यों?[22]

विकास के नाम आदिवासी समुदाय को विस्थापन का दर्द तो झेलना ही पड़ा है, उसे इस विकास में वांछित हक भी नहीं मिला है वह उपेक्षित रहा है। बरक्स इससे उसका शोषण जमकर हुआ है उसके हिस्से का विकास भी औरों ने हड़प लिया है। विकास का दर्द बयां करते हुए राम दयाल मुण्डा कहते हैं-

बन गया हूँ गीदड़/ रहा दौड़/ शहर की ओर
मरने के पहले/ या कि एक पेड़/ विशाल शाल का
गिरा/ जा रहा चीरा/ बीच मशीन आरा
देश के लिए/ कहते हैं/ विकास के लिए।[23]

कवयित्री उषा किरण आत्राम सही कहती हैं कि इस देश में पत्थरों की तो कीमत है, लेकिन मानवता का कोई मूल्य नहीं। आदिवासियों का आक्रोश इस देश के प्रस्थापित लोग कभी समझ नहीं सके। मानवेत्तर प्राणियों के लिए तो इस देश में सम्मानजनक स्थान बचा है, लेकिन इस देश के भूमिपुत्र आदिवासी व दलित तथा बहुजन अत्यन्त ही भयानक जीवन जी रहे हैं।[24] यह हकीकत आदिवासी कविता में पूरी प्रखरता से बयां हुई है। अस्तित्व और अस्मिता की पहचान और उसके लिए संघर्ष को कवियों ने न केवल स्वर दिया है बल्कि समाज को जागरूक करने का प्रयत्न किया है। ग्रेस कुजुर आदिवासी पहचान के मिटते जाने की चिन्ता को, अपनी पीड़ा को इन शब्दों में बड़े ही मर्मस्पर्शी तरीके से बयां करती हैं–

अब कहाँ है वह अखरा?
किसने उगाये हैं वहाँ
विषैले नागफनी
बार-बार उलझता है जहाँ
तुम्हारी 'तोलोंग' की फुदना
क्यों उदास है आज
'पटवा' के उजले पंख?
हवा में नहीं तैरते अब
'अँगनई' और 'डमकच' के गीत
सिल गये हैं होंठ मेरे
धतूरे के काँटों से ....।[25]

इतना ही नहीं, जिन्हें सभ्य वर्ग आदिवासी कहता है, उन पर हँसता है, वह कहीं-न-कहीं अन्दर से इतना असभ्य, बर्बर और नंगा है कि उसे अपनी आदमियत का भान ही नहीं है। कवि हजारीलाल मीणा शहर और जंगल के नंगेपन को बेपर्दा करते हैं–

आज देख रहा था वह/ इन्सान के नंगेपन को/
जो मान रहा था अब तक/ स्वयं को नंगा/
इसी डर से वह शहर नहीं आता था/ आज आया
था/ फिल्मों के पोस्टर देख रहा था/ हाँ वनवासी है/
आदिवासी है/ जिसे पूरा तन ढँकने को/ वस्त्र भी
मयस्सर नहीं/ उसे क्या पता था कि/ शहर भी
इससे बेअसर नहीं/ पर अन्तर समझ गया था वह/
कि वह मजबूरी में नंगा है/ और शहर आधुनिकता में।[26]

इस तरह आदिवासी कविता में व्यवस्था विरोध, आक्रोश, क्षोभ, दर्द, तड़प के साथ अपनी पहचान, अस्तित्व और अस्मिता का भान प्रखरता से अभिव्यक्त हुआ है। आदिवासी कवि सौन्दर्य का गायक नहीं है, आनन्द उसकी अनुभूति-अभिव्यक्ति का विषय नहीं है, वह तड़प और बेचैनी उसकी कविता की ऊष्मा है, उसका मन्तव्य है जो उसके समाज को जगाये, उसे उसके हक का बोध कराये। कमोबेश सभी आदिवासी कवियों के यहाँ यह बेचैनी प्रबल है कि अपने समुदाय की तकलीफ को कैसे साझा किया जाये, कैसे उन्हें संगठित किया जाये तथा जल, जंगल और जमीन जो उनकी पहचान ही नहीं, जीवन के आधार हैं, उन्हें कैसे सुरक्षित-संरक्षित किया

जाए साथ ही विकास के नाम पर हो रहे भ्रष्टाचार का पर्दाफाश किया जाये और वास्तविक विकास में अपनी भागीदारी सुनिश्चित की जाये।

सन्दर्भ

1. रमणिका गुप्ता— आदिवासी साहित्यकारों का दायित्व और चुनौतियाँ, अखिल भारतीय आदिवासी विशेषांक (सं. रमणिका गुप्ता) पूर्णांक - 80, सितम्बर, 2005, पृ. 05
2. रमणिका गुप्ता— आदिवासी लेखन— एक उभरती चेतना, आदिवासी साहित्य यात्रा (सं. रमणिका गुप्ता), राधाकृष्ण प्रकाशन, नयी दिल्ली, 2008, पृ. 15
3. अरावली उद्घोष — (सं. बी.पी. वर्मा) अंक — 76
4. डॉ. विनायक तुकाराम— आदिवासियों की अब तक की साहित्य यात्रा, आदिवासी साहित्य यात्रा (सं. रमणिका गुप्ता), राधाकृष्ण प्रकाशन, नयी दिल्ली, 2008, पृ. 24
5. डॉ. गणेश देवी— आदिवासी समाज और साहित्य की चुनौतियाँ, युद्धरत आम आदमी, अखिल भारतीय आदिवासी विशेषांक (सं. रमणिका गुप्ता), राधाकृष्णन प्रकाशन, नयी दिल्ली, 2008, पृ. 24
6. कमलेश्वर — आदिवासी अस्तित्व और साहित्य, युद्धरत आम आदमी, अखिल भारतीय आदिवासी विशेषांक (सः रमणिका गुप्ता), राधाकृष्णन प्रकाशन, नयी दिल्ली, 2008, पृ. 18
7. सोनवणे राजेन्द्र— आदिवासी विमर्श, वर्तमान साहित्य, अप्रैल, 2009, अलीगढ़, पृ. 40
8. पृथ्वी माँझी— भारतीय वाङ्मय में आदिवासी का विकृत रूप बदलना होगा, युद्धरत आम आदमी (रमणिका गुप्ता), अंक 80, दिसम्बर, 2005, पृ. 21
9. रमणिका गुप्ता— युद्धरत आम आदमी, पूर्वोत्तर के आदिवासी स्वर, 2005, पृ. 10
10. कमलेश्वर— आदिवासी अस्तित्व, अस्मिता और साहित्य, युद्धरत आम आदमी, (रमणिका गुप्ता), 2005, पृ. 16
11. रमणिका गुप्ता— युद्धरत आम आदमी, अंक 80, पृ. 72 से उधृत
12. वहीं, पृ. 10 से उद्धृत
13. रमणिका गुप्ता— आदिवासी स्वर और नयी शताब्दी, वाणी प्रकाशन, नयी दिल्ली, 2009, पृ. 9-10
14. आदिवासी साहित्य विमर्श, सं. गंगा सहाय मीणा, अनामिका पब्लिशर्स एंउ डिस्ट्रीब्यूटर्स, नयी दिल्ली, 2014
15. रामदयाल मुण्डा, आदिवासी स्वर और नयी शताब्दी (सं. रमणिका गुप्ता), पृ. 127
16. रमणिका गुप्ता, आदिवासी स्वर और नयी शताब्दी, पृ. 9 से उद्धृत
17. ग्रेस कुजूर, आदिवासी स्वर और नयी शताब्दी, सं. रमणिका गुप्ता, पृ. 22
18. वही, पृ. 80
19. वही, पृ. 90
20. वाहरू सोनवणे, वही पृ. 101

21. लक्ष्मण कावडे, युद्धरत आम आदमी, (सं. रमणिका गुप्ता), पूर्णांक 80, पृ. 13
22. आदिवासी स्वर और नयी शताब्दी, सं. रमणिका गुप्ता, पृ. 33
23. वही, पृ. 42
24. युद्धरत आम आदमी, अखिल भारतीय आदिवासी विशेषांक, दिसम्बर, 2005, पृ. 72
25. आदिवासी स्वर और नयी शताब्दी, सं. रमणिका गुप्ता, पृ. 21
26. वही, पृ. 54

●●●